赐死年羹尧

To Bestow Death upon Nian Gengyao

查献芹 著

辽宁人民出版社

© 查献芹　2024

图书在版编目（CIP）数据

赐死年羹尧 / 查献芹著 . —沈阳：辽宁人民出版社，
2024.5
ISBN 978-7-205-11006-2

Ⅰ . ①赐… Ⅱ . ①查… Ⅲ . ①中国历史—清代—通俗
读物 Ⅳ . ① K249.09

中国国家版本馆 CIP 数据核字（2024）第 015202 号

出版发行：辽宁人民出版社
　　　　　地址：沈阳市和平区十一纬路 25 号　邮编：110003
　　　　　电话：024-23284191（发行部）　024-23284304（办公室）
　　　　　http：//www.lnpph.com.cn
印　　刷：河北朗祥印刷有限公司
幅面尺寸：145mm×210mm
印　　张：9
字　　数：209 千字
出版时间：2024 年 5 月第 1 版
印刷时间：2024 年 5 月第 1 次印刷
责任编辑：赵维宁　姚　远
封面设计：人马艺术设计·储平
版式设计：一诺设计
责任校对：郑　佳
书　　号：ISBN 978-7-205-11006-2

定　　价：78.00 元

序　言

年羹尧是清朝初期的重要历史人物，他生活的年代是在康熙末年到雍正初年。在这段时间里，年羹尧身陷党争和皇权交替的旋涡，经历过驱准保藏之役、平定罗卜藏丹津之乱等重大历史事件，是一位重要的封疆大吏。他有远大的政治抱负，然而他的仕途如流星一样短暂，速起速落，但这也是他一生中最辉煌的时刻，在清朝历史上留下了闪亮的印记。

一提到年羹尧，最先想到的就是影视作品中宠妃年贵妃的哥哥年大将军。他狂傲自大、拥兵自重，最后身败名裂。似乎年羹尧已经成为功高震主的代表人物，在他的身上没有其他的性格特征。

很少有人去想年羹尧是怎么成为大将军的？他从一开始就这般狂傲自大吗？他又是怎么身败名裂的？

很少有人知道年羹尧是清朝汉军旗中第四位"大将军"，他的功绩可见一斑。

很少有人知道雍正曾经对年羹尧说过："我二人做个千古君臣知遇榜样，令天下后世钦慕流涎就是矣……"意思就是我们两个，就是要成为君王与臣子之间的典范，让后人看了都要垂涎三尺！可见雍正对年羹尧也是用过真心。为何年羹尧最后被赐死了呢？这是雍正的阴谋还是雍正不得已而为之？

甚至年羹尧在被赐死的时候，有九十二桩大罪，如果当时有吉尼斯世界纪录，说不定他已经破了世界纪录，成为第一个拥有这么多罪名的功臣。

带着这些疑问，笔者忍不住透过尘封已久的历史，想从中揭开历史的迷雾，去探寻年羹尧的一生，去寻找年羹尧与雍正这段君臣之谊突然剧变的原因。

查献芹

目　录

第一章 "问题"少年

"羹墙见尧"这个成语是追怀前辈或仰慕先贤的意思，是一个在品德上带有期盼的成语，而历史上有一位大臣就用了这个成语命名——年羹尧（1679—1726）。

年羹尧有如此曲折的经历，与他的家世也有关系。他的祖籍在安徽怀远县，自元朝以来年家就是官宦之家了。

他的祖上是严孟旸，被元朝皇帝封为万户侯，严孟旸曾在滁阳驻军，滁阳就是现在滁州，是安徽省辖市。

可是年羹尧祖上明明姓严，为什么又改成姓年了呢？元朝末期的时候，严家人为了躲避战争，到怀远避难，隐居在那里的一个村子中。很快元朝灭亡，明朝建立，在洪武初年，百姓们需要重新上报户籍，乡音中"严"与"年"的声音很像，所以"严氏"被称为了"年氏"，这就是年羹尧祖上变为年氏的开始。虽然姓氏莫名地变了，但是年家人也接受了，因为这样也免得以后因为家人曾在元朝为官而惹上什么事。

年家人还是很有能力的，即使改了姓氏，全族也很快在明朝崛起了，再度成为世宦之家。不久年羹尧的祖上又出了一位名臣，就是年羹尧的高祖父，很巧，他的名字和年羹尧的儿子年富重名，也叫年富（1395—1464），不过这个年富却是一个比年羹尧儿子厉害很多的人物，《明史》中一篇叫作《年富传》的文章说的就是他。

年富的一生经历了明成祖、明仁宗、明宣宗、明代宗、明宪宗五个朝代，如果算上明英宗的话就是六个朝代，六朝为官！年富出了名的清正廉洁、忠心耿耿，是大明一代名臣。先后任吏科给事中、陕西左参政、河南右布政使、河南左布政使、右副都御史兼大同巡抚、兵部右侍郎兼山东巡抚、户部尚书等职。

永乐年间（1403—1424），年富只有20多岁，以会试中副榜身份，出任德平县（今山东省临邑县德平镇）训导。别看年富年轻，却是一副老成持重的样子。宣德三年（1428），年富升为吏科给事中，在任职期间，他纠错纠弊，以大局为重。当时明宣宗看重六部的职责，下令每个部推举二人掌管事务，年富受命执掌刑部。都御史等人将17人错判为死刑，年富上表弹劾，都御史等人为此受到了明宣宗的严厉斥责。

年富行事果决，胆识过人，不畏强权，所以他的名声在关中一带都是响当当的。但也是由于这样的性格，他触动了权贵的利益，因此多次被这些权贵诬陷。好在，陕西的文武官员怕年富调走，纷纷上书奏报年富的功绩，年富因此才得以停俸留任。

年富在陕西待了九年，升任河南右布政使。就在这时，又有官员弹劾年富为官太过霸道，明英宗下令彻查还要抓捕年富，却得知年富是少师杨溥（1372—1446）举荐的，明英宗十分信任杨溥，这才作罢。后来年富到河南任职，恰逢当年河南发生大灾荒，无家可归的民众超过20万，社会治安也很混乱。年富负责流亡百姓的安抚工作，在年富的努力下，流亡百姓的生活渐渐恢复了安定。

年富在母亲和父亲过世之后，辞去了官职，回到家乡为父母守丧，但是都没有守丧成功，在丧期未满的时候就被皇帝召回了京城，官复原职。别的不说，就这一点，就足以见得皇上对年富有多么地信任和依赖。

明英宗于天顺元年（1457）复位后，下诏撤销巡抚这一官职，原任大同巡抚的年富也被罢官回乡。没过多久，有官员以旧日恩怨，弹劾年富，明英宗将年富抓了起来，关进了诏狱。明英宗征求李贤（1409—1467）的意见，李贤对年富大加赞赏，认为他有能力消除弊政。明英宗也这样认为，因此要求尽快查清真相好恢复年富的名声。果然经过调查，没有任何证据证明年富有罪，于是明英宗下令放了年富，只是让他退休回家。

可是到了第二年，年富又经众臣推荐，重返朝堂，任户部右侍郎、巡抚山东。年富在赴任的路上，听到自己管辖的地区遭遇了蝗灾后，第一时间将此事上奏给了皇上。山东的官吏，都知道年富的威名，知道他来了都畏惧服从，那些狡猾之辈也都躲得远远的。

又过了两年，天顺四年（1460）春，由于户部尚书空缺，李贤举荐年富出任。左右大臣纷纷向明英宗委婉建议，认为年富不宜担任此职，但明英宗坚持，他还对李贤说："户部必须要有年富，人们皆嫌年富，但这也是年富被称为贤能的原因。"为此，明英宗特地召见年富，命其为户部尚书。

果然，年富上任后，没有被狡猾的小吏蒙蔽，他亲自参与账目审核，权衡利弊，严格控制开支和收益。有的事情，事关重大，下面的人不敢去做，年富便告诉他们："放手干吧，如果出了问题，我担责。你们做事情的时候，不需要署名。"因此，户部的事务年富都顺利地完成。明英宗听了大喜，对李贤说："年富这样的户部尚书可不多见。"

后来年富因为生疽病，病死在任上，享年 70 岁，死后谥号"恭定"。

《明史》曾高度评价他：

富遇事，果敢有为，权势莫能挠，声震关中。富廉正强直，始终不渝，与王翱同称名臣。然性好疑，尤恶干请。属吏黠者，故反其意尝之。欲事行，故言不可，即不行，故言可。富辄为所卖。

讲完年富，很快就要讲到年羹尧这一代。至明后期，年氏一族迁居东北，崇祯十一年（1638）松锦之战，明军中一位名叫年有升的军官被擒，之后投降清朝。虽说年有升在被俘虏前后的表现并未在正史上有所记录，但鉴于"松锦大战"时，明统帅洪承畴（1593—1665）也并未死战，年有升剃发归顺清朝，倒也无可厚非。按照大清对于降清明军的政策："被俘愿降者免死、倒戈一击者有功"，年家全族被收编入了镶白旗，汉军包衣佐领下，并随清军入关。年氏家族才重新回到了历史的舞台。年有升就是年羹尧的曾祖父。

当时，镶白旗由努尔哈赤的第十五个儿子多铎执掌，是一支强大的军队。因此，尽管年有升只是一个"包衣"，但在跟随多铎打仗的过程中立下了不小的功劳，也捞取了不少的战利品。

年羹尧的祖父年仲隆出生在明朝天启二年（1622）正月，这个时候年家还是辽东广宁卫的武官之家。年仲隆是年有升的第五个孩子，他出生十几天后，广宁被后金攻占。年氏全族随清军入关后，年仲隆成为顺天府附学生。顺治十一年（1654）考中举人，又在顺治十二年（1655）考中了三甲第十四名获赐同进士出身。

年仲隆登科对于年家是有很重要意义的，因为在之前年家是"包衣奴才"，也就是说年家人是奴籍，按照当时清朝的规定，这些"包衣奴才"如果能考中进士，就可以恢复"良家子"的身份。所以年仲隆的登科带领年家全族脱离了奴籍，成为八旗镶白旗汉军旗人家庭，年家人终于恢复了平民的身份，甚至为成为贵族打下了基础。对于年家来说，这是质的飞跃。

不过这个时候，年有升已经去世，并没有看到这一幕。

就这样，年羹尧的家族和清廷有了关系，年家人可以在清廷当官，年家开始继续往官宦世家方向发展。不过年仲隆的官运就比较普通，年仲隆在顺治十五年（1658），被派往江南和州担任知州一职。年仲隆后来很有可能在任职期间去世。

知州源于宋以朝臣充任各州行政长官，明清的时候以知州为正式官名，为五品官员。可能对于普通百姓来说，年仲隆的官职还是很高的，但是对于一个官宦世家来说，这个官职还远远不够格。

不过转机很快就来了，年仲隆的儿子年遐龄（1643—1727）在康熙三年（1664）晋升为"笔帖式"。

其实"笔帖式"这个官职级别并不高，除了极个别的优秀人物可以达到五六品之外，其余的大多只在七品以下。但是年遐龄担任笔帖式为何是年家的转机呢？因为"笔帖式"是一个重要的职位，也被称作"八旗出身之路"。如果满蒙贵族中有子弟出任"笔帖式"，将来的仕途往往是一飞冲天，如康熙年间的辅政大臣赫舍里·索尼，官至宰辅，这种情况在笔帖式中也是大有人在。后来统治清朝将近50年的慈禧太后，她的父亲就是"笔帖式"出身。

笔帖式到底是什么职位呢？努尔哈赤时期，为缓解满蒙汉三种文字相互混用造成的混乱局面，清朝在各级机构中设置了"书记员"和"翻译员"，满语称为"笔帖黑"，以后逐渐音译为笔帖式。这类人员直接与各类机密文件打交道，因此，清政府对于他们的出身、背景进行了严格的审查，并制定了一套特殊的培养、考核制度。

所以说年遐龄22岁就能出任笔帖式，可以看出清廷对年家的忠心还是相当认可的，已经把他们列为"自己人"。而且年遐龄在同龄人中，应该是出类拔萃的。更重要的是，他已经被列入了后备干部的名单中，前途不可限量。

果然，年遐龄在接下来的20年里，一步步从一名文官升为兵部主事，参与平定三藩之乱的军事调动后，又升为刑部郎中。康熙二十二年（1683），授河南道御史。经过这次历练，最终成为巡城御史，主管北京中城的巡视。

也就是在这段时间里，年遐龄生下年希尧（1671—1738）和年羹尧。

再后来年遐龄一路高升，到康熙三十一年（1692）十月，被任命为湖广巡抚。在康熙三十八年（1699），年遐龄建议湖广武昌、汉阳、黄州、安陆、德安、荆州、襄阳等七府以地丁征收税银，这种方法使赋税与审计程序得到了极大的精简，对土地兼并起到了一定的约束或缓解作用，使少地农民的负担得到了较大的减轻。因此部议之后允准这项建议。这是雍正朝"摊丁入亩"制度的前身。

不过年遐龄的仕途也不是一帆风顺的，康熙四十年（1701）二月，有官员弹劾年遐龄徇私包庇年迈且体弱多病的布政司任风厚（生卒不详），于是康熙下旨让年遐龄和任风厚说清楚这是怎么回事。年遐龄奏任风厚处事稳重，无一疏漏。任风厚之后到了京城。康熙见到任风厚后，认为任风厚尚未衰老，仍可工作，让他继续担任原来的职务。弹劾的官员上奏有误，作免职处理。

这一年是多事之秋，到了七月，年遐龄上疏告黄梅县知县李锦亏空地丁银3000余两，请求调查，皇上允准。但是没过多久黄梅县的百姓聚集在一起，关闭城门，留下李锦，不准他离开。皇上命总督郭琇（1638—1715）严审，速审速决。八月，郭琇上奏禀告黄梅县的3000多两银子都是百姓欠下的，在七月的时候还清了，并没有亏空。李锦素来廉洁，百姓听他被革职，一时围聚，过了一段时间才散去，并无违抗之意。请让李锦继续留任。康熙听后回复，如果有官员去留旨意发布，怎么能让百姓插手干预，聚众的风气也不能助长。总督郭琇软弱无能，平日不能管束军民，到了这等地步，更是遮遮掩掩。李锦当官虽然不错，但是不能继续留在黄梅县，命他到京城去直隶附近的地方补缺。郭琇和年遐龄两个人，俱降一级留任。

三年后，康熙四十三年（1704），湖广巡抚年遐龄身体不适乞休，皇上允之。

至此，年遐龄的仕途已经结束了，接下来就要看他的儿子年希尧和年羹尧了。从顺治十五年（1658）年家随年仲隆外放江南，到年遐龄当上湖广巡抚，再到后来年遐龄提议试行"湖广七府亩税新制"，也就是摊丁入亩，渐渐得到康熙的信任，用了将近40年。而康熙对年遐龄儿子这一辈宠爱更甚。

年希尧是年遐龄的长子，字允恭，曾被认为是家族未来的希望，他也仿效其父的路子，从笔帖式开始当官，一步步地在康熙五十五年（1716）当上了安徽布政使。但很快，年希尧仕途停滞不前。康熙五十九年（1720），年希尧因为下属的告发，卷入到凤阳知府蒋国正（生卒不详）的亏空案。被告发的内容是年希尧敲诈勒索其他官员，包庇凤阳县令蒋国正，侵吞民资等，虽然最后调查结果是没有任何确凿的证据指向年希尧，但是蒋国正亏空是事实，年希尧有失察之罪，应革职，皇帝允准。因此，年希尧的仕途也到头了。

从康熙年间的政局来看，年希尧敲诈勒索、包庇蒋国正的事情十有八九是真的。不过年遐龄虽然退隐，却也有几分人脉，而且当时年家已经与雍亲王联姻，所以调查的结果是"查无实据"，当然年希尧也要付出一些代价，最终被革了职。所以年家最后的希望就落到了年羹尧身上。

从其祖上来看，年家确实是名副其实的官宦世家，简单地总结一下年羹尧家族中的为官之人及其主要职位。

祖上：元朝严孟旸（生卒年不详），被封为万户侯。

……

高祖父：明朝年富（1395—1464），官至二品户部尚书，谥号"恭定"。

曾祖父：清朝年有升（生卒年不详），原明朝将领。

祖父：清朝年仲隆（1622—1660），官至五品和州知州。

父亲：清朝年遐龄（1643—1727），官至二品湖广巡抚。

兄：清朝年希尧（1671—1738），康熙朝官至从二品安徽布政使。

……

上天给了年羹尧一个完美的家世，那么他又是怎么利用这天然的优势呢？

第二章　羹尧拜师

　　年羹尧于康熙十八年（1679）出生，这个时候他的父亲年遐龄正处在"笔帖式"的最后阶段。四年后，年遐龄授河南道御史，正式走上了晋升之路。所以年羹尧的幼年生活应该是无忧无虑的，这也是他养成桀骜不驯性子的原因之一吧。

　　不过年羹尧的出生时间在《清史稿》《清史列传》《满洲名臣传》中并没有明确的记载，只在《康熙三十九年进士登科录》和朝鲜李宜显（1669—1745）所著的《庚子燕行杂识》中找到了关于年羹尧年龄的记录。

　　《康熙三十九年进士登科录》：年羹尧，贯镶白旗汉军陈继范佐领下，附学生。治《易经》，年二十二岁……

　　《庚子燕行杂识》：……其祖为明朝指挥，其父方为湖广总督，其弟羹尧方为四川总督，年今四十二，渠年五十云。颇秀俊，以笔帖式拔身者也。

　　康熙三十九年（1700）那一年，年羹尧是22岁，庚子指的是康熙五十九年（1720），年羹尧42岁。而古人是按照虚岁算的，所以从这两条记录来推算，年羹尧确实是康熙十八年（1679）出生的。

　　至于年羹尧的生母，也没有人知道是谁，在《清代名人轶事·将略类》中有段关于年羹尧出生的记载。大意是讲，年家的主母非常强悍，嫉妒心极强，得知年遐龄宠幸婢女，婢女有了孩子后，年家主母一怒之下，将婢女嫁给了一个奴仆，后来这个婢女就生下了年羹尧。原本年羹尧可能就这样成为一个见不得光的私生子，但是有个术士说从年羹尧的面相来看，他将来肯定位极人臣，所以年遐龄又将年羹尧收养在身边。

这个故事是真是假不得而知，但是年羹尧的性格与其兄长年希尧大相径庭，除去年龄差距的原因，也有可能是因为两个人的生母并非同一人。

关于年羹尧幼时的事情，史书上并没有多少记载，只能从一些野史或者小说中窥探一二。而最有名的就是顽童年羹尧与那位神奇的老师相遇的故事，这个故事在民间广为传播。

年羹尧小时候聪明狡黠，粗野强悍，力气比一般人大得多，他进了学堂，却不肯好好学习，老师偶尔发威拿着棍子要教训他，却被他羞辱了一番。到了舞勺之年，也就是13岁的时候，年羹尧还是目不识丁。年遐龄对此甚是担心，四处寻找能够教导自己儿子的好老师，但凡能将年羹尧教导好，会给予丰厚的报酬，不吝赏赐。这个时候一位老者忽然不请自来，说要做年羹尧的老师。

年遐龄出来见这个老者，只见这老者约莫70岁，穿着一身白衣，气度不凡。年遐龄不由诧异，因此对老者说道："犬子顽劣不堪，先生赏脸，肯收他为徒，不知您是打算如何教导他呢？"老者答道："如果你不介意的话，请在乡下的一个僻静的地方建一座花园，里面有池塘山石，有竹木花草，还要有经史图籍和各种兵器以及生活用品。园中只有我和年羹尧两个人居住，不需要仆人。园子四周筑起高高的围墙，不设任何门，只需在围墙上开一个洞，将饮食按时送进来就可以了。三年之后，我自然用成果回报您。"

年遐龄按照老者的话建好园子，园子里面的物品也按照老者说的都准备好了。老者和年羹尧一起住在园里，但是老者每天都是一个人坐着看书，任由羹尧为所欲为，对他不管不问。年羹尧每日挖沼泽，运土填塘，移山移石，种竹种花，玩耍嬉戏，乐此不疲，也不和老者说一句话。从春天到秋天，花园中的池子山石、竹林花草，不是从东边换到西边，就是从南边搬到北边，搬来搬去也没有什么意思，弄得年羹尧心烦意乱。

一天，吃过晚饭，年羹尧见老者正聚精会神地看着一本书，津津有味，他就在一旁观察老者，心中甚是羡慕，忽然问道："先生，你整天看书，书里有什么乐趣呢？"老者漫不经心地回答："书中的乐趣十分多，不是你能理解的，你只管戏耍玩乐吧，不要来打扰我。"这一句话反而勾起了年羹尧的兴趣，"既然这么有趣，那我也可以学习看书吗？"老者笑道："为什么不可以？但我只怕你不肯用功学习呢。"年羹尧说："我若能用功，你肯教我读书吗？"老者再次笑着回答："只要你肯用功，我为什么不愿意教你呢？何乐而不为？"羹尧兴高采烈地说："从今以后，请老师指点我读书。不过，请问老师读书到底有什么好处呢？"

老者神情严肃，一本正经地答道："读书有许多好处，第一大好处是可以成为圣贤，第二是可以建立功名，第三是可以获得荣华富贵。不知道你想要的是哪一个？"羹尧问道："那请问老师怎样才能成为圣贤？"老者回答："古之圣贤，能孜孜不倦，身体力行，研明儒学的根本，学以致用。有的为官，有的隐居，他们所创的道法传遍天下，思想道统百世不绝，这就是圣贤。"年羹尧继续问："那什么是建立功名呢？"老者答道："能够贯通天道和人道，文武双全，平乱定国，开疆拓土，忠心耿耿，将功绩铭刻于钟鼎之上，此乃建功立业。"羹尧又问："什么叫荣华富贵？"老者答道："深思熟虑，紧跟时下，考取功名，出类拔萃，妻儿欢笑，衣食无忧，这就是荣华富贵了。"年羹尧想了很久，说："圣贤不是我能达到的，我也不想成为只知道荣华富贵的凡夫俗子，还请老师指点，为我建功立业，好吗？"

老者问："你当真要向我学习吗？"年羹尧听到质疑居然拔剑砍树，发誓说："若不诚心拜师，就如此树被砍！"老者见他下定决心要读书，甚是高兴。于是先拿出儒家典籍和史家著作，每天为年羹尧分析讲解，又教他如何科考，闲暇之余，便与他谈论兵法，还教他功夫。二人早晚练习射箭和操舞刀剑干戈等兵器，朝夕相处，其乐融融。年羹尧天赋异禀，无论诗书还是功夫一学就会，三年的时间，他果然有所成就。那时候他才15岁。

老者对年羹尧教导有方，先欲擒故纵，在年羹尧询问他后又吊足胃口，最后又用你不肯用心的激将法，终于让年羹尧真心学习。

奴仆从墙洞那里送饭菜的时候，老者笑道："劳驾传个话给主人，公子学成，可以开门了。"奴仆忙告诉年遐龄，年遐龄与老者相见，两个人执手庆慰，年遐龄见年羹尧恭恭敬敬，不似往日那般胡闹，知道他学到了不少东西，大喜过望，当即设宴款待，赏赐了老者不少银子。老者却坚持不要，并说："待公子功成名就，自会向你讨要报酬。"说完就要告辞，年遐龄再三挽留他，都被老者拒绝了。年羹尧不忍老者离开，独自送别，依依不舍。老者送了一首诗给他，让他谨记，之后飘然而去。

这首诗是这样写的："海水摇青云四垂，瞳眬晓日照旌旗。愿君熟读淮阴传，毋忘低头胯下时。"意思是当大海翻滚时，乌云向四面八方压去，当光线明显时，它就像阳光照射在旌旗上一样。希望你能记住《史记》中的淮阴侯韩信的生平事迹，别忘了韩信在没有成功之前，是多么的卑微和谨慎。

这个故事出自同治年间许奉恩所著《里乘》。《里乘》这本书受蒲松龄《聊斋志异》、纪晓岚《阅微草堂笔记》的影响，集两书之长于一体，收 190 篇文言笔记小说，具有劝诫之意，是一篇优秀的笔记小说。

里乘子也就是许奉恩，还在下面写到，这位老者来得莫名其妙，又飘然而去，神出鬼没，莫非是一位仙人？年羹尧后来带兵出征，威震四方，立下赫赫战功，全靠这个老者调教。但是考虑到年羹尧一生的所作所为，又不得不承认，他是个狂妄的人，死了也是罪有应得，没什么可抱怨的。既然如此，老者教导年羹尧三年，已经足够了，只可惜教化还不够啊！老者所赠的诗句，意味深长，虽然说得很真诚，但听的人并不怎么在意，实在令人唏嘘。

这个神秘的老者在咸丰朝时期文康写的一部经典长篇小说《儿女英雄传》中也出现过。年羹尧就是《儿女英雄传》中杀死十三妹父亲的凶手的原型，在小说里名字叫纪献唐。年羹尧和纪献唐这两个名字有什么联系呢，相传彭祖将羹献给了帝尧，帝尧又被称为"唐尧"，献羹给尧就成为献羹给唐，羹尧就成了献唐。

在《儿女英雄传》中，年羹尧拜师又有了另一种方式。先走的是武艺再走的科举。

这本书在第十八回里写到纪献唐幼时调皮捣蛋，家中曾换过十个老师，也没有人能管住他。也是有一个人不请自来，不过这回来的不是老者，而是一名秀才。这名秀才在京城游历时，听到很多人说纪家有一位少爷想要找老师，于是他便自告奋勇。秀才还告诉纪父，也就是年遐龄，最多三五年，他就会完成纪献唐的毕生抱负，但从现在开始，书房里的事情，任何人都不许插手。纪父大喜过望，连忙答应下来。这名秀才的做法和老者差不多，在书房里，秀才并不管纪献唐，纪献唐却说没想到你是这样的人，竟然还知道进退。后来纪献唐被秀才的琵琶声吸引，才主动向他请教。两人终于开始切磋武艺，聊得兴起，忍不住就打了起来。秀才的拳术和枪术轻而易举地就把纪献唐带来的仆人给击败了。纪献唐意识到自己遇到高手了，连忙向他请教。可是秀才却说，一人敌，不能学，要学万夫敌，唯一的办法就是读书，于是，他便将纪献唐引领到了仕途之上。十年后，秀才飘然而去。

还有一本关于年羹尧的清代晚期章回小说《平金川全传》，又名《年大将军平西传》，作者张小山（生卒年不详），这是根据年羹尧平西的经历而写成的，书中主人公的名字叫年赓尧，其中提到了少年时期的年赓尧学习武术的情节。只是这次老师换成了癞头和尚，依然是不请自来，并且也是要年家建造一座高墙花园，将年赓尧关在里面，还用一块巨石堵在园口。在园子里，癞头和尚的教学方式也是先对年赓尧视若无睹再吊足胃口。年赓尧跳不过墙离不开园子，气不打一处来，拿着铁尺对着和尚的脑袋打了几下，可是那和尚就像是铁打的一般，一动不动，年赓尧这才害怕地跑了。到了最后，年赓尧觉得在这里很没意思，出也出不去，和尚对他也不理睬，也没人跟他说话，只好请那和尚指点他。和尚自然也是高兴地教他经史子集，也是用了三年的时间。

一天，年赓尧突然问和尚："读书人的功夫我已经学会了。还有一件事想请教一下老师。三年前，我拿铁尺打你的头，你却安然无恙，我想学习这个本事。"和尚道："这个容易。"于是教了他《易筋经》中的武功，又教了他十八般武艺，没多久年赓尧的功夫已是炉火纯青。这个时候，和尚才让年赓尧离开，自己什么也不要就离开了。

在民国武侠小说家王度庐写的《雍正与年羹尧》中也提到了教年羹尧的那个秀才，不过这次的教学方法和以前说的不大一样了。他答应年遐龄，三年之后，必教得年羹尧文武双全。第一年，他传授了年羹尧武功和兵法，让他武功高强，谋略娴熟；第二年，年羹尧学习经史；到了第三年，秀才却不再教年羹尧任何东西，两人面对面而坐，一言不发，什么事都不去做。就这样有半年多。秀才离开前叹了口气，道："此子文武双全，唯独气还没有养好，日后必有杀身之祸！"言罢扬长而去，再也不见年羹尧。

不管是老者，还是秀才或者和尚，这位高师后来再也不曾出现过。不过在《清稗琐缀》中说过年羹尧成为大将军之后，他老师后代的事。当时老师已经病逝，他的妻子儿女都过着穷困潦倒的生活。老师的妻子无可奈何之下，便让儿子去西北边陲找年羹尧求取帮助。他好不容易来到西北的驻地，带着名帖去找年羹尧，没想到年羹尧却不肯见他。他眼巴巴地等了一个多月，还是见不到年羹尧，还拖欠了一大笔住宿费用。失望的他刚要离开，却被年羹尧叫到了将军府，他吓得魂飞魄散，年羹尧狠狠地骂了他一顿："没用的东西，来到这里这么多天还是这么落寞，你这个样子根本就对不起我的恩师，不好好在家里伺候老母亲，还妄想出来当官，还是赶紧给我回去。"于是，年羹尧派了兵将满腹牢骚地打发他回家。没想到，他回到家的时候，家里却是焕然一新，母亲住在又高又阔的新房子里。原来他把名帖交给年羹尧之后，年羹尧立即出钱命先生家乡的官员给他盖房子，并且给了他母亲一笔钱作为生活费。同时，年羹尧知道自己师父之子没什么本事，所以才说了这么一句狠话，打消了对方做官的心思。这样处理，既顾及了恩师，又没有违背他的用人原则。

在清朝的时候，可能因为文字狱的关系，有一种说法叫作"小说中藏史"，所以这些小说中的事件或许有些是真实的。想必年羹尧年少时的性格确实比较顽劣，也确实遇见过那么一位高师，学得文武双全。

关于年羹尧做学问这件事，《康熙三十九年进士登科录》中写的是年羹尧治《易经》，这又是什么意思呢？"治"的意思是学习研究。经指《周易》《诗经》《尚书》《礼记》《春秋》等儒家经典。治《易经》就是说年羹尧在"五经"中主要学习研究《周易》。

《明史·选举二》记载："科目者，沿唐、宋之旧，而稍变其试士之法，专取四子书及《易》《书》《诗》《春秋》《礼记》五经命题试士。"

在乾隆后期实行"五经并试"制度以前，科举考试的范围是"四书""五经"，"四书"是必修课，即《大学》《中庸》《论语》《孟子》。"五经"中任选一本学习就够了。

《诗》温柔宽厚，《书》疏通知远，《乐》广博易良，《易》洁静精微，《礼》恭俭庄敬，《春秋》属词比事。而年羹尧选择了治《周易》，这并不是因为喜好，而是根据个人对这五经难易的理解程度来选择的。在明朝及清朝前期和中期的登科录中，还保存着考生治经的信息。这里面有一个有意思的现象，自明朝建立以来，学习《春秋》《礼记》的人逐渐减少。也就是说，《春秋》《礼记》这二经是比较难学的！所以大家都不选择这二经，在科举这条独木桥上，自然要选择简单一些的。为何另外三经要简单一些呢？那是因为宋代程朱对《诗经》《尚书》《周易》做了"官方注释"，《春秋》和《礼记》则没有"官方注释"。这样一来，三经有了注解，自然更容易学习。

现在年羹尧有了名师又选择了治经的道路，接下来就是科举了。这是他进入仕途的敲门砖，然而这个敲门砖并不是那么容易得到的。

第三章　顺天乡试

　　年羹尧的兄长年希尧，虽靠门荫而入仕途，但是却不热衷政治，而是喜欢医术，常与朋友探讨医术，有方子便记下，用来治病救人。年希尧也研究数学，还是广陵琴派传人。但是年羹尧就不一样了，正如前面所说，他想建功立业，对仕途非常积极。

　　要想进入仕途这条康庄大道，就要参加科举。

　　汉族士人的支持与合作是清廷实现有效统治的基础，而"开科取士"是获取汉族士子支持与合作的有效途径。清朝的科举考试只有通过了三场童试，成为秀才之后，才有参加正式考试也就是科举的资格。科举的正式考试分为三个关卡，乡试是第一道关卡，每隔三年在省城举办一次，通过乡试的人被称为举人，第一名被称为解元。但是要进入第二个关卡——会试，举人还需要复试，复试后才能去京城参加会试，通过会试的人叫做贡士，第一名叫作会元。最后一个关卡也是最终决定命运的考试，叫作殿试，由皇帝亲自主持，通过了这一关，便可成为进士入朝当官，前三名的名称就是我们熟悉的第一名状元、第二名榜眼、第三名探花。

　　在康熙三十八年（1699），20岁的年羹尧在北京参加了顺天府乡试，并中了举人。但是年羹尧这场考试的过程却没有那么顺利。顺天乡试又称"北闱",顺天府是京城的畿地,又处于国家的政治中心,这里人才济济,这里是各种矛盾的聚集地。而乡试是科举考试中的第一道关卡,是一次省级大型选拔考试,因此顺天府乡试是科举考试中竞争最激烈、影响最大的考试,能不能有质的飞跃就看这次考试了。顺天府乡试成为举世瞩目的焦点。

不过顺天府乡试相对于其他地区乡试更容易发生舞弊事件。这主要有几个原因,首先,顺天府乡试录取举人的数额比较大,这就造成更多的人为了被录取而作弊。其次就是考官的身份比较容易被考生们提前知道。

年羹尧参加的这次乡试,主考官与副考官是上一届的状元与探花。主考官李蟠(1655—1728)字仙李,又字根庵,号莱溪,江苏人,李蟠小时候就很聪明,在乡里很有名气。他出身书香门第,读书十行俱下,为文洋洋数千言,下笔不加点。36岁时,中举;43岁殿试时,他对军政、吏治、河防等方面的问题,回答得头头是道,有理有据,又有自己的见解。于是,康熙钦点他为一甲进士第一名,成为状元,李蟠是徐州明清两朝仅有的一位文状元。授官翰林院修撰。

副主考官姜宸英(1628—1699)字西溟,号湛园、苇间,浙江慈溪人,出生于明崇祯元年(1628),姜宸英自幼在祖父、父亲等人的熏陶下,以聪慧、博闻、博学著称。康熙十七年(1678),清廷平定三藩之后,为了安定民心,广纳人才,特开一种特殊的考试,与乡试、会试不同,叫作博学鸿词科。规定京官三品以上,各省督抚布按官员可以推荐那些才华横溢、文采斐然的人,无论有没有中举,都可以参加这次考试。姜宸英此时已经任职于翰林院,负责纂修《明史》,对于明朝的厂卫制度和刑律制度颇有独到见解,深得上司的赏识,为清代"布衣修史"之始,他的上司极力推荐他参加博学鸿词科。不过他还是落榜了。在《明史》编纂工作结束后，朝廷便着手编纂《一统志》，姜宸英继续参与其中，又因此结识了纳兰性德这位年纪尚轻却已在文坛上颇有名气的人物。最终在他已经是七旬老翁的时候，在殿试中得了第三名，成为探花。

主考李蟠40多岁年富力强，副主考姜宸英已经70多岁德高望重。二人受到如此赏识，一心想要报效朝廷，没想到这次乡试却是一个大麻烦。按照惯例，顺天乡试的主考官和副考官由上一届状元与探花担任，这些考生知道主考官是谁，自然会出现投其所好的情况。一旦出了差错，主考官就会成为众矢之的，到时候就会被扣上舞弊的帽子。"京官难当"，这句话说得特别有道理。

而且顺天府的考生来源也比较复杂，不仅有顺天与直隶的普通考生，更有大批八旗、京中高层官员的子弟以及在国子监读书的各省监生、贡生等。

因为这些原因，皇帝多次强调公平的科举考试不仅可以为全国遴选出真正的人才，还可以整顿读书人的风气；如果士子入仕不正，则吏治不正，从而威胁到皇权的统治，所以有必要对科场进行整肃。顺天乡试关系到绝大多数京城官员的切身利益，如果没有足够的力量，很难保证科举的公平和权威。因此需要皇帝亲自出马维护，这样就更有理由以顺天乡试为榜样，要求各省科举考试以它为准。由于各省的监督比较松散，所以很难发现科场舞弊的情况。顺天乡试发现考场作弊较多可能是由于京城监督严格，外地执法粗心大意的缘故。

顺天乡试牵扯到的利益集团很多，其中不乏官员，所以很多人都在关注。同时，由于性格不同、政见不同，或者别的什么原因，官员之间会产生私人恩怨，甚至连表达自己的观点都会引起冲突，那么科举上有问题出现则更是官员斗争的好把柄。

这些种种的因素，就成为年羹尧乡试那一年发生舞弊案的导火索。

康熙三十八年（1699）的顺天府乡试案，也成为己卯顺天乡试之狱。这件事可以作为清朝考试作弊的一个典型案例。这个科举案其实并不是很出名，也并没有引起更大的波动，它的特殊在于虽然它是在科举场上发生的，但这或许并不是舞弊案件，而是一起诽谤案件。其中到底有什么隐情？而年羹尧是否受到它的影响呢？

乡试分三轮，皆在八月份举行，每一场考一天，隔两天进行下一场，三轮下来一共是七天，然后下个月月初放榜。而没想到的是，年羹尧参加的这场顺天府乡试结果一出，顿时掀起了一阵惊涛骇浪。因为大部分中榜的士子都是官宦子弟，一时之间，群情激愤，所有落榜考生都聚集到了一起，将怒火发泄到了考官李蟠和姜宸英身上。有一个落第士子编了一首关于这次科考舞弊的歌谣"老姜全无辣味，小李大有甜头"，老姜说的是姜宸英，指姜宸英这位正直的人却没有维护公道，反而讨好权贵；小李是李蟠，李蟠苟为私利，利欲熏心，以财取宠，因此在科考上获得了许多利益（甜头），这句歌谣很快就被大家知道了。还有一名落第考生揭文于市，写了一篇《士子揭世文》，指责正副主考官贪赃枉法，录取的都是官宦子弟。更有人说李蟠在科举中贪污了上万两银子。

这篇《士子揭世文》，笔锋犀利，字字铿锵，内容绘声绘色，详细地描述了中举士子的来历以及他们所行贿赂的数额和其中的关节人脉。《士子揭世文》贴满京城，一时之间，引起了极大的骚动，轰动了整个京城。

　　……中堂四五家尽列前茅，部院数十人悉居高第，若王、李以相公之势，犹供现物三千；熊、蒋以致仕之儿，直献囊金满万。史贻直、潘维震因乃父皆为主考，遂交易而得售……

《士子揭世文》节选

大意就是……中堂四五家，部院数十人，其子弟都考上了；大学士王熙、李天馥为子孙行贿三千两；工部尚书熊一潇、左都御史蒋宏道为自己的儿子行贿上万两，举子史贻直、潘维震的父亲分别在其他地方担任主考，私下也有做交易……

年羹尧也属于官宦子弟，并且也考中了，自然也在这篇文章里，"年羹尧携湖抚资囊潜通一万"，意思就是湖广巡抚的儿子年羹尧走关系用了一万两银子。可见在这些学子中，年家是很有钱的，贿赂数额之大，当真是数一数二。

很多达官贵人和富商都在顺天府，他们想要在科举中获得成功，肯定会利用自己的财力、权势和人脉，这三者哪怕只利用一个，都会引发科举舞弊案的发生。因此这些落第考生有这种想法也说得过去。

《士子揭世文》的最后还号召朝廷中有见地的人弹劾李、姜，并高举尚方宝剑"斩彼元凶"，否则的话，就会有人刺杀李蟠和姜宸英。没过多久，戏剧家孔尚任（1648—1718）根据顺天榜乡试的情况，写了一出《通天榜传奇》并将其搬上舞台，孔尚任是孔子六十四代孙，也是《桃花扇》的作者，他让顺天乡试榜再次掀起了一股激烈的舆论浪潮。有那好事之人散播谣言，添油加醋，将矛头直指主考官和副主考官，好像亲眼看见似的。这件事闹得沸沸扬扬，自然也引起了清廷高层的震动。

到十一月的时候，江南道御史鹿佑（1648—1718）上疏弹劾李蟠和姜宸英，说两人私心作祟，有辱我朝，恳请陛下罢免斥责两人。鹿佑是直臣，遇事直言不讳，不惧强权。康熙对这份奏章很是重视，听到关于顺天府乡试的流言蜚语后，勃然大怒，他对其他臣子说："顺天乡考被录取的有许多年轻人，议论之声，比之从前，有过之而无不及。科举关系到一国大事，必须严肃对待，以防万一。御史鹿佑题参可嘉。"康熙立刻将李蟠、姜宸英打入大牢，命人查办。没几天又下了一道旨意说这次考试极其不公平，听说还有代笔作弊的人混在其中。这可是科举大典，怎么能这样！如果这件事就此了结，恐怕不能成为警告，通知所有中举的士子在内廷复试，如果有借故拖延不来的人，革去他的功名。监考人员的处罚，待重新考试后再定夺。这就表明康熙已经认为这次乡试是存在舞弊现象的，但心中又有疑虑，因此并没有急着处置主考官和副主考官，而是想通过复试来验证自己的猜测。

复试的时间定在了次年正月，有了之前的教训，这次复试非常的严格，康熙亲自出考题，为了公平起见，又让皇子、大臣、侍卫们监督参与。复试结束后，康熙又说复试十分棘手，群臣难以决断，只好他亲自审核。考卷成绩分四等，前三等都可以参加下场会试，第四等的则属于"不堪者"，著令黜革。其实他对于顺天榜乡试中作弊一事，也有所猜疑。

参加复试的官员评判复试考卷，他们先定下等次，再由康熙来定夺。康熙看过之后，大体上同意，只是稍微调整了一下排名顺序。

在二月初，复试的榜单正式出炉，可笑的是，这一次复试竟然没有一个人落榜！也就是说，复试的结果中，并没有如康熙所说的第四等不堪者。之前被说作弊的顺天府乡试录取的士子都可以参加会试。唯一的区别就是康熙对原先的排名稍有变动，将状元人选换了。所以几乎可以认定这次乡试并没有发生作弊情况。康熙对此也是有些惊讶，"朕初谓必有不能终卷者。及阅各卷，俱能成文，尚属可矜。至于落第者在外怨谤，势所必有，焉能杜绝！"意思就是康熙本以为肯定有人不能写完试卷。但是看过每一份试卷后，这些士子都能写出一篇完整的文章，也算不错了。而落第者的流言蜚语，更是无时无刻不存在，如何能断！

接下来就是对两位考官李蟠、姜宸英的处理了。顺天科举案造成的影响极其恶劣，没有人出来担责，没有惩戒是不行的，可康熙也不可能杀个血流成河。关于李蟠收受银子的传闻也是假的。于是李蟠被革职流放到关外，三年后被恩赐回了家乡，从此闭门著书，直到去世。后来康熙南下期间，亦有重用李蟠的意思，奈何李蟠不愿出仕，从那以后，他就再也没有当官了。从这里来看康熙事实上已经恢复了李蟠的名誉。而姜宸英本来是要被释放出来的，只可惜，文采斐然的姜宸英被诬陷后，一怒之下，服毒自尽。如此一来，这两个曾经的状元和探花，就这样昙花一现，销声匿迹。同时孔尚任因为撰写《通天榜传奇》一戏为顺天榜乡试案煽风点火被朝廷罢免了官职，驱逐出朝廷。

虽然这样，但是对顺天府乡试相关人员的处理结果并不算太严重。历朝历代，包括清朝在内，对于科举舞弊的处理都是极为严厉的。在此之前，顺治十四年（1657）的顺天乡试舞弊事件中，主考官等七人被处死，家人一百多口全被流放。但凡和舞弊有关的，主考官基本上都掉脑袋了，而这次己卯顺天乡试案的主考官只是被流放，而且也不过三年，如此轻描淡写，可见康熙并不认为这是舞弊案。实际上这是康熙为维护皇权颜面和平抑舆论而作出的妥协之举。

一场震动朝野的风波就此落下帷幕。

每次科举考试中都有作弊之事，屡见不鲜，尤其是清朝。所以己卯顺天府乡试的成绩一出，自然引起了很多人的注意。但是这次案件并不算舞弊案，确切说是诽谤案。

《士子揭世文》中所说的事都是谣传，主要针对的是乡试中的官宦子弟，里面所写的官商勾结、行贿受贿确实会激起大家的怨气，但是并没有任何证据，若是真的有这些事，作者怎么会知道得这么清楚？所以文章中的内容多是毫无根据的猜测，胡编乱造，故意添油加醋，将事情闹得更大。

至于鹿佑对顺天府乡试主考官的弹劾，则有别的原因。当时大家对顺天乡试议论纷纷，这个时候鹿佑趁机上疏，自然能得到康熙的嘉奖。而且实际上鹿佑曾在乡试之前拜访主考官李蟠，并送上礼物，让他照顾一下自己的儿子。不料，却被李蟠拒绝了，鹿佑心生不满，因此趁着这次机会上疏弹劾。

很显然，所谓顺天榜舞弊案，根本就是一场造谣生事的案件。可悲的是，这起诽谤案件，到头来只会让被诽谤者付出代价，而诽谤者却逍遥法外。

这一次乡试录取的贵族子弟极多，这是不争的事实，也正因为如此，那些落第士子们也有了刁难的理由。李蟠和姜宸英按照试卷录取，并没有什么不妥，却因为经验不足，让他们很容易就鼓动社会舆论。

官家子弟因为受到更好的教育，所以考得更好，这也是情理之中的事情，并不一定是因为贿赂。这一点，想必康熙也是知道的，因此他对制度进行了进一步的调整，要求顺天乡试中，单独留给官员子弟中举名额，不能让这些人无限制地占用寒门子弟的名额，要保证寒门子弟的利益。另外，为了避嫌，顺天乡试的主考官改为临时任命，不再有前一科状元出任主考官的惯例。

"官卷之例，始于康熙三十九年。初制达官子弟一体应试，而中式独多防寒峻进身之路。"在康熙三十九年（1700）的一道圣旨中，也明确指出了这一点：科举事关重大，历届科举中能被选中的，大多是官宦子弟，寒门子弟很少，以后的科举考试中，将现在大臣官员子弟另编字号，另入考试场以人数多寡，各分定额数取中。

为了防止官员们在考试中拉关系，滋生腐败，造成科举考试的不公平，开始实行官民分卷考试。清政府根据户籍来划分科举名额，清代的户籍种类很多，有军籍、民籍、灶籍、商籍、宗室户籍、八旗户籍、官籍、贱民户籍，等等。但是官卷、旗卷士子科考也容易出现舞弊事件，借助世家大族之权，为科举取巧，如在科场入门搜检的时候，对旗卷、官卷士子的搜检敷衍，其他官员也愿意买单，使得官家士子舞弊有了可操作性。

　　总之，年羹尧这次乡试就这样有惊无险地度过了。

第四章　一举高中

《康熙三十九年进士登科录》：年羹尧，贯镶白旗汉军陈继范佐领下，附学生。治《易经》，年二十二岁。曾祖有升，祖仲隆，父遐龄。乙卯科乡试第四十二名，会试第一百十五名。

康熙三十九年（1700），经过一番曲折，年羹尧会试中第，之后在殿试中表现优异，中三甲第二百一十八名，赐同进士出身。但是由于之前的顺天乡试事件，康熙还特地下了一道旨意，"大臣子弟皆置三甲"，就是要求此次科举，官宦子弟无论成绩怎样，皆放入三甲，将一甲和二甲的名额留出来给寒门子弟。从宋太平兴国八年（983）开始，进士殿试结束后，根据排名分为一甲、二甲、三甲三等，合称三甲。一甲只有三人，就是状元、榜眼、探花，赐"进士及第"；二甲有若干名，第一名称为传胪，赐"进士出身"；三甲不限制人数，赐"同进士出身"。同进士出身顾名思义是指这个学子不是进士，但是按进士出身对待。与此相似的词还有如夫人，就是跟夫人一样，但并不是夫人，而是小妾。所以同进士出身的人都不愿意被人提起这个名衔。

据说当时年羹尧的殿试名次很靠前，所以年羹尧被赐同进士出身有点冤。不过，后来康熙也很看重年羹尧的才能，对这些官宦子弟还是有所提拔的。随后，他和张廷玉等新科进士，被康熙选拔为翰林院庶吉士，这个时候年羹尧虚岁 22 岁，正式踏入了官场，开始建功立业。

关于这次科举，还有一个有趣的地方，这次科举可以称为"响榜"。关于被录取的进士名单，在我国古代有很多称呼，被统称为"金榜"。不过，还有一些其他比较有趣的称呼，比如明清时农历八月举行乡试，就是所谓的"秋闱"，考试结果一般都会在九月上旬公布，这就是所谓的"秋榜"。公布成绩的时候，正是开桂花的时候，所以人们就叫它"桂榜"。这也符合了蟾宫折桂的典故。又比如明清两代的会试因为在春天举行，所以被称为"春闱"，在四月份的中上旬放榜，所以又称"春榜"。此时正是杏花盛开的季节，所以又被称为"杏榜"。唐代曹松有一首《览春榜喜孙鄠成名》："门外报春榜，喜君天子知。"

那响榜是什么意思呢，朱彭寿在《安乐康平室随笔》中写道："历科榜运，其盛衰各不相同，故谚有响榜、哑榜之说。"这句话的意思是说历届科举考试，榜上有名的人，都有不同的运气，所以人们有一个说法，叫"响榜"和"哑榜"。主要是根据乡试和会试中有多少人能成为一品大官，将响榜和哑榜区分开来。也有人以进士数量来区分。不过大多是根据这些人后来仕途的情况来认定响榜和哑榜，这在清朝的科举中是一个很有意思的现象，某一年的科举考试人才辈出，甚至会有好几位名流百世的大人物，其他同科的人也因此沾了光，仕途不会差到哪里去，这就是响榜了。与响榜相反的，则是哑榜，因为在这一届中，所有人的前途都不大好，所以，这个榜单便被称为"哑"。而年羹尧在康熙三十八年（1699）中举的顺天乡试、康熙三十九年（1700）中进士的殿试，都是英才云集，他的同窗也都是赫赫有名的人物。在清代中前期，这都算得上是响榜。

那除了年羹尧，这一届还有什么大人物呢？一位是为民族融合、边疆开发作出贡献的鄂尔泰（1677—1745），他在雍正年间主持改土归流活动，是乾隆初年的第一重臣，他是在康熙三十八年（1699）顺天乡试中举的。还有一个大人物是整个清朝唯一一个配享太庙的汉臣张廷玉（1672—1755），他是康熙三十九年（1700）殿试成为进士的。而这两人后期又都与年羹尧有联系，甚至是可以左右年羹尧命运的人物。

鄂尔泰，字毅庵，出身于满洲镶蓝旗，姓西林觉罗氏，其祖先早年曾效忠于清朝开国皇帝努尔哈赤，为世管佐领。世管佐领这个官职是满洲八旗佐领中的一种，是可以世袭的。

他的父亲鄂拜为国子监的祭酒。鄂尔泰6岁进学堂，研读"四书""五经"，8岁开始习文、练习书法，17岁中了秀才，19岁补廪膳生，20岁中举，正式入仕。中举时他比年羹尧小两岁，可以说年少有为。到了21岁，鄂尔泰继承了佐领世职，成为一名侍卫，从此便活跃于官场之上。但是鄂尔泰的仕途在康熙年间并不顺利。康熙五十五年（1716）他36岁的时候，才被任命为内务府员外郎，这个官职一般为闲职，也就是说他干了十几年才从一个侍卫升到了从五品内务府员外郎，之后又停滞不前。康熙六十年（1721）元旦，他41岁的时候写了一首诗，为自己在仕途上的处境而苦恼："揽镜人将老，开门草未生。"又在《咏怀》诗中吟道："看来四十犹如此，便到百年已可知。"可见他对自己的前途并不看好，从未想过自己后来能出将入相。而他的同窗年羹尧，年仅40岁就当上了从二品总督。

令人没想到的是，鄂尔泰的转机在雍正身上。当年，胤禛尚为皇子，有事要托鄂尔泰帮忙。但鄂尔泰却婉言谢绝，说："皇子是不能随便结交外臣的！"由此也可以看出鄂尔泰的性格，所以他仕途不顺或许也与此有关。但是也因为这件事让鄂尔泰在胤禛心中留下了很好的印象。雍正登基之后，召见鄂尔泰，夸奖说："你当员外郎时，敢于拒绝皇子的托付，足见法纪严明。"于是，雍正元年（1723）正月，雍正提拔他担任云南乡试的考官，不久，他被提拔为江苏布政使。

因为有雍正的赏识，鄂尔泰在雍正三年（1725）升任广西巡抚，在前往广西的路上，雍正帝觉得他可以干更多的事，将他擢升为云南巡抚，加兵部尚书衔，兼管云南、贵州、广西三省，其升官之快，令人惊叹。

鄂尔泰在担任云南巡抚时，始终奉行雍正的治国方针，由于云贵地区是一个少数民族聚居的地方，许多地区还在实行着土司制度。大大小小的土司就像是一个个国家的首领，占据了土地、森林、水源，土著百姓就是他们的奴才，世代都不会改变。土司所到之处，土著居民都要匍匐在地，顶礼膜拜。土司对其"子民"有任意处理、占有、转让和出卖的权利；吃酒游乐时，常以射杀土著居民为游戏；祭祖敬神，还会将他们当作祭品。若有不顺心之处，则用割耳、断手指、抽筋等酷刑。至于夺其财物、勒交赋税那就更随意了。而且土司都拥有军队，对中央构成了巨大的威胁；附近的将士稍有过问，马上刀兵相见。

这是一种十分落后的制度，对当地的经济文化发展造成了很大的影响。在过去的100多年里，清朝对其进行了一定的管治，但是没有取得什么实质性的成果。雍正刚登基时，便推行了"改土归流"的政策，就是将土司制改为流官制。鄂尔泰对此坚持不懈地执行，采取了恩威并施、剿、抚相结合的办法，经过数年的治理，在西南取得了显著的成绩，对少数民族社会经济的发展起到了一定的推动作用。

雍正十年（1732），加封鄂尔泰为保和殿大学士兼兵部尚书，办理军机事务。又因平定苗疆的功劳，鄂尔泰晋世职一等精奇尼哈番，被授予世袭一等伯爵。

雍正末年，雍正常召鄂尔泰进宫，有时候让他在皇宫里一待就是几个月，从这一点就可以看出，雍正对鄂尔泰的信赖远非常人可比。

雍正临终时，曾公布遗诏，称鄂尔泰忠贞不贰，有济世之能，死后可配享太庙。雍正十三年（1735）八月，雍正病逝，当时夜已深，没有马可骑，鄂尔泰在万分焦灼之下，寻了一匹运煤块的老马，急忙进宫。鄂尔泰与张廷玉捧出雍正的御笔密诏，拥立皇子弘历继位，是为乾隆皇帝。鄂尔泰为了维持朝廷的安定，一口气在宫里待了七天七夜，方出宫离开。

乾隆登基之后，任命鄂尔泰为总理事务大臣，晋一等精奇尼哈番。乾隆十年（1745），鄂尔泰因病请辞，乾隆不允，安慰并挽留他，又加封他为太傅。不久鄂尔泰就因病去世了。乾隆遵循雍正遗诏，令鄂尔泰配享太庙，祀于贤良祠，并赐给他"文端"的谥号。

鄂尔泰生前虽有功绩，死后亦有遗憾。乾隆二十年（1755），乾隆发现诗文集《坚磨生诗钞》中有一句"一把心肠论浊清"，指责"浊"字加于国号之上，别有用意，居心叵测。诗文集的作者是内阁大学士胡中藻（？—1755），胡中藻师从鄂尔泰，又与鄂尔泰的侄子甘肃巡抚鄂昌（1700—1755）有过诗词歌赋方面的交集，鄂昌因此被卷入其中。乾隆对这件事深恶痛绝，命人将鄂尔泰的牌位从贤良祠中撤出。

鄂尔泰才华出众，政绩斐然，深得雍正帝的信任。如此，他逐渐成为群臣之首。与鄂尔泰一样，张廷玉也是备受雍正宠爱的大臣。二人之间的派系之争是不可避免的，两人观点的分歧在乾隆初年就已经显现出来。张廷玉和鄂尔泰一起工作了十多年，二人常常一句话也不说。鄂尔泰若有什么过失，张廷玉必以微言讥笑，使鄂尔泰蒙羞。不管怎么说，这两个人都是为清朝皇帝服务的，只可惜，这两位重臣在死后都受到了乾隆的谴责。

那么张廷玉又有怎么样的人生际遇呢？张廷玉是大学士

张英（1638—1708）的儿子，比年羹尧还要大上 8 岁。康熙
三十六年（1697），张廷玉 26 岁本应参加会试，却因父亲张英
被任命为总裁官而回避不试。康熙三十八年（1699），张廷玉的
夫人姚氏离世，父亲张英任宰相之职。康熙三十九年（1700），
张廷玉考中进士，成为年羹尧的殿试同窗，与年羹尧一样被授
为翰林院庶吉士。他家世清贵，风流倜傥，文采斐然，又精通
满汉文字，因此，康熙经常让他起草诏书。张廷玉深受康熙信
任。

相对于鄂尔泰停滞不前的仕途，张廷玉要幸运很多，算是
同龄人中升迁的佼佼者了，在雍正皇帝登基之前，他已经升至
吏部侍郎。不过，张廷玉从入仕开始，一直都是在皇帝身边做
事，没有做过实务，缺乏独当一面的经历。他的转机也是从雍
正登基开始，胤禛深知皇位不是那么好得来的，他一直在努力
培养扶持自己的力量，以完成自己的心愿。他曾说："为政以得
人为要，不得其人，虽食法美意，徒美观听，于民无济也。"就
是说治国要以人心为先，若不能以人心为先，即使食法有美意，
也只会徒有其表，而不能造福百姓。因此，他慎重地选择了张
廷玉，以协助自己谋划军国大事。雍正选择张廷玉一是因为他
的学识渊博，"气度端凝、应对明晰"，二是因为张廷玉是雍正
恩师张英的儿子。在雍正看来，这是一个难得的贴己之人。

雍正七年（1729），雍正在隆宗门设立军机处，并委任张廷
玉、怡亲王胤祥、蒋廷锡处理军需事宜。蒋廷锡（1669—1732）
也是参加康熙三十八年（1699）顺天府乡试中举的。

而张廷玉也没有辜负雍正的赏识。雍正十一年（1733），张
廷玉的大儿子张若霭（1713—1746）参加了殿试，雍正觉得其
中一张卷子字画端楷，文采斐然，便要定下一甲第三名也就是
探花，当时的朝臣们，都说对这份卷子评价公正。打开卷轴的
时候，才知道是张廷玉之子张若霭的卷子。张廷玉知道这件事

后，立刻向皇帝奏请换选他人。雍正却说，这次的选拔是公平公正的，选中他并不是因为知道他是大臣的儿子。但张廷玉还是一再恳求"以此让于天下寒士"，雍正深深感到他的大义，因此将张若霭降为二甲第一名。这就是张廷玉让探花的故事，而他的父亲也做过一件让人钦佩的事——六尺巷让墙。

张英六尺巷让墙是讲张英的家人在老家和邻居吴家就宅基归属问题起过争执，因为两家的房子都是祖先留下的，年代又比较久远，所以在宅基地归属问题上，双方都不愿意让步。两家对簿公堂，又因双方都是名门望族，县令也不敢轻易了结此事。于是，张家给京城写了一封信，请求帮助。张英收到后批诗一首云："千里修书只为墙，让他三尺又何妨。万里长城今犹在，不见当年秦始皇。"张家人恍然大悟，退让了三尺。吴家见状深受感动，也让出三尺，形成了一条六尺宽的巷子。

雍正十三年（1735），雍正病危，临终之际，留下遗诏张廷玉以后配享太庙。

乾隆元年（1736）二月，乾隆亲谒景陵，张廷玉在京主持政事。从那以后，每当皇上出巡，张廷玉都要留在京城处理国事。乾隆还总留他在紫禁城里过夜。

乾隆十年（1745）四月，鄂尔泰因病去世，他的职位由讷亲（？—1749）继任。张廷玉上疏内阁班次应以讷亲为首，乾隆为了平衡各方面的势力，确定"嗣后内阁行走列名，讷亲在前。吏部行走列名，张廷玉在前"。使满汉官员间的矛盾更加激化，难以调和，最终导致了满汉官员间的明争暗斗。

乾隆十五年（1750），皇长子永璜去世之后，张廷玉又要求归乡，乾隆勃然大怒，于是让张廷玉自审自己是否应该配享太庙，最后乾隆罢了张廷玉配享，没有治罪，让张廷玉回乡。后来张廷玉又受牵连交回颁赐诸物。乾隆二十年（1755）三月二十日，张廷玉在家中逝世，享年84岁。他的遗体被安葬在了龙眠山，乾隆最终仍遵雍正遗诏，让其配享太庙。

除鄂尔泰和张廷玉这两个杰出的代表之外，康熙三十八年（1699）顺天乡试中有名的还包括：蒋廷锡、史贻直、励廷仪、唐执玉、杨永斌、伊都立，等等。上述《清史稿》均有记载。

年羹尧是个念旧情的人，总是帮助同年。他注意到了鄂尔泰和史贻直（1682—1763）这两个同年，尤其是鄂尔泰。雍正刚刚登基的时候，由于对朝中的大臣都不太熟悉，所以有的时候会询问年羹尧，于是年羹尧就把两个人都举荐给了他。鄂尔泰之所以能得到雍正皇帝的器重，与年羹尧密不可分。

然而，对于那些骄傲的同年们来说，年羹尧的狂妄和一帆风顺让他们很是不满。年羹尧于雍正二年（1724）年末从青海得胜归来，前往城外的大臣行大礼迎接，十分殷勤。众人之中，只有史贻直没有行礼，年羹尧却从马上跳了下来，快步迎了上去。

而鄂尔泰对年羹尧，则从头到尾都没有什么好脸色。康熙末年，鄂尔泰本人还在内务府当值时，曾严肃叮嘱要跟着年羹尧去川陕军的老朋友傅德，不可与那个行事肆无忌惮的年羹尧有过多接触，迟早会出事的。

雍正元年（1723），鄂尔泰由年羹尧保举，升至掌管国家赋税的江苏布政使。鄂尔泰从来没有对年羹尧表达过任何感激之情，也不派人到西北去和年羹尧联络，叙叙情谊。但年羹尧特意派人去江苏问候，鄂尔泰端坐高堂，神色肃穆，以待下人之礼对待年府之人，吓得那些人噤若寒蝉。也正因此，虽鄂尔泰与史贻直在年羹尧举荐下官职直升，却非但没有被年羹尧的倒台影响，反而依旧以雍正最信任的大臣的身份在朝中积极活动着。

年羹尧的晋升，比起乡试与会试的同年们，可谓是一日千里。康熙四十八年（1709），年羹尧以不满 30 的年龄，被提拔为内阁学士、礼部侍郎，跻身要职，后来又被派往四川，主持地方事务。结束了他的京官时代，那么他在京城的这段时间，到底做了些什么呢？

第五章　京官时代

年羹尧是从庶吉士开始仕途之路的，张廷玉一开始也是这样的。那么庶吉士是什么官职呢？

庶吉士制度是明朝开国之初，由开国皇帝朱元璋推行的，一直延续到清朝末年，是在科举考试中逐渐发展起来的制度，可以将它理解为明清两代官职较高者进入官场前的一种培训制度。颇有点实习生的意思，只是实习时间比较长，为期三年，在这三年里，会有一位有经验的翰林官员担任他们的教导者，传授他们各种知识。三年之后，在会试之前举行一次考核，也称为散馆。成绩优秀的人可以留在翰林院，授编修或检讨。其他的有的则被派往六部，有的被任命为御史，也有的被任命为各地官员。

顺治时期，承明制，庶吉士有俸禄；康熙以后，庶吉士不再有薪俸，而是发粮饷，又命盐差和关差补贴庶吉士，盐差是盐政官，关差是税卡上的差官，都是有钱的官。而且严格来说，"庶吉士"并不属于正式官员，因为他们不受散馆授职，也没有品级，但"庶吉士"在某种程度上却享受了官的待遇，甚至被人们当作官员看待，与未入仕的士子有很大的差别。庶吉士作为高层文官的后备力量，在社会上享有极高的地位，远超一般读书人。

庶吉士与翰林院在日常事务上既有区别又有联系。在任庶吉士期间,这些人还要学习满语。清初满洲人大多不会说汉语,这给满汉文武官员之间的交流与合作带来了困难,所以,对于清朝的统治来说,语言不通就成了一件大事。满洲贵族一方面要牢记"满语骑射"是他们的根基,另一方面,也要得到汉人士子的支持,在这种情况下,他们让一些汉人士子——庶吉士学满语,以服务于自己的统治。

庶吉士是翰林院中的一员,在明代,庶吉士的地位很高。翰林为政府储才之地。庶吉士在仕途上与优越地位相联系,被选入"庶吉士",意味着他的仕途明显比一般的进士优越。一个庶吉士,如果能进入翰林院,那么他进入中央机关的可能性会更大一些。至于别的不是庶吉士的进士,想要进入翰林院,几乎是不可能的事情,他们的发展受到了很大的制约。明英宗后有惯例:非进士不入翰林,非翰林不入内阁。故庶吉士号称"储相",只要成为庶吉士,那么就有机会平步青云,例如明朝万历年间内阁首辅张居正,就是庶吉士出身。在清朝,虽然没有了"储相"这样的说法,但是庶吉士的地位却是相当高的。就像张廷玉说的那样:"仕宦者以科目为荣,若科目而至词臣则荣之荣矣。"词臣,指文学侍从之臣,那些为帝王出谋划策的、博学多识的官员就是词臣。唐朝以中书舍人为皇帝的机要秘书和首席幕僚,乃词臣之首。成为词臣就要先成为庶吉士。清朝的百姓,以入选庶吉士为荣,甚至认为只有进入翰林院才是荣耀。对于那些已经科举成功的学子来说,最看重的就是得到庶吉士的身份,进入翰林之列。甚至将入选庶吉士视为"登仙"或"仙班"。正是因为对庶吉士的重视,才导致没有被选上庶吉士被认为是一生的遗憾。由此可见,庶吉士在当时的社会中所处的地位是相当高的。

《清史稿》中有一句话,概括了庶吉士在官场上的优势:"凡用庶吉士曰馆选……凡留馆者，迁调异他官。有清一代宰辅多由此选，其余列卿。尹膺疆寄者，不可胜数。士子咸以预选为荣，而鼎甲尤所企望。"

如果进士被任命为知县之类的地方官员，就算有才华，也很难施展，而翰林院的人，因为他们"职亲地近，材识志行之美，易达于天听"，很容易就能得到皇上的认可，所以晋升也很容易。一代的宰相大多数都是从这里选出的，其余列卿也是如此。

翰林院作为全国的文化中心，集文翰与储德养望于一身，因此，它一直是读书人向往的地方。入了翰林院，他的地位就会发生翻天覆地的变化，自然会有更高的声望，更高的地位。所以，一旦被选上庶吉士，可谓"士类称荣，人皆艳羡"。

所以年羹尧虽然只是"同进士出身"，但是后来被选为庶吉士，也算是对他的补偿了。

之后年羹尧的仕途一帆风顺，在京城的这十几年，年羹尧的晋升之路是这样的：康熙四十二年（1703）四月，年羹尧任从七品官翰林院检讨，翰林院检讨掌修国史，唐宋均曾设置，位次编修。

康熙四十四年（1705）五月，年羹尧以翰林院检讨的身份，出任四川乡试的主考官。四川因明清两代战乱而遭受重创，人口减少，经济衰败，文化氛围淡薄，在全国性的科举考试中显得无足轻重。但年羹尧当时才20多岁，执掌一省乡试，实在是一件值得骄傲的事情。而且后来年羹尧也在四川担任巡抚，可以说他与四川在这时就结缘了。

康熙四十五年（1706）年羹尧任正六品翰林院侍读。

康熙四十六年（1707）年羹尧任从四品翰林院侍讲学士。

康熙四十七年（1708）他又任广东乡试的主考官。

康熙四十八年（1709）年羹尧升任正三品的内阁学士，并加礼部侍郎衔。

清代科举考试中的考官，与负责考试管理的监考人员不同，主要指的是负责命题、批改、取分、评定名次的主考官和同考官。主考官专主衡文，以定取舍，同考官则负责批阅卷子，推荐优秀卷子，年羹尧所担任的主考官就是负责命题的，是科举考试中非常关键的角色。乡试的主考官，是由皇帝从在京的官员中挑选出来的，最初主要是通过推荐选用主考官，可以由礼部提名，或者由吏部列出名单，也可以由各衙门推荐，最终由皇帝任命。

主考官要求有一定的官职，顺治二年（1645），主考官定为翰林院、六科及部院属官，康熙十一年（1672），又增加进士出身的内阁中书。这意味着只有翰林官，给事中，光禄寺官，吏户礼兵刑工六部的司官、行人、中书、评事等，才有资格担任主考官。所以要成为考官也不是那么容易的。

科举制度自建立以来，组织考试的机构均在考试当年临时组成，负责这一次科举的官员，也是临时任命的，等科举一过，他们就会回到原来的岗位上。主考官是否尽忠职守，直接关系到考试本身的公正性与权威性，因此，主考官的任职资格与任用方式，就成了科举能否顺利进行的关键因素。为保证主考官的学术水准，清朝通过"考差"选拔品德端正、学问纯正的人才。这有别于以往历届乡试主考官任用方式，在运行机制上保证了科举考试的顺利进行，也体现出清廷对主考官的重视。

在清朝初期，根据衙门中的不同职位，按照大、中、小省的顺序，进行考差的委派，所选择的考差对家庭背景没有太多的要求，但对担任考官者的学历有一定的要求。

一开始的时候，"掌文衡者不必皆甲科出身"意思是主考官不管是进士还是举人，都可以担任。到了康熙十年（1671），有官员上书，建议进士出身的人担任各省乡试的主副考官，各部商议后同意这个建议。不过这一政策并没有完全贯彻下去，后来也偶尔会用到举人担任考官。直到雍正三年（1725），以进士出身的官员担任各省乡试的主考官就成了惯例。

由此可见，清代乡试在考官的选择上可谓是煞费苦心。在清代初期，考官的选任以人品为第一要务，虽然要求才品兼优，但其选任以举荐为主要方式。直到顺治十四年（1657）发生顺天、江南科场案，令当时的读书人对主考官的学术水平产生了怀疑。清朝为了保证科举的公正，采取了很多的手段来强化对科举的控制，并在此基础上采取了相关的政策。在雍正时期，开始了考差制度，对主考官的业务水平、衡文能力进行考核。这是一种选择与检验主考官专业水准的最佳方式，它一方面可以提高主考官的荣誉感与责任心，另一方面也可以弥补科举体制中的某些缺陷。清朝的考官选拔，虽然在今天看来，并不十分科学与全面，但不管是从改革的内容还是执行的结果来看，都对维持科举的正常进行有着积极的意义。

年羹尧在30岁的时候就做了两届乡试的主考官，这样的资历可不多见。

年羹尧刚入仕的前10年里，从七品官翰林院检讨，到正六品翰林院侍读再到从四品翰林院侍讲学士，都是被破格提拔，毕竟张廷玉的资历和他相差无几，政治资源甚至比他要好得多，到了康熙五十五年（1716），才成为内阁学士。这样算来，年羹尧比张廷玉到达这个高度早了七年。不过可惜的是，年羹尧提升的具体原因并不清楚。总之，这些都说明年羹尧在30岁的时候，就深得康熙的信任。

对于年羹尧来说，康熙四十八年（1709）是他仕途上的一个重要转折点。年初，年羹尧升任内阁学士、礼部侍郎。康熙于三月复立太子后，年羹尧以副使身份，前往附属国朝鲜，对其君王和臣民宣布这件事。选择年羹尧出使也可见康熙对年羹尧的看重，而且想必年羹尧本人形象威武，不然也不会让年羹尧前往附属国宣布康熙的决定。

朝鲜的官方文献中，有关于明朝和清朝使者的详细记录，因此留下了关于年羹尧许多生动有趣的记载。年羹尧作为副敕使出使朝鲜，朝鲜官员自然要对使节的饮食习惯有所了解，在知道年羹尧不吃四脚动物，只吃鹅、鸭、海参之类后，专门修改了宴席菜谱。

也就是从康熙四十八年（1709）开始，他与后来的雍正帝胤禛有了很深的联系。康熙复立胤礽为皇太子，为了安抚其他想要争储的皇子，康熙进行第二次大规模的册封，皇四子胤禛被封为亲王。依照当时的规矩，只要皇子被册封了爵位，就要出宫独自居住，爵位提升，待遇自然也就提升了。那么，就必须将自己的户籍编入下五旗之一。分府之后，每一位皇子都会按照自己的爵位高低，在自己的旗下拥有一定数量的佐领，这些佐领内的子民，就成了皇子的属人。在顺治年间，镶黄、正黄、正白三旗均归皇帝管辖，年羹尧所在的镶白旗则为"下五旗"之一，由宗室王公管辖。这些佐领的主要来源是原本的王公贵族的佐领。这也是清朝前期，为了巩固皇权，削弱"铁帽子王"势力而采取的一项措施。如此一来，年羹尧一家人隶属汉军镶白旗，被送到了雍亲王的麾下，成了雍亲王的下属。这里要注意的是，年羹尧一家并不是包衣奴所属的八旗，所以与雍正的关系并不是"主奴"，而是"主属"。

在八旗制度刚刚确立的时候，这种"主属"关系是十分密切的，并具有一定的强制性质。但是，由于帝王对宗室的打压，"主属"关系变得越来越薄弱了，到了康熙四十八年（1709），这种主属关系表现为："属人"对各自管辖的"主人"在政治和经济上有一定的亲近和帮助的义务，还有就是日常往来时，在称呼上要体现尊卑。但"属人"具有完全的法律独立性，"主人"不得剥夺他们的政治、经济和人身自由。后来雍正即位以后，加大了对宗室贵族的打压，"属人"对于"主人"的大部分义务都被强行解除。

但年羹尧又与在雍亲王府中的"属人"地位不太一样。他在没有和雍正有联系之前就已经是朝廷命官了，有自己的政治圈子，甚至被康熙看重。他当时的前途和命运，只有康熙才能决定，雍亲王没有任何的话语权和建议权。所以年羹尧对雍正来说更独立一些，不依靠雍正，也不会从雍正那里得到什么，甚至雍正可能还更需要年羹尧。这样就会造成年羹尧平日里对待雍正的态度缺了主属之间该有的恭敬、与其他皇子之间该有的距离。这就为两人的关系埋下隐患。

但是在当时两人关系还是很好的，并且亲上加亲。

第六章　政治联姻

让年羹尧与雍正联系更紧密的事是年羹尧的妹妹被康熙指给了雍正为侧福晋，当时雍正还是雍亲王。也就是说年羹尧与雍正之间多了一层郎舅关系。年羹尧的妹妹就是大家都很熟悉的年贵妃（？—1725），在影视剧中经常出现。

关于年氏入府的时间并不确定，只知道是康熙五十年（1711）左右，最早的话可能是康熙四十八年（1709），这个时候雍正才成为雍亲王，按照清朝的惯例，皇亲国戚纳娶侧室的时候，大概率会挑选自己所管佐领之内的女子。年羹尧的妹妹被康熙赐婚给了雍亲王做侧福晋，很大程度上就是由于年羹尧一家成为雍正的属人。在这个时候康熙给自己的儿子指婚算是锦上添花，而且也是这一年年羹尧被指派到四川当巡抚，康熙为他的妹妹指婚也是有安抚鼓励的意思。年氏入府时间最晚在康熙五十三年（1714），因为她在康熙五十四年（1715）三月生雍正第四女。年氏是年遐龄的幼女，按照年氏是十七八岁时被指婚的话，那个时候年羹尧已经30岁出头，兄妹俩年龄差在十二三岁，所以两人母亲应该不是同一人。年氏一入府就是侧福晋。这个侧福晋和现在理解的妾侍是有区别的。满洲人，侧妃也是妻子，只是地位稍逊于正妻，却又比妾高得多，按照《清会典》中记载的礼制，亲王侧妃冠顶饰东珠的数量只比嫡妃少一枚，比下一级的郡王嫡妃还多一枚。其原因，或许是侧妃来自婚嫁，而小妾来自战俘。清朝入关以后，满洲上层社会的"多妻制"有所减弱，侧妻的地位逐渐向妾室靠拢，但康熙时期这种"多妻制"在高爵宗室内部还是存在的。皇子、亲王的侧妃一部分是由已经有了孩子的妾晋升，还有多数是八旗秀女被皇帝指婚。这些八旗秀女多出身官宦之家，要比前者地位更高。年羹尧的妹妹就是这一种。

这里就要说到八旗选秀了，虽然年家已经是官宦世家，又隶属汉军镶白旗，但是他们从根本上还是汉人，最一开始汉人子女是不能嫁给皇室宗亲的。

《大清会典》记载，顺治年间，定八旗满洲、蒙古、汉军官员、另户军士、闲散壮丁秀女……

也就是说汉军旗汉女可以参与选秀成为妃子是在顺治年间，这时候后宫的选妃制度也逐渐成型。秀女的选拔由户部负责，满汉蒙八旗出身的秀女每隔三年才会有一次选秀，秀女年龄在14到16岁之间，按照满、蒙、汉顺序进行选秀，最后才是汉军旗秀女，如果秀女是世家出身，被皇帝选中后会册封为贵人以上。这些被挑选的秀女，要么以后留在后宫，要么就是为皇子皇孙联姻准备，也会留着为亲、郡王及亲、郡王的孩子指婚，虽然成婚都有不同的仪式，但是挑选的制度是没有区别的。

此外，符合年龄规定的秀女，还会有具体补贴，如果超过规定的时间没有参加选秀，还需要向户部报备理由。后来选拔对象从全国满汉蒙八旗逐步缩小至京师的八旗秀女，并逐渐集中于北方地区。选秀女在康熙时期，会优先挑选姐妹，所以康熙的妃子中，才会出现四对姐妹，这是满洲氏族的一种婚俗，当然这也是出于政治考虑，这个习俗一直延续到了乾隆时期才被废除。或许，如果雍正好女色而年家又有合适的女子，说不好雍正的后宫会多一个年妃。年羹尧的妹妹就是这样成为雍亲王的侧福晋，也成为雍正后宫中汉妃之一。

汉妃在皇宫中其实并不多，其中康熙年间的旗人汉妃有两位，雍正年间是四位，其中就有年氏。而雍正登基后，年氏便被封为贵妃，当时雍正府上的女子并不多，年氏为雍正后宫中仅次于皇后的第一位贵妃。

《清世宗实录》：谕礼部。奉皇太后懿旨。侧妃年氏封为贵妃。侧妃李氏，封为齐妃。格格钮祜鲁氏封为熹妃。格格宋氏封为懋嫔。格格耿氏封为裕嫔。

这里面年氏、宋氏是旗人汉妃，李氏和耿氏是汉官之女，并不算是旗人。

《清世宗实录》中年氏的册封文书：咨尔妃年氏，笃生令族，丕著芳声，赋质温良，持躬端肃。凛箴规于图史，克俭克勤；表仪范于珩璜，有典有则。曾仰承皇太后慈谕，以册宝封尔为贵妃。

"笃生令族"说明年氏出身显赫，在雍正的后宫里，汉人嫔妃占据了绝大多数，但进宫后的发展却各不相同。

年氏在雍亲王府时于康熙五十四年（1721）三月生下雍正的第四个女儿，康熙五十九年（1720）五月生下皇七子福宜，康熙六十年（1715）十月生下皇八子福惠，雍正元年（1723）五月初十生下皇九子福沛。从她生下第一个孩子开始，一直到她去世，将近十年雍正的其他妃嫔都没有生出孩子。而另一个与她同处藩邸地位相同的侧福晋李氏，比她更早进宫，年岁更大，为雍正生过三子一女，却只被封为齐妃。不过年氏素来体弱多病，曾被雍正评价为"体素羸弱"。她的运气说好又不是很好，她怀上皇九子福沛的时候，正值康熙葬礼，此时跪拜之事，不计其数。福沛生下的时候就是个死胎或者一出生就夭折了，年氏的身体更是因此每况愈下。

在雍正后宫中年氏的升迁速度是最快的，也是位分最高的，年氏用了不到十年的时间从侧福晋到皇贵妃。雍正三年（1725），年氏被晋为皇贵妃，当然其中也是因为年氏身体不好，极有可能薨逝。雍正朝的汉人妃位最高是皇贵妃，最低是嫔，除去追封，有六成的妃子被封为妃，雍正的汉妃晋升到最高位分的平均时间要十几年左右。所以年氏的升迁速度确实很快，这其中有她家世的原因，具体说是因为年羹尧的关系。

那雍正对年氏到底是什么样的情感呢，雍正一门心思搞政治，勤政好学，并没有太多的心思放在其他上面，尤其是女色。后宫只有八个高品级妃嫔，这个数字在清代皇帝后宫中是很少的。雍正登基后，将皇宫中所有的珍禽异兽都放了出来，他不怎么喜欢打猎，却喜欢园林，常年在圆明园中办公，闲暇之余，他在园中山水之间漫步。至于其他的东西，雍正也不是很挑剔，在吃喝方面他只喜欢喝点酒，也比较有节制。在雍正六年（1728），有人反清复明，给雍正罗列了十条罪名，"好色"就是其中罪名之一。雍正帝为此在《大义觉迷录》中写道：

> 又逆书谓朕为淫色。朕在藩邸即清心寡欲，自幼性情不好色欲。即位以后，宫人甚少。朕常自谓天下人不好色未有如朕者。远色二字，朕实可以自信，而诸王大臣近侍等亦共知之。今乃谤为好色，不知所好者何色？所宠者何人？在逆贼既造流言，岂无耳目，而乃信口讥评耶！

意思就是说：这些人还说我好色？自为王爷以来，我便清心寡欲，自幼不好美色。当了皇上以后，妃嫔也没几个。我总说这世上没谁比我更不好色。要是说我远色，我还是很自信的。这些大臣们都知道。你竟敢污蔑我好色，不知道我好的是谁的色呢？我宠幸的又是谁？这些逆贼造谣都没有耳目，这根本就是无稽之谈！

可见雍正确实不是一个好色之徒，但他也有自己的审美标准。有一次，他命人画了12幅汉装美人，挂于屏风之上，画中人物有的在读书，有的在对镜，有的在赏花，有的在戏蝶，姿态各不相同。但都有一个共同的特征，那就是身材纤细，面容清秀，气质高雅，可见雍正对于女性的审美方向。但是雍正未当皇帝时的妻妾，不是出身满洲世家，就是出身包衣家庭，只怕许多人的风度、学识，都不似画中之人。唯一能与画中之人相提并论的就是年氏。但是年氏的子女却没有一个能长大成人的。若是年氏的儿子长大了，那么之后的争夺储君之位的竞争也会很激烈。

在当时政治联姻是一件很正常的事，年羹尧的妹妹被指给雍正，那年羹尧自己的婚姻是不是也是政治联姻呢。年羹尧年少得志，好女色，被人称为"儇佻恶少"，但他却是个"博闻强记，文誉甚彰"的人。其"意气颇盛"，经人劝诫后，有所收敛。他常谈宋明理学，对阳明心学颇有好感，对唐代名相陆贽更是推崇备至。这样一个有潜力的官宦子弟，在康熙三十八年（1699）17岁顺利通过乡试的时候，就已经被人"盯上了"。年羹尧这个年龄、这个身世再加上学识，婚姻大事自然是没有问题的。纳兰明珠（1635—1708）对年羹尧青睐有加，将自己的孙女也就是自己爱子纳兰性德（1655—1685）的女儿许配给了他。这门亲事可以说是错综复杂。

纳兰明珠来自叶赫那拉氏这个显赫的家族，但是叶赫那拉氏是爱新觉罗氏的死对头，即使他的父亲立下了赫赫战功，在满朝文武的眼中，始终还是有一些偏见的。纳兰明珠曾经只是以侍卫的身份在宫中值班。后来纳兰明珠与英亲王阿济格的女儿成了亲，阿济格又是谁呢，他是多尔衮的哥哥，他的人脉还是很广的，这对他的事业有一定的积极作用。多尔衮死后阿济格也被幽禁赐死，纳兰明珠迎娶了他的女儿，不避风险，也是让人刮目相看。

纳兰明珠在康熙初年逐渐崭露头角，康熙五年（1666）成为弘文院大学士，开始涉足朝政，才华也逐渐被人们所知。康熙十六年（1677）纳兰明珠升任武英殿大学士，同时也是皇家重要著作的总纂官，不久之后加封太子太师，其权势之大，举足轻重。

然而，由于纳兰明珠结党营私，排除异己，最终在康熙二十七年（1688）被罢免了大学士头衔，虽然没过多久，他就官复原职，但因为这件事，纳兰明珠在朝堂上的声望一落千丈，但家族影响力还是在的。

其实年羹尧的岳父纳兰性德已经在康熙二十四年（1685）病故，但是纳兰性德的弟弟纳兰揆叙（1674—1717）仕途比较顺畅，在康熙末年的"九子夺嫡"中，纳兰揆叙对八阿哥胤禩寄予厚望，属于"八爷党"，而且多次联合议政大臣对太子胤礽进行激烈的抨击，并想联合其他大臣，将胤禩推上皇储之位。纳兰揆叙的儿子娶的就是九阿哥胤禟的第三个格格。

当初纳兰明珠把自己的孙女许配给年羹尧，肯定是想要拉拢年羹尧甚至是年氏家族，是想要壮大自己的家族。但是在联姻之前，年家与雍正的关系比较普通。纳兰明珠也无法预判，他不会知道年羹尧与雍正会成为"主属"关系，年羹尧的妹妹会成为雍正的侧福晋，更不会知道自己的儿子是八爷党。不过在误打误撞的情况下，居然出现了分散投资、两边下注的情况。

从后期来看年羹尧从一个汉军旗人，凭一己之力升到四川巡抚的职位，能力还是有的，但是他跟在康熙年间大放异彩的纳兰明珠比起来，差得太远了。可见纳兰明珠有一双慧眼，在年羹尧入仕之前就看中了他，很快就把孙女许配给了他。不过没过几年，这位纳兰小姐去世，明珠不甘心就这样和年羹尧断了姻亲关系，于是又为年羹尧牵线搭桥，找了自己夫人娘家的一位宗室格格给年羹尧做继妻。

年羹尧跟两任妻子相处得还算不错。康熙四十五年（1706），纳兰明珠的三儿子揆方的妻子即年羹尧原配纳兰小姐的婶母因病去世，当时纳兰小姐也已经过世，但是揆方还是请年羹尧为亡妻题写墓志铭。年羹尧与原配夫人及她的家人关系确实很不错。两年之后，揆方病逝，明珠又命年羹尧题写揆方的墓志铭，可见明珠对这位前孙女婿是何等的满意。

年羹尧与第二位妻子也有一个小故事，因为年羹尧出身于汉军旗，对满文的阅读和书写水平都不高。后来他担任大将军的时候，有关军事机密的奏折大都以满文书写，皇上以满文回复。年羹尧有一次禀报，说他在见到无法阅读的满文时，为了保密，拒绝将这些文字交给其他人，他让精通满文的继任夫人为他翻译，两人合作，共同完成奏折。皇帝知道年羹尧和夫人恩爱有加，还特意赐给他的夫人一对耳坠和其他珠宝，以示"夫妻双圆"之意。

年羹尧两次娶妻和妹妹被指婚给雍正的这三段联姻，让年羹尧获得了丰厚的政治资本，又使他背负起了一副重担。年羹尧在两次联姻中，很快就融入了明珠家族的关系网。明珠家族子孙众多，又多与权贵联姻，其中包括重要宗室以及九阿哥胤禩。年羹尧的妹妹又与雍正有所联系。当时年羹尧年纪不大，便有了与满洲权贵、汉人重臣乃至皇亲国戚接触的机会，这些可不是一般汉人官宦能拥有的资本。

但是这样的姻亲关系太过复杂，在人际交往上难免会受到影响，比如他和雍正的死对头九阿哥胤禩之间的联系就会成为年羹尧未来仕途上的绊脚石。这就使他很难得到多疑的雍正的信任，哪怕他们之间也有姻亲关系。

而且，其实本质上年羹尧和雍正之间主属、郎舅关系的产生具有许多偶然的因素，是由体制、情势所决定的。两人的关系本来就没有那么亲近，而且再加上年羹尧自康熙四十八年（1709）以来，都是在四川和陕西任职，其间只有一次回京述职，可见两人相见的机会极少。

不过现阶段，年羹尧还没有想这么多，他迎来了生命中最重要的一年——康熙四十八年（1709）。他被提拔为侍郎，后又被派往朝鲜，最重要的是这一年他外任四川巡抚，开启了新的人生阶段，朝着自己建功立业的目标前进。

第七章　建功四川

　　康熙四十八年（1709）九月，年羹尧结束了京官生涯，以内阁学士兼礼部侍郎转任四川巡抚。那时候，年羹尧才30岁出头，《永宪录》称年羹尧"抚川时年未三十"，可以说是最年轻的巡抚了。年羹尧也很明白自己升职很快，而这最根本的原因是康熙对他的欣赏。因此年羹尧对康熙的破格提拔十分感动，在折子上说自己平庸，却承蒙恩泽三世，一定竭力图报。

　　在年羹尧离京向康熙辞别的时候，康熙因为年羹尧年纪轻轻，在官场上毫无经验，也是千叮咛万嘱咐。

　　　　四川苗民杂处，性情不一。务须殚心料理，抚绥
　　　得宜，使之相安。比年湖广百姓多往四川开垦居住，
　　　地方渐以殷实。为巡抚者，若一到任，即欲清丈地亩，
　　　增加钱粮，即不得民心矣。湖南因丈量地亩，反致生
　　　事扰民。当年四川巡抚噶尔图曾奏请清丈，亦未曾清
　　　楚。尔须使百姓相安，钱粮以渐次清查可也。此为四
　　　川第一要事。至于刑名，尤宜慎重……汝须念一丝一
　　　粒民脂民膏，得一钱，须知从何处来。尔不可学从前
　　　汉军行事。总之，以安静为要耳……

　　　　　　　　　　　　　　　　　　　　　　《清圣祖实录》

这段话有三层含义，首先，四川省人口众多，汉人与苗人生活在一起，他们风俗习惯与性格各异。康熙吩咐他，要尽心尽力，安抚他们，让他们和睦相处。其次，最近几年，湖广一带的人大多迁到四川定居，当地渐渐富裕起来。如果一个巡抚一上任，就想着清丈地亩，增加粮饷，那是不得人心的。湖南就因为测量田地，反而造成了干扰。当初四川巡抚噶尔图也曾经奏请丈量土地，但始终没有结果。康熙叮嘱年羹尧，你只需要让百姓安居乐业，逐步清点钱粮即可。一定要将此事作为头等大事来办。最后就是廉洁从政。至于刑罚的事，尤其要谨慎……你要明白一丝一粒都是百姓的血汗，你得到的每一分一毫，都要说明来源。你莫要效仿当年的汉军行径。反正，还是要以安宁为重……

康熙如此明确地吩咐大臣该怎么做，既显示出四川的独特之处，也显示出康熙更看重年羹尧。年羹尧上任以后，迅速掌握了四川的形势，提出了许多改革的举措。而且，他还起到了表率的作用。年羹尧拒收节礼，宁可淡泊名利，也不接受任何徇私舞弊。康熙帝很欣赏他在四川的作为，希望他能恪守本分，做一名好官。

四川巡抚到底是一个怎样的官职？为什么康熙如此慎重？清朝的巡抚，其职务以管理一省的民政事务为主。是明清两代特有的一种政治制度，明朝的时候，总督和巡抚集军务、察吏与治民大权于一身，是最高级别的地方长官、封疆大吏。他的由来是因为明朝三司的办事效能和办事方法都有一定的缺陷，而且官员们的品性也存在着很大的差异，这使得他们在部署军队和其他重要事务时，出现重大伤亡。在此背景下，朝廷派出大批官员到各地解决问题，最终在漫长的岁月中演变成了巡抚及总督制度。

　　而通过康熙的一段话也可看出，四川这个地方比其他的地方更难治理。四川自古就有其独特的地理位置，境内的民族关系错综复杂，流民活动日益频繁，唐宋时期对这些地区在管理上相对松懈。元朝实行土司制度加强了对四川少数民族的统治，明朝平定大夏，正式进入四川，对元朝的土司制度进行了继承和完善。

　　但是四川紧邻其他省份的边境，又有松潘卫陕西、吐蕃接壤，可以说四川三面临夷，又是连接其他省份的重地。四川因其多元的民族成分而成为名副其实的"边夷重地"。

　　而关于这里的流民问题是这样产生的。明朝时期，四川地区的流寇相对于少数民族、土著而言活动相对较少，却也成为四川亟待解决的问题。明中期之后，官吏地主以圈地等手段对土地进行侵占，而赋税也随之增加，导致大量自耕农民没有田地，他们被迫成为佃农或流民，当时流民全国各地都有。尤其是荆襄，荆襄地区地处川、湖、陕、豫四省交界处，地处山地，便于藏身，是最大的流民聚集地。这些问题到了清朝，虽然有所改善，但还是十分严重的。所以年羹尧这个四川巡抚的差事并不是那么好做的。

　　除了这些，当地又有许多日常事务要处理，因此，设立巡抚势在必行。四川巡抚在加强对当地的治理、维护当地社会秩序等问题上，发挥着举足轻重的作用。因此，朝廷派遣的巡抚，不但要有过人的能力，人品好也十分重要，巡抚的各项职能，都是和四川人民的生产和生活密切相关的。其中就有康熙在对年羹尧说的那段话里的"清丈"。在战争结束后，土地变得贫瘠，人口减少，必须要掌握田地的真实数据，才能更好地收税，所以需要进行清丈土地。但战乱过后，民不聊生，急需安抚，所以，他们害怕清丈滋扰百姓，朝廷失去民心。明朝四川巡抚主要是从福建、浙江、湖广、南直隶中挑选出来的人，这些地

方经济发达，读书人比较多，又距四川较近，便于为官。而年
羹尧的父亲年遐龄也曾是湖广巡抚。

一般情况下，巡抚都会负责征收赋役，修建水利，赈灾救
济等民生事务。对四川巡抚而言，田赋税收既关系到民生，又
关系到国家的财政收入。并且四川地区的盐业和茶叶收入占了
很大一部分，需时时留意。四川巡抚常常会根据中央的方针，
结合当地的特点，在税收、盐茶等方面作出相应的调整，以期
取得最佳的成效。尽管有些改革并不理想，但对四川的发展还
是起到了很大的促进作用。四川巡抚通过对地方官员任职期间
违规、因病致仕、决策失误等方面来实现对地方官员的监督。

在四川省，经常有地方军队出征，剿灭土匪叛乱。遇到战
事，四川巡抚对不服从命令的官员，可以上报朝廷，免得他们
误事。

在军事上，巡抚主要负责三方面：后勤筹备、兵马调配和
作战指挥，他的权力贯穿于全部军务活动。

在战前负责后勤补给，以保证军务后勤，四川巡抚掌管战
争之前的军费筹措，清点国库中的积蓄，如果不够，就与户部、
兵部和各省巡抚沟通，筹集粮食。同时，将根据本省的实际情
况，对外省协助的军费进行相应的调剂。

四川巡抚在当地出现骚动时，起到调动军队和约束军队官
员的作用，经常采取剿抚并用的方针，主持大局。在战争中坐
镇大局，适时调动兵力，运送钱粮、提供兵法策略、分明赏罚，
平定混乱，等等。

战争结束后，四川巡抚经常会在战后进行表彰，并及时对
将士进行嘉奖，在此基础上，强化军队的防卫体系，让百姓得
到充分的休息。除此之外，还要修建碉堡和城池，加强防守。

整体上看，四川巡抚具有民政、监察和军政三权，在民政
上，要对地方的赋税、盐茶等事务负责，并在具体的条件下对

其进行相应的改良；在监察方面，四川巡抚具有推荐、弹劾等职权，推荐、发掘出有才能之士，以助于管理。弹劾违法者以肃清官场；在军事上，四川巡抚拥有调动军马、催征粮草、约束军政官员的权力。而年羹尧就是成为这样的一位封疆大吏。

四川巡抚既要管理川境内的民生、军队等各方面，又不能独揽大权，还须与其他官员共同协作。在此期间，他们不仅要应付各种杂务，还要应付各种兵祸，面临着来自苗人和土匪的双重袭击，这些军事行动和内陆、沿海等地方的军事行动完全是两回事，因此，管理起来更加困难。有时也会出现失误。

人无完人，年羹尧就算是天才也会犯一些错误，在他任职期间，就出现过两次失误。

《清史稿》中记录着这样一件事：

> 四十九年，斡伟生番罗都等掠宁番卫，戕游击周玉麟，上命年羹尧与提督岳升龙剿抚。升龙率兵讨之，擒罗都，年羹尧至平番卫，闻罗都已擒，引还。川陕总督音泰疏刻，部议当夺官，上命留任。

康熙四十九年（1710），宁番卫被彝人首领罗都等人劫掠，游击周玉麟也被他们杀死。康熙帝命年羹尧联合四川提督岳升龙（？—1712）去剿匪。年羹尧赶到时，罗都等人已经被岳升龙抓住，带回审讯。既然已经被擒，年羹尧就回去了……后来，川陕总督音泰（？—1714）弹劾年羹尧耽搁军机，应被革职，但是康熙令他继续留任。

不久，岳升龙因病辞职，年羹尧知道他曾经用过假冒伪劣的黄金，便提议让属下捐钱代为偿还，但是音泰拒绝这个提议。于是年羹尧上奏此事，康熙应允，又命音泰与年羹尧和解。

年羹尧自康熙四十九年（1710）之后，任职期间，勤勤恳恳，经常向康熙帝进言，商议四川山川形势、民族问题以及军事方面的事情，但是除了刚才所说的失误外，在康熙五十六年（1717）年羹尧又出现了一次失误，也不能说是失误，确切地说是遇到了一件很倒霉的事情，他被卷入了三王爷门下孟光祖诈骗案，最后年羹尧被革职留任。

一个封疆大吏竟然会卷入到一场骗局之中！难以想象。不过这可不是一般的坑蒙拐骗。

有一个江湖骗子名叫孟光祖，假扮三阿哥诚亲王胤祉的差遣，以这个身份奖赏当地的官员来骗取更多的钱财。他行骗天下，行踪遍布五省，持续了很多年。孟光祖游历到四川，年羹尧也被他所蒙蔽，相信了他的身份。当时太子已被废，皇长子胤褆被软禁，胤祉是储位之争中参与的不太深的最年长的皇子，深得康熙宠爱，很多"大型文事"都是他一手操办的。他也是给康熙上书最多的一位皇子，由此可见康熙对他的重视。所以年羹尧起了与胤祉交好的想法，就赠给孟光祖马匹和银两。孟光祖出了四川之后，借着胤祉的名义继续坑蒙拐骗，忽悠了几个省份的大官，直到忽悠到直隶总督赵弘燮（？—1722）头上。清朝的制度是王公阿哥差人赏赐给属下外任官员物品的话，这些官员应向朝廷报备。赵弘燮察觉不对，皇帝派遣诸王贝子和官员出京，不是得到了官方的批准，就是要由当地官员汇报，消息都要途经直隶，我身为直隶总督，怎会不知？赵弘燮这才把事情捅了出来，向康熙上了折子。康熙一直很在意皇子之间的勾心斗角，只是由于事务繁多，所以有时候一些微不足道的小事，他也就视而不见了。看到赵弘燮的奏折，康熙马上回复，京中根本就没有这回事。尔著速参上奏。

康熙生怕这件事情一被大家知道，许多人都会受到影响，其中还会牵连到许多皇子，所以他暗中下了一道命令，让刑部的人去秘密调查。与此同时，这件案子也被认定为是从京城逃亡的旗人干的。随后，孟光祖被捕。经刑部审问，他在江西、四川、广西、陕西、湖广五省都有诈骗行为，从各省份的官员那里得到了不少好处，尤其是江西巡抚和四川巡抚送得比较多。康熙责备地方督抚对于打着皇子名义的骗子，虽然怀疑是皇帝派来的，却没有上报。又质问年羹尧，为什么给孟光祖东西后不上报，还接受凉帽、衣物，让年羹尧上奏解释清楚。年羹尧自知摊上大事，回奏说，孟光祖谎称是受了诚亲王的差遣，到了四川，我却没有上书也没有检查缉拿，实在是大错特错。经刑部调查，根据孟光祖交代，我收下了帽子和靴子，说这是王爷赏赐的，我还赠送他银两和马。这并不完全正确。孟光祖抵成都之日，我即命他离开。我是旗人，向来遵从旗人之规，不会平白收了别人的赏赐。我在雍亲王门下已经八年了，可是雍王从来没有派人来川赏赐过什么东西，为什么诚亲王会有这样的赏赐，我虽然很愚笨，但还是能分辨的。康熙也不想事情闹大，因此也没有多问，只说知道了。后来孟光祖被砍了脑袋，几个给他送了礼物的巡抚被革职，不过年羹尧被处以革职留任的处分。可见是康熙对他的宠爱和庇护，才让他安然无恙。

虽然年羹尧逃过了一劫，但是却激怒了另一个人，这个人就是年羹尧在奏折里提到的八年没有赏赐过他东西的雍亲王。年羹尧在雍亲王门下，却给诚亲王的差遣送礼，虽然这个差遣是骗子。但是也从侧面表明了年羹尧其实对这个雍亲王并不尊重。现在还闹出了这么一码事，雍亲王自然很生气。

年羹尧本来就因为联姻与九阿哥胤禟有些亲近，现在还打算和诚亲王胤祉交好，雍正知道后自然气不打一处来，为了不让年羹尧站在自己的对立面，雍正肯定要给这位风头正劲的四川巡抚一点颜色看看。于是，他便写了一封字字犀利，杀气腾腾的长信给年羹尧。

首先雍正先从自己对年羹尧的评价开始说，他知道年羹尧是个"儇佻恶少"，性子轻浮，走了狗屎运，才坐上了这个位置。

然后将年羹尧的罪状，一一列了出来，首先是关于称呼的问题："君臣大义"是祖宗传下来的，各王门旗属主仆称呼，亘古不变，自有其深意。但是你太过狂傲，给我写信的时候落款是官职，不称奴才，这是有什么典故吗？而且屡教不改，我也屡次和你父亲说，但是你却不听，欺君欺父，岂有此理！

第二个罪状是关于礼节的问题：我的母妃过生辰大庆，我儿子完婚的喜事，你一句恭喜的话都没有说过，而且这半年多来，你一封请安的信都没有，一点主仆情分都没有，你已经把我这个旗主当成了陌生人。你口口声声说你捐了银子，家里没有多余的银子，根本就是胡说八道。我也没问你家里有什么银子，你怎能用如此卑鄙的想法去猜测我？你是在我面前装清廉，还是有其他企图？

第三个罪状就是年羹尧的言行：你在蜀横行霸道，目无尊长，日后皇上必会将这些看在眼里，你还敢说"今日之不负皇上，即异日之不负我者"，这又是什么话？用这种无法无天的话"诱余以不安分之举也"，这是封疆大吏应该说的吗？异日这两个字，足以诛你年羹尧满门！

第四个罪状就要说到孟光祖的事了：关于你给孟光祖钱财的事，不仅世人皆知，更是你的亲人告诉我的，你还想蒙蔽陛下，得以漏网？所以这样说来，你现在的所作所为就是在"负"皇上，以后你定然也会"负我"。至于我培养下人，甚至是他们的家人，都会尽心尽力地为他们着想，你固然已经没有了忠心，但也不是听不见看不见，会不知道这些事情吗？你非但不思报恩，反而明目张胆地咄咄逼人，你到底是何居心？所以你现在背叛我，将来也会背叛皇帝！

之后又回到了第一条所说的称呼问题：况且在朝堂上称

"君臣"，在本门称"主仆"，所以从亲王到郡王，再到贝勒、贝子，都是以"主""奴"相称，这是惯例。再说，你的父亲自称奴才，你的兄长也自称奴才，难道你父亲不是封疆大吏吗？唯独你不一样，难道你不是你哥哥的弟弟，也不是你父亲的儿子？你既然叫我主子，为什么不自称奴才？如果你的父亲和哥哥做得不对，你可以劝他们。你现在不遵父训、抗拒本主，无父无君，万分可恶。若你有不同的看法，或者有其他的误会，你可以写信给我，说明你不肯自称奴才的原因，以至妃母大庆、阿哥喜事，并于我处终年无一字请安以及孟光祖之事与汝所具"异日"之启，我将你的罪状一一记录下来，禀告皇上，皇上自会定夺。

然后雍正又从孝道上指责年羹尧：你的父亲年纪大了，你的儿子代替你奉养他。你不以为意，在留任的地方有七八个儿子，岂人心之能恶也。你只等着儿子成亲才回到京中，实在是让人无法相信。求忠臣于孝子也，而又使及。依我之见，苟简无礼，言词皆谬，这都是因为你不孝，施加于我身上就岂止是主子和奴才的礼？这一切都是你的无能，你只会逞一时之利，毁了你父亲的威严。从今往后，凡是你儿子到十岁以上的，都到京中伺候你的父亲，就连你临行前向我讨要的念书的弟侄们，也要马上到京城来，不要逗留，这是惩罚你无父无君之行也。

在信的末尾，雍正继续劝说年羹尧：看你今日藐视本门主子的态度，日后是否有谋反之事，只怕是难以定论。你父亲看到这封信，在我面前痛哭流涕，怒不可遏，说你胡作非为。你这样的行为，居然还能用假孝道来欺骗别人，还说什么父子之情，这是多么疯狂的事情？再说，你父亲在京中，我对他又好，你一个无父之人，也不会明白这其中的深意。但陛下以孝道治国，而且我也心疼你父亲这把年纪，所以才会这般训斥你，提醒你的无知。你能在这件事上悔过，是你的福气！若是还一意孤行，那就真的是无药可救了！你想要什么？

这是原藏景阳宫档书中的《雍亲王致年羹尧书》的内容，上面没有写具体时间，一共有三页，从里面的内容可看出，这是发生在康熙五十六年（1717）孟光祖事件之后。信的称谓用的是"王字谕年羹尧"。信中内容可以概括为三个主题。第一，杀伐立威。这一点也是贯穿整封书信的主要内容。否则，雍正也没办法降服这个野心勃勃的家伙。第二是紧紧抓着年羹尧错误的地方。第三就是给年羹尧指明出路，这才是他最主要的目的。他就是借着这个机会，给年羹尧一个教训，这是一种强烈的警告，也是一种威胁，那就是让年羹尧带着10岁以上的儿子和侄子，以侍奉父亲年遐龄的名义回北京，其实就是以此为人质。从字谕中可以看出，年羹尧和雍正当时的交情并不深，已经很久没有来往了，一来可能是因为年羹尧自己年纪轻轻已经做到巡抚之位，二来在康熙五十六年（1717）之前雍正还并非亲王身份，年羹尧根本没有把雍正当一回事。年羹尧的荣华富贵并非从雍正那里得来，而是从康熙那里得来。三来就是年羹尧在四川所处的地位非常特殊，他握有兵权，成为其他阿哥争相拉拢的对象，他自己也想左右逢源，不然就不会发生孟光祖事件了。所以也引起了雍正的重视。因此最终有了这封雍亲王字谕。后来年羹尧确实按照雍正的吩咐将儿子和侄子送回了北京。

在康熙晚年，对太子的人选犹豫不决，在众说纷纭的关键时期，年羹尧对雍亲王胤禛的态度，从刻意疏远，转变为委婉地表示自己的诚意，隐晦地暗示对未来皇帝的忠心。年羹尧是封疆大吏，又是康熙看好的朝臣，更是雍正旗下的人，年羹尧这种想法应该是雍正期待的。但是雍正当时并没有按照常理出牌，没有招揽年羹尧的意思，反而是生气地罗列了他一条又一条的罪名，又通过向皇帝告状，逼迫他的儿子和弟侄回京作为人质，这是一种非常高明的帝王之术。

当然除去这两件事，年羹尧在四川的十几年里，还是比较有作为的，没有辜负康熙的信任。所以即使发生了"三王爷门下"诈骗案，年羹尧在第二年还是升职了，被任命为四川总督仍兼巡抚事务。

那么，在担任四川巡抚的这段时间里，年羹尧究竟有何作为，得到了康熙的赏识？

第一是改革弊端。年羹尧是个有才能的人，"不十余日便知川中大概情形"，也就是说刚上任不过十来日，就大致了解了四川的形势，说四川私派浮于国课，差徭倍于丁粮。所谓私征，通常是指官员违背国家的方针，以各种名义、各种方法，对百姓征收过多的税收、劳役。私征私派的情况，在清朝前期是非常常见的。国课就是国税的意思，差徭是差役的意思，丁粮就是按照人头缴纳的赋税粮食。换句话说，四川的赋税之重，超过了国家的赋税，兵丁之重，更是超过了赋税之重。于是，他在康熙四十九年（1710）的密折中提出了四川省急需实行的五项改革措施，以消除弊端：一、拣选道府官员，他认为如果道府官员能洁己守法，那就不会有任何的腐败。勤敏廉干，则事无废弛。二、根据州县官员的才能，对他们进行调配，让他们发挥出最大的作用。三、先前皇上派京师之人来四川效力，而这些人过了一两个月才到四川来，住在省城中，整日饮酒，结交朋友，借钱取乐。建议皇上停止效力之例。清朝通过减免四川省的赋税，吸引了大批的外地人前来开拓荒芜土地。所谓"湖广填四川"，说明当时大量人口迁徙。到四川去开拓新天地的外乡人，大都是比较贫穷的未婚青年，这造成了全省男女比例不均衡，同时也造成了盗贼猖獗，对社会安全造成了很大的威胁。当时，曾在一段时间内贵州的少数民族女子多被卖至四川，其严重性可见一斑。四、包占差粮现象严重，造成"粮有轻重不等，差有劳逸不均"。建议取消"优免丁差"。五、因打箭炉（今四川康定市）收取的茶叶赋税高于国税，导致茶商逃之夭夭，百姓遭殃，建议取消。以上五件事，康熙每一条都批示了，只有第二件事，康熙没有批准，其余都通过了。同时，康熙最后用赞赏的语气充分肯定了年羹尧的做法，并寄予厚望："向日风闻川省如此，未知其详，览奏折方知是真。尔封疆大吏，只得始终固守做一好官，此朕之深望也。"

第二是关于少数民族的治理。虽然年羹尧在康熙四十九年（1710）与岳升龙一道共讨平叛中，因为私自撤军，受到"革职留任"的处分，但他从这次叛乱中吸取了经验，对四川凉山少数民族的治理起到了积极的作用。康熙五十年（1711）年羹尧就少数民族治理问题，给康熙上了一道奏折，在《康熙朝汉文朱批奏折汇编》中有所记载，大意就是，年羹尧发现四川从雅州向西到打箭炉，南到建昌，都在深山之中，是许多汉人和苗人混居之地，其中有几十种苗人。我朝开国六十多年，诸蛮都因为忌惮不敢横肆，"但土司民人旧有宣抚司、宣慰司、千户、百户管辖，部落亦有自立着宿头人，聚处山谷者"。自康熙四十年（1701）平定打箭炉之后，雅州、山西等地的土司就招抚了。他们接受皇帝赐下名册，之后或者上交马匹，或者上交粮食，虽然数量有限，但也存了进贡的意思。至于一切偷牛盗马之事，皆有所责承。那时建昌附近的土司还没来得及对付，那些苗人都以为无人能治。建昌方圆千里内，只有巡道一员，其余都是中下级武官。镇守之人，若能操练军队，威望极高，又何必怕苗人之患？多年来，总兵、游击以下的官员，视土司为鱼肉，不管是牲畜，还是粮食，都是可以随意掠夺的。这些土司没有官印，也没有正式文书，根本无法将情况上报给巡抚和提督。一旦发生劫掠之事，各营将领又不能严查，久而久之，百姓们就会抱怨，抱怨太多，又不会详细解释。于是就兴兵马，不察地利平险，深入苗人腹地，才有了冤山周游击被杀的事情，虽然衅起有因，但也不全是苗人胆敢横肆。

由此可以看出，地方官吏无所作为、鱼肉百姓以致使苗人发生叛乱。康熙看到这封奏折后称赞年羹尧言之有理。这可能也是年羹尧因错受到惩处比较轻的原因。然而，此事也暴露了四川省民间错综复杂的民情，这里官僚作风与贪腐问题十分严重，迫切需要加以整治。因此，年羹尧以肃贪举，扬才干，革旧弊，兴利害为宗旨，又上了一个折子。大体是说在四川应该做的七件事，包括：有司宜劝惩、积贮宜预备、钱法宜流通、复设铺司以递送公文、复设州县以有济民生、改易郡县以化边徽风俗、开采宜奏明等，可以说这七条是四川兴利除弊的总规划。

其中一条是边关要务，因为四川省四面群山，交通不便，要是粮草短缺，一旦遇到干旱或者洪灾，粮草难求，故建议在川省各处要地，备有粮草，以备边关粮草之用。还有一条是说以前四川省人口稀少，政务极少，但如今四川省人烟稠密，需要增设驿站来运送公文。还有就是请重新建立已经合并的州县，以便更好地治理，也方便民众千里迢迢前来缴纳赋税。对一些很难取缔的矿山，从中收税充公，等等。可以说，上述举措为四川的发展、边疆的稳固以及对四川统治的稳固发挥了一定的作用。

年羹尧为治理四川制定了一系列政策，但是这些政策的实施离不开一个稳定的政治环境，因为前面所说的四川的情况，番民叛乱还是经常发生的，大部分叛乱都是由年羹尧亲自带兵讨伐，四川省的局势逐渐呈现出一种稳定繁荣的态势。

四川巡抚其职权主要来源于皇帝的敕令，皇帝授予四川巡抚基本权力，使其有权处理日常事务，但在重大问题上，仍需上疏，如推举或罢免地方官员、改税、调兵，等等。皇帝对四川巡抚的评价，往往是根据他的功绩来定的。若是立功，便可获得升迁等赏赐，若是犯错，便可被皇帝革职。年羹尧对此很清楚，他是个很负责任的人，给康熙写的所有奏折都是非常认真亲自写的，重要的奏折都会给皇帝留下一大片空白，让康熙批阅。康熙对他的能力很是欣赏，在康熙五十七年（1718）颁布上谕：

> 年羹尧自军兴以来，办事明敏，殊属可嘉。从前四川地方亦曾设总督，年羹尧系巡抚，止理民事，无督兵责任，见今军机紧要，将年羹尧授为四川总督。

意思就是自从年羹尧带兵打仗之后，他的聪明才智，实在是难能可贵。四川以前也有总督，年羹尧为巡抚，只管内务，并无督军之责。鉴于今日兵事要紧，特任命年羹尧为四川总督。康熙所说的过去，指的是50多年前，那时清朝尚未安定，为求兵权，在四川设立了一个总督。而这一次，因为年羹尧在军中表现出色，由巡抚升为总督，兼管巡抚事务。

因为战乱的缘故，康熙时期的四川正是青年才俊施展才华、建功立业的好地方。年羹尧凭借自己的才能和个性，一跃而成为当时最璀璨的一颗新星。

第八章　驱准保藏

　　年羹尧的晋升，比起参加乡试与会试的同龄人来说，可谓是一日千里。康熙五十七年（1718），不到40岁的年羹尧成为四川总督，成为当时最年轻也是最有权势的边疆官员之一。

　　那么总督又是什么职位呢，与巡抚有什么区别？总督制从明朝开始，清朝延续明朝的制度，总督是掌管军事和政治的重要官员，统辖一省甚至数省。从地方上来讲，总督拥有最高权力，几乎可以说是一个土皇帝了。自明代至清代，它占有举足轻重的地位，很好地解决了中央的权力分散问题。不过总督制的建立有一个漫长的过程。

　　"总督"这个词，最早出现在《汉书》中，"……昭、宣承业，都护是立，总督城郭……"显然，在这里"总督"是个动词，还没有成为官职，到了明清，"总督"才成为一个正式的官职。明朝的总督设立时间比巡抚晚一些，其产生源于巡抚制的普遍推行。两广总督和三边总制的确立是明朝总督制度初具雏形的标志，总督统领文武，统率者从总兵到巡抚，同时也有了制衡三司的能力。在清代，人们习惯把总督称为"制台"或"制军"，这是因为之前总督叫作总制，《明史·职官志》中记载："……嘉靖四年，始定设，初称提督军务。七年改为总制。十九年避制字，改为总督……"所以这两者其实是没有区别的。总督制起到了良好的效果，因此，它的发展速度很快，设立的总督数量不断增加，总督权限不断扩大，由"差遣"向"常任"演变。

清朝初期的总督之职是依据当时战局发展而建立起来的，清朝军队进入关内之后，由于领地的快速扩张，对该区域的治理也有了需求，需要更多的人才，而当时八旗的人数才十几万人，再加上他们的主力都是用来打仗的，也不会有太多的人来治理这些区域。所以，他们就要借助汉人的力量。当时在总督当中，汉人和汉军旗人的数量占据了绝对的上风。因为清朝要对汉人进行拉拢，并将更多的汉人纳入八旗，实行"以汉治汉"的方针。特别是汉军旗人，一方面，他们更早臣服于大清，对大清更加忠诚；一方面他们对汉人的环境很了解，这样可以更好地与汉人交流和进行管理。因此清朝初期按照明朝的制度，设立总督。顺治十八年（1661），征战基本上结束，在18个行省中设立了15个总督。

康熙初年又将这些总督的数量进行了削减，雍正后来又将设总督的地方改成了6处。一直到乾隆二十五年（1760）全国共有8个总督，分别为直隶、两江、闽浙、湖广、陕甘、四川、两广、云贵。

由此可见，总督对于一国的政治是多么的重要，而年羹尧年纪轻轻的就成为四川总督，十分厉害。对于总督的职责，雍正在登基之后，曾经详细说明：

> 自古帝王疆理天下。必有岳牧之臣，以分猷佐治。而后四方宁谧，共臻上理。此封疆大臣，以总督为最重也。总督地控两省，权兼文武。必使将吏协和。军民绥辑。乃为称职。但统辖辽远，职务殷繁，较巡抚之所属更大。是在遴选属僚之贤能者，委任得宜，则

振纲饬纪，可无废弛之虞。而以人报国，亦得大臣之
体。特是澄清吏治。必本大公之心，虚怀察访。果系
清节素著、才具练达者。任以要剧、即行保荐，则举
一可以风百。

意思是：古往今来，君王治理天下，肯定有封疆大吏帮助
君王分担治理国家的重任。之后就会四面八方一片宁谧。这是
至高无上的道理。故边境之官，尤以总督最为重要。总督统领
两个省份，权力兼达文武两方面，使诸将相安无事，百姓安定，
这是主要职责。总督的管辖范围很广、职责繁多，比之巡抚的
权力还要更大。需要挑选有才能的下属，若任用得当，整肃纪
律，不会有丝毫的懈怠，这就是报效国家了，也是做大臣的体
面。尤其是澄清吏治，要以本公之心，虚怀若谷仔细查探。果
真有清廉和有才华的人，便要举荐，则举一可以风百。

从这里可以看出，总督是一个、两个甚至三个省的最高行
政长官，权力主要集中在军事方面。在康熙颁布的上谕"年羹
尧系巡抚，止理民事，无督兵责任，见今军机紧要，将年羹尧
授为四川总督"中可以看出，年羹尧升为四川总督也是因为
"军机紧要"。

那到底是什么军机呢？当时川陕总督掌管着四川的军务，
它的官署不在四川境内，设在陕西西安，远离多事之秋的四川
西边，两地之间交通极为不方便。除了川陕督军之外，还有一
位四川提督在成都，掌管着全省的绿营部兵，当时的四川提督
是久经沙场、立下过汗马功劳的岳升龙。提到"岳"这个姓最
先想到的是岳飞，而岳升龙就是岳飞的后人。他是康熙时期一
位有名的武将。吴三桂反清的时候，派人暗中怂恿岳升龙造反。
岳升龙装模作样地答应了，当晚便遣亲信偷偷禀告镇守甘肃的
提督，将来人捉拿处死。康熙十四年（1675）兰州被敌军攻击，

岳升龙为先锋，潜入张家河湾，趁着夜黑，用羊皮囊充气，做成一只羊皮筏子，横渡黄河，击溃了敌人的守军。他马上就要到兰州北城门时，却被敌人的炮火打伤了腿，他咬紧牙关，顶着箭雨和乱石，第一个爬上了城墙。清兵一见此景，登时斗志大增，纷纷奋勇冲杀，将北门拿下。因为此次战功，岳升龙升职。此后，岳升龙东征平凉，降服王辅臣，又夺取了阳平关和略阳。又过几年岳升龙镇守川滇边界，在之后的数年里，他历经多次生死搏杀，立下汗马功劳。

康熙三十五年（1696），康熙第一次亲自出征噶尔丹，命岳升龙挑选300名精锐的铁骑，负责为西征军运送粮草。岳升龙恪尽职守，得到了康熙的嘉奖。后来中路军到达目的地的时候，西路军因粮草供应受阻迟迟未到，康熙命岳升龙将中军粮草和柴火调拨给西路军，西路军不久便与中路军和北路军会师，打败了噶尔丹。康熙在战后嘉奖有功的将士，其中就有岳升龙，没多久，又升岳升龙为四川提督。不过过了两年，提督岳升龙被革职回乡。这是因为四川康定等地的喋巴（土营官）以阻止驻军垄断当地贸易市场为借口起义，派兵渡泸水占领要塞，与驻防官兵形成武装对峙。这事使岳升龙大为警惕，深感不安。以防万一，岳升龙在化林营加派500名官兵，以加固泸水要塞。当时的四川巡抚不是年羹尧，他上书说岳升龙擅自移兵，岳升龙据理力争，弹劾他失去戒心，疏于防卫。最后，四川巡抚被收监问斩，而岳升龙也因此被罢官免职。后来康熙三十九年（1700），那里再次发生动乱，康熙这时才知道岳升龙增兵驻防是先见之明，于是下旨，命岳升龙平叛。胜利后，朝廷重新任命他为四川提督。就这样岳升龙一直等到年羹尧上任四川巡抚，后来岳升龙在康熙五十一年（1712）去世。而继任的提督无能，无暇顾及四川省军事事务。

这是年羹尧成为四川总督的背景之一，而他自己在其中也有所行动，他上疏说：

> 窃惟川省营伍之弊，久在圣明洞见……无如积习
> 难移。督臣远在西安，鞭长莫及，臣与各镇原无节制
> 之责，而将备各官惟视提镇之意指以为从违，必欲悉
> 除痼疾，将镇协各营整顿一新，非假臣以虚衔（总督）
> 不能也。伏乞圣主暂加臣以总督虚衔，并求赐以孔雀
> 翎子，令臣节制各镇，一年以后，营伍必当改观。俟
> 兵马事竣，臣即奏缴虚衔，不敢久于忝窃。

大意是说陛下应该知道，现在四川的绿营已经腐朽到了极点。但是，总督却身在西安，很难做好工作。我虽是巡抚，但对绿营诸部并无直接指挥之权，我内心有很多的治理之策，都没有用武之地。如果要根除积弊，将镇中各营整顿得井井有条，需要臣以总督之名才可以，等战争结束后，您就可以将总督之位收回来。从这可以看出，年羹尧是从康熙帝那里要的四川总督之位，当然康熙帝也很欣赏他的才能，所以给了他这个职位。

其实最主要的政治原因是康熙五十六年（1717），清朝的战略形势发生了重大变化。清廷的宿敌，蒙古准噶尔部首领策妄阿拉布坦（？—1727）率领军队侵入西藏，杀死了藏王拉藏汗（？—1717），占领拉萨，企图将达赖喇嘛控制在手中，在西藏建立统治。这令康熙忍无可忍，第二年春季，清朝派兵讨伐，又遣贝子胤禵为抚远大将军，率军坐镇西宁，要夺回对西藏的控制权。因为这些原因，年羹尧才被任命为四川总督。

一般认为，巡抚的权力主要是以民政为主，而总督的权力主要是以军事为主。年羹尧在担任四川巡抚时，兢兢业业，认真处理四川事务，凡事都尽力查清事实，给出具体的对策，年羹尧以其过人的能力，被提拔到四川总督的位置上，以加强其

军力，并将原先的川陕总督改为陕西总督。年羹尧成为四川总督后，最重要的工作，还是要让军队后方无后顾之忧，处理好军务，为入藏做好准备，以便稳定西藏的局势。

保藏之役一触即发。

年羹尧在备战的时候，并没有急于立功，反而采取了稳扎稳打，先稳住内部再解决外敌的战略，对影响到川省行军和粮草运输的"生番"进行了一系列的打击，比如贝勒察罕丹津管辖的铁布生番、前邻川省漳腊营所属的祈命三寨、后邻陕西的洮岷所属的杨土司，绵延不到四五百里，人数不多，但是仗着地势险要，连续盗窃官马、行李，并打死了数名官兵。年羹尧上折子建议将其铲除，以震慑其他生番，还可以安定西海各族军民的士气。年羹尧又以密折参奏护军统领，说他统领满兵强取柴火，掠夺财物，里塘雇用的番人牛群在路上被宰杀食用，而他竟置之不理，不利于局势的稳定。因此现在这个护军统领无法带领军队。

与此同时，年羹尧也在努力筹备军需和粮食，康熙为了援救西藏，命护军统领在打箭炉驻扎，那里与西域接壤，四面都是高山峻岭而且那里不产稻米，道路崎岖，粮食运输困难。但是年羹尧还是采取了一系列的举措，比如收购粮食、石头、饲料，命人想办法运送到打箭炉，使得粮食供给十分顺畅，得到了康熙的嘉奖。之后，年羹尧又派出探子打探消息，将西藏发生的事情详细地汇报给了康熙。比如拉藏汗的死"明系大克咱之卖主"，等等。因其提供的情报准确无误，在康熙帝的政策制定中发挥了重要的作用。

除了这些内容，年羹尧还做了其他备战事宜，完善了四川省的驿站。四川省的驿站不过十几站，每站只有20多匹马。然而，随着西藏战局的发展，四川已经成为战略要地。然而奏折往来却需要花费数倍的时间，因此，年羹尧想把驿马增加到30

匹，并因"新都一站、越汉州至德阳行程甚远"，想在汉州安设一个驿站，方便来往，不至于耽误了兵事。

同时，年羹尧还进行了营房的修葺和建造。大量的八旗、绿营兵都被抽调到四川，而四川省又是山地多，平原少，所以军营的建设就变得十分紧迫。单是在成都，就需要建造官房700多间，兵房几千间，因此，在整个四川，其工程之浩大，不言而喻。还要稳定土司，因为四川一带的番人较多，形势较为复杂，他们是否安定，将会影响西藏战场中后方是否稳定。

在军事方面，他整饬营伍，严阵以待。年羹尧认为"用兵进剿，制胜在兵精，而领兵在择将，所关甚巨，若将碍其人。则恩信退敷。威声远著，所谓先声后实，百战百克之兵也"，就是说行军打仗，靠的是精锐的士兵，而领兵靠的是选择将领，此事事关重大，因为将领能影响他人。因此，他必须在入藏前，对军营进行整编，这也是他向康熙帝求取官职的重要原因。

四川提督康泰（？—1718）率兵出黄胜关侦查情况，但因将士士气低落，被击败了。年羹尧奉命安抚众人又密告康泰失军心，怕他带兵出关又出什么岔子，于是撤了他的兵权，向康熙请示，自己到松潘（四川省阿坝藏族羌族自治州下辖县）主持军务或者另遣一个大臣过来。于是康熙另派一个大臣动身赴四川，又赐给年羹尧一张"全川舆图"。如此一来，年羹尧便大致掌握四川省的各个要地，这对他今后的军事部署以及调集军械物资，都会有很大的帮助，由此可见，康熙帝对年羹尧的信任与期望。虽然年羹尧敢作敢为，但是他在人情世故上，难免会有失误，年羹尧因为密告在四川树敌太多。若非康熙一向偏袒信赖他，只怕他早就丢了官职。

年羹尧于康熙五十八年（1719）正月上密折，认为四川备兵已妥当，提议带兵入藏，击退策凌敦多布并对入藏的路径、兵力等作了详尽的说明。他认为，从古至今，军队从来都不是以数量取胜的，而是以质量取胜的。用云南、四川的士兵，再加上满汉士兵和护运兵，一共 7000 人的军队，这就足够了！他又提出要提防西海蒙古的军队，因为当策凌敦多布攻打西藏的时候，西海王及贝勒以下诸将，眼睁睁看着其被围困，没有派援军，也未商议出兵之事。而且，四川省的军队用的全部都是西海的马匹，但是他们以备兵为借口，没有允许一匹战马进入这边。年羹尧建议从打箭炉出发，可以兵分南北两路向西藏进发，将两路的生番情况摸清。但是康熙只让他营造声势并没有让他进军：今年大兵断然不可轻进，已有旨了，想是未到蜀省。但进兵之声势不可一日不传，此坐待贼人之自失利耳。尔之议论甚佳，少且从容，有实进兵之时再奏。意思是今年决计不能轻举妄动出兵，我已下了旨意，料想还没到蜀省，但出兵的消息和气势，一天也不能少，就等着看他们失去有利形势。你的建议很好，少安毋躁，待到实际进兵之日，再来禀报。

从年羹尧的建议可以看出，年羹尧确实是有军事才能，分析得头头是道。而康熙在赞同年羹尧的同时，对是否开战也十分的谨慎。

在年羹尧奏上这封密折两个月之后，策凌敦多布将从西宁入藏的 500 名军士送还。年羹尧怀疑他们不是真的将军士送还，或者是利用送还军士的便利，观察地形，打探情报，于是向皇上请求让自己带兵防守。但朝臣们认为，四川通省之事，松潘和打箭炉的军费粮草，事关重大，年羹尧不方便离开。应命其他人进兵。六月到九月，众番见势不妙，纷纷归降。年羹尧将这些来归番人交的贡赋作为前线的军粮，为军队提供了一定的补给。

到了康熙五十九年（1720），年羹尧等来了出兵的日子。康熙下诏授宗室延信（1673—1728）为平逆将军由青海赴西藏，为中路之师；又命抚远大将军胤禵率军从西宁移驻穆鲁斯乌苏，管理进藏军务粮饷，居中调度。同时下旨："总督年羹尧自军兴以来，尽心效力，训练川兵，甚是整齐，可速行文年羹尧。令伊带颁兵丁进藏，授为将军，如有能署理总督事务，于地方不致生事者，令年羹尧奏闻署理，如地方紧要，不得署理之人，著护军统领噶尔弼为将军。"这里有康熙对年羹尧的评价，说他自军起，勤勉操练川军，颇有章法。让人速速给年羹尧一封书信，命他率兵入藏，封他为将军，凡有能力执掌总督之事，而不会给地方带来麻烦的人，都由年羹尧来处理。有了这个命令，年羹尧就成了领军的大将军。而康熙又把四川总督的提举权交给了他，虽然只是临时性的，但也足见康熙对他的信任。

八月，噶尔弼、延信先后入西藏，击退了策凌敦多布，使西藏安定下来。

如此看来，整体过程还是比较顺利的，但其实并不是这样的，行军途中，里塘、巴塘一带出现了问题，云贵总督蒋陈锡（？—1721）上疏，要求将二处划给云南丽江，但是年羹尧不同意。其实这是一个遗留问题，里塘和巴塘原本就是云南丽江土知府所管，后来因为叛乱被已故亲王扎什巴图鲁夺去，因怕被人追查，便给了达赖喇嘛。三年前，策凌敦多布攻打西藏，杀死了拉藏汗，里塘和巴塘就成了没有人管辖的地方。后来年羹尧在为进入西藏备兵的时候，抚定巴塘、里塘，年羹尧上奏说现在正是西藏用兵的时候，调运粮草等事要经过巴塘、里塘，事关重大，如果将两个地方交给土知府，需要的时候恐怕没有回应，又得耽搁。所以这两个地方便归四川省暂时管辖，等到西藏局势稳定后，便依原意，划入云南。

不过，在平定西藏后，丽江土知府率领蛮兵来到里塘、巴塘，示威蛮人，强迫将这两个地方回归云南，阻碍了粮道。年羹尧上疏，要求罢免丽江土知府，捉拿他，并且发兵征剿所属里塘的生番。对巴塘和里塘两个地方的归属权问题，年羹尧处理得速战速决。

而且如此多的军队聚集在四川，让年羹尧筹办粮饷很是头疼，康熙五十九年（1720），为了不耽误军机，年羹尧将自己在川10年来的积蓄全部拿了出来，"捐造军资、犒赏满汉各兵外，进剿之总兵助银一千两，副将助银五百两，参游以下，千把以上助银二百两至五十两不等，满洲领兵各官亦皆一体相助"。年羹尧还上疏对康熙说：我乃文臣，冒用大将军之名，率领大军，实属难得，若不趁着自家年轻国家正需要我时，好好报答陛下，那么陛下加恩于臣者，又有什么意义？我能为陛下做什么呢？若不趁这个机会，将这些跳梁小丑一网打尽，我这辈子都会后悔的。我在四川已有十余年，省吃俭用，膝下儿女十余人，不图将来温饱，但凡有一点积蓄，都是陛下赏赐的。本想留着为国效力，但用兵乃国之大事，若不尽心尽力，又如何能作我的贡献？于是拿出自己的积蓄，捐给军队，奖赏士兵，将自己十余年来的积蓄，都捐给了前线士兵。

后来，年羹尧又上了一份奏章说按照惯例四川省的兵丁月米一律按银子发放，由军士自己采购，如今成都满洲军士对粮食的需求很大，每年粮价参差不齐，担心采购价格上涨，军士吃不饱。于是，他提议，"将成都附近的县中有水陆通行者，其应征粮米，停止折银，改收本色，量给运费交送成都"。

从这些事迹上来看，四川总督年羹尧是平定西藏叛乱的主要功臣之一。他在统率军队，负责补给上，敢于担当，积极囤积粮食，肩负起在四川全省筹备粮饷的重任。他调集兵力，并且对入藏军队人数、入藏路线，都作出了详尽的规划，充分发挥了总督的作用，做到了尽职尽责。如此，康熙帝非常欣赏年羹尧，对他的信赖也日益加深。

在年羹尧成为总督之前，年羹尧说的是待这件事完成后再把总督的位置还回去，但是康熙六十年（1721）平定西藏大获全胜后，康熙非但没有撤销他四川总督的职务，反而让他以 42 岁的年纪，统领川陕两省，出任川陕总督，成为大将军胤禵的后勤部长和重要军事助手，负责军务。这主要是由于他在政治、军事上的卓越才能，与雍正的关系不大。年羹尧在兵法上的造诣，在满汉将领中，可以说是数一数二。

因此，年羹尧在康熙末期，是朝中最年轻、最有权势、最受皇帝信赖的封疆大吏。

第九章　川陕总督

康熙六十年（1721）四月，年羹尧上疏求见康熙，康熙应允。五月，年羹尧到京城觐见康熙，用年羹尧自己的话来说，这一次见到康熙是人生难得的机会，不是做梦就能得到的。两人相处了数日，在这段时间里，康熙亲自指点年羹尧关于西安的事务，"西安驻防满洲官兵一切公务，令臣（年羹尧）与将军及副都统等会同料理"。而由于年羹尧在众朝臣中最了解西南、西北、藏地、蒙古的历史及时局，加上他"办事明敏"，因此，康熙与年羹尧商议"欲将西海蒙古部落悉照北边分编佐领"。然后下旨：陕西总督鄂海著办理军粮饷，四川总督年羹尧著兼理四川陕西总督事务。这时的他，已经担任四川总督12年了，现在成了川陕总督。六月，年羹尧要离开京城的时候，康熙还对他说："朕再无疑尔之处，尔亦不必怀疑。"君臣之间的关系更近了一步。

那么川陕总督与四川总督有什么区别呢，陕西的情况又是什么样的？

清朝初期，四川与陕西是一个十分关键的地方，西北控制准噶尔，西南控制青藏，这里地控苗人，是一个重要的军事据点。在康熙年间和雍正年间，这里都是用兵之地，而川陕总督，在这个时候，是一个非常重要的人物。重点考察川陕总督制度的沿革，分别从四川与陕西两个方面进行梳理。

首先，看一看四川总督的情况，最开始在顺治元年（1644）只有四川巡抚，没有四川总督，是陕西总督监管四川，到了顺治十四年（1657），才设置了四川总督，驻重庆。康熙七年（1668）又改成川湖总督。不过四年后，四川又设四川总督，后来又归陕甘总督管理。到雍正和乾隆时期也是经常变换。

陕西总督又是什么情况呢？陕西总督是顺治元年（1644）设立的，后来监管四川，到康熙三年（1664）改为山陕总督，并以西安为驻地，兼管山西事务。康熙十四年（1675）改为陕甘总督，康熙十九年（1680）改为山陕总督，但是却没有陕西总督，监管四川。在后期也是不停地变化更改。

通过以上不难看出，川、陕总督之职，是随着清代各个时期政治经济军事形势的改变而改变的——遇事则设，事毕即撤。

由于清朝前期政治、军事斗争比较激烈，而总督制又具有很强的军事功能，这样的集权体制办事效率很高，清初统治者自然会采用并依赖总督制，特别是对于川陕地区。因此，清初统治者特别重视川陕总督，所任命的都是亲信大臣。年羹尧在平定西藏期间，忠于职守，将康熙交代的各项任务尽数完成，加之其对皇上一片赤诚之心，让他深受康熙帝的赏识。年羹尧成为川陕总督很正常。

从康熙六十年（1721）六月开始，一直到雍正元年（1723）初，西藏的局势才刚刚稳定下来。年羹尧正式出任川陕总督一职，除了他自己的硬件条件强，又有康熙的赏识等因素外，其实前总督鄂海可说是在年羹尧的步步逼迫下逐渐下台的。

鄂海（？—1725），满洲镶白旗人，曾在康熙三十六年（1697）出任陕西按察使，康熙三十七年（1698）迁陕西布政使。康熙四十年（1701）他被任命为陕西巡抚，康熙四十九年（1710）被任命为湖广总督。鄂海在此期间，"奏请依旧址大筑镇箪边墙"。康熙十分看重鄂海所提的意见，派他去实地察看。
康熙五十年（1711）鄂海率领督、巡抚、总兵等官员，马不停
蹄，进入苗地。鄂海见苗人尽数归心，便上奏康熙，说修筑城
墙是多余的，康熙心中甚是高兴。之后鄂海与苗民歃血为盟，
并在当地立了一块碑，写了《抚苗碑铭》并作了序。

　　序包含了三个方面的内容，第一部分讲述鄂海在苗疆的调
查和治苗的成就，第二部分讲述了苗民归顺之后的感受，最后
表达了对康熙的祝福。《抚苗碑铭》总体上反映出康熙对湘西苗
地实行以抚为主的政策，成为研究湘西苗族历史的重要文献。
如此看来鄂海也并非无能之辈。所以康熙五十二年（1713），康
熙因鄂海原在陕西任职，才华横溢，熟谙军情，便将他召来，
出任川陕总督。这么说来，鄂海的晋升速度，远超年羹尧。然
而，因鄂海贪赃枉法，向下属索取过多，致使陕西原任粮道亏
空了十几万斤米豆。康熙五十九年（1720），固原提督上疏陕西
两年无收成，民不聊生。鄂海受到了康熙的指责："总督鄂海平
昔居官亦优，今因年老，声名渐不如前。"而年羹尧则是在西藏
安定之后，因功劳被任命为川陕总督取代了鄂海，鄂海被派往
甘州，掌管粮饷。结果年底的时候年羹尧参奏说前任总督鄂海
昏庸无道，任人摆布，执掌甘州，不顾百姓安危……军饷之事，
事权不一，多一大人即多一处侵蚀。因此鄂海被康熙剥夺了办
理粮饷的权力，又被发配到吐鲁番管理开垦荒地事宜。

　　这不仅仅是因为鄂海老而平庸，而是因为年羹尧这几年的
精明以及特殊的机缘。总督是地方上最高的军事与政治领袖，
需要恪尽职守、勤政务实、不偏不倚，辅佐皇帝治理国家。年
羹尧也是努力做好这一职位，比如他在康熙五十八年（1719）
还是四川总督的时候，将其治理四川的方针等一一详细说明，
为巩固边境，促进四川经济发展作出了一定贡献。与此同时，
年羹尧还加强了对官员的管理，严格了军队的纪律，彻底改变

了四川省的面貌，对平藏军队起到了很好的后勤保障作用，得到了康熙的嘉奖、康熙屡次谕曰："我朝仅隆科多、年羹尧二人有大将之才。"所以年羹尧在康熙年间的位置也十分独特，其大部分意见均为皇上所接受，他也一步步将鄂海的个人前程毁掉。

年羹尧被任命为川陕总督，他的职责就是治理当地的事务，比如赈济灾荒。

康熙六十年（1721）的六月份，山西和陕西发生了严重的灾荒，年羹尧有一天写了两份密折，希望康熙对他下放权力，指派人手："凡又有裨益民生与捐助库帑之处，惟赖圣主准臣酌量便宜行事，不拟成例"，就是说但凡涉及民生，或者捐赠国库的事情，请圣主准许，从速办理。另外，因为山、陕两省的赈灾任务很多，需要大量的人力，他点了三个人要分别带去，并说明缘由。这些要求都带有勉强康熙的意思，但康熙还是答应了。或许康熙的放纵也养成了年羹尧张扬跋扈的性格。

年羹尧在返回陕西的路上，向康熙报告了直隶、河南和陕西的降雨情况，特别是陕西的降雨，已经达到了入地一尺多深的程度。然而，陕西已经连续几年没有丰收，即使现在已经下了雨，但人们食不果腹，种粮不足，"坐待秋成尚须三月"，所以，他不得不设法解决这个问题。之前康熙给年羹尧赈灾银子"给发内帑银二十五万两，令臣等会同散赈"，主要是用来收购粮草，压低价格，煮粥赈济，让那些没有能力买米的百姓可以等到秋收，酌情捐例以为赈济之用。与此同时，年羹尧又想出一个法子，将四川遵义府推行的"义仓之法"密奏康熙，这是一条赈灾的良策。义仓，就是在丰收以后，劝告百姓捐粮，不管多少，都要将米粮分给各地，并在当地挑选出两三个老成持重、家境殷实的人来管理，"而官藉其数目，每年出易，则春借秋还，冬借夏还，止许三分之一"。如果发生水旱灾害，当地官员可以向总督提出效仿常平仓的做法，同时上报，这样，赈灾的速度就会很快，粮食的发放就会很快。康熙对此朱批道："义仓之法，一州一县小处则可，若论通省，似乎难行，万分留心，可则行之，不可即止。"一州一县之事，尚可，但论通省之事，却是艰难，须谨慎行事，不能一蹴而就。皇帝虽不完全赞成，但并不禁止，而且给了他相当的自由。

后来年羹尧还接手了甘肃省赈灾的收尾工作，八月，年羹尧与其他官员亲自赴平、庆、临、巩四府视察赈灾情况，大多数地方都还好，但还是有几个贪得无厌的官员，贪污了粮饷，被革职追究。总的来说，此次救灾工作较为顺利，极大地稳定了灾区民众的情绪，对维持当地社会秩序起到了很好的作用。

在年羹尧刚任川陕总督的时候，他还剿平了青海郭罗克部落。郭罗克部落在青海索罗木的西面，靠近四川松潘。他们的部落经常抢劫过往的旅人，甚至还偷走驻守士兵的战马。年羹尧在面见康熙的时候，就已经得到进攻围剿郭罗克部的命令。到任后，他做了详细的调查，发现郭罗克各个寨都是狭窄的出口，每一个寨都是险要之地，极难攻破，附近的土司都对他们恨之入骨。于是建议先派少量精锐步兵去剿灭他们，然后辅助其他土司围攻郭罗克。十月，年羹尧上疏道："我从皇上那里辞别回到任上后，就和大臣岳钟琪商量，派官员约见其他土司，并说应尽快出兵剿灭郭罗克，否则寒冬大雪纷飞，道路不通。适据额驸阿宝移文，命我和岳钟琪斟酌攻伐时机，我立即派人速赴松潘去选领镇兵出口，并督率士兵前进，在西宁的满洲军，青海的蒙古军，都不用再派了。"在得到了皇帝的首肯之后，命岳钟琪率领士兵围剿郭罗克，将郭罗克匪徒击溃。"伏卒千人，进克番寨四十余，斩馘三百，擒其渠"。巩固了清朝对西部的统治。

年羹尧成为川陕总督后，先赈灾后剿匪，在民心和军事上都有了政绩，紧接着他就开始整治贪官污吏。康熙末期，天下贪污腐化，钱粮亏空，川陕亦是如此，陕西尤甚。并且陕西地区是军事重地，这里有清朝的皇室成员，也有满汉等重要的官员，因此这里的人际关系复杂，事务也很复杂，并不好处理。

关于整治贪官污吏，年羹尧也和康熙通过气，"臣自进京陛见往回陕省地方，即闻西、延、凤、汉四府、兴安一州无不亏空钱粮之官，今于七月二十日到任后，留心察访，已悉其详。凡此四府一州之府、厅、州、县共亏空正项银九十余万，而原任布政使萨穆哈亏空司库钱粮不在数内"。他一上任就细细察看，发现陕省各地皆有官员亏空，数额已经达到90多万两银子，因此，年羹尧有必要对官场进行一场大的整肃。但是年羹尧也不是傻子，因为亏空太大，"法不治众"，所以年羹尧打算分批处理，减少损害。他只将两个知府革职，更将这两人供出来的几人报给康熙，其中就有前任总督鄂海的幕僚。当然审理这个案件的也并不是年羹尧自己，而是年羹尧给康熙推荐了三个人，让康熙从中选一个查办此案。终于在第二年康熙六十一年（1722）年初此案告一段落。也是因为这件事，年羹尧参了鄂海一本，向康熙要了更多的权力，以达到自己在西北独霸一方的目的。因为国内贪污腐化之风太盛，所以年羹尧对这件事情的处理，只有一个目标，这件事完结就可以，不想深究，不要节外生枝，只要银子和粮食能拿到手就行。不过年羹尧也想过彻底的解决方案，陕西的财政赤字已经累积到了上千万两，短时间内很难弥补，年羹尧还上奏康熙，提议"耗羡归公"，将州县官赋除正常赋税以外的"火耗"确定为"法定"，并对其数额加以限制，以防下级官吏滥收，肆意害人。然后，将这些收益全部上缴给省，作为公共支出，以填补因战乱而导致的国库亏损。年羹尧的提议，虽然没有得到年迈的康熙的认可，康熙帝还训斥了他一顿，不过康熙还是拿出了50万两，捐给了陕西，用来支付军费。

年羹尧在揽权的过程中得罪了不少人，但是他也提拔了很多官员。年羹尧曾经说过想要建功立业，因此，年羹尧也结交了不少"志同道合"的人。他举荐自己在担任四川巡抚和四川总督时候结交的文武官员，填补了川陕官员的空缺。如此一来，年羹尧这个川陕总督，在西北的羽翼就会变得更加丰满，地位也会变得更加稳固，声望也会变得更高。

后来接任的川陕总督比起年羹尧就要差远了。这个人就是之前说过的岳升龙的儿子岳钟琪（1686—1754）。岳钟琪在年羹尧失势后，被任命为川陕总督，在其任职期间，他仅仅遵照皇帝的旨意，对年羹尧在西北各地所做的一切努力，要么予以清理，要么予以纠正。此外，岳钟琪也是清初唯一一个做到了总督兼大将军的汉人。他的位置非常敏感，不能有任何逾越，更不要说与前任年羹尧相提并论。

实际上，年羹尧任四川总督、川陕总督期间的政绩，是川陕总督一职职能的最好体现。上任后他首先赈济川陕各地的灾民，并大规模整顿川陕地区的财政赤字，使得陕省官员、军队风气大为好转。因为川陕一带是军事重地，曾经历过平定西藏、平定青海叛乱等事件，因此也有不少武将功勋卓著，年羹尧便对手下官员等进行举荐，以提高行政效率、鼓舞军心。与此同时，对于一些无能的、贪赃枉法的文臣武将，也尽快地换掉。

康熙二十二年（1683）后，在西面蒙古和西藏问题中，准噶尔问题尤为突出，解决这个问题是一个漫长的历史过程。若从康熙二十七年（1688）清朝庇护喀尔喀蒙古抵御准噶尔部落入侵开始，至乾隆二十二年（1683）完成了南疆的统一，历时70多年。在此进程中，川陕总督年羹尧在康熙末至雍正初对西部的经营中起到了"承前启后"的作用。

雍正登基之后，也曾评价过："朕藩邸属下人中可用者，唯年羹尧、傅鼐二人。论才情，年羹尧胜于傅鼐。论忠厚，年羹尧不及傅鼐。"足见年羹尧才能之高，这一点也是康熙和雍正公认的。

年羹尧是康熙末年皇帝最宠信的人，雍正初年更是如此，所以这个时候，年羹尧的地位很特殊。可以说，在康熙雍正年间，年羹尧对西部的治理在政治、经济、民族、宗教、军事等各个方面都有广泛的涉猎，其中军事领域的管理效果最为显著，且影响深远，并起到了积极的作用。

那么在年羹尧建功立业这段时间，京城的"九龙夺嫡"又是什么情况呢？

第十章 九龙夺嫡

九龙夺嫡是大家耳熟能详的一个历史事件，是说康熙时期康熙的九个儿子参与争夺皇位的斗争。康熙驾崩后，四阿哥爱新觉罗·胤禛登基为帝，成为最终的胜利者，称为雍正帝。

但是年羹尧在这种众皇子为争夺皇位而明争暗斗的情况下，选择明哲保身。因为凭他的才干与康熙对他的赏识，无论哪一位皇子登基，都要好好对待他的，他最好的选择就是不投靠任何一方。但是年羹尧真的能做到这么超脱吗？他又是怎么做的呢？

首先，先让我们看看九龙夺嫡到底是哪九龙，这九龙之中又分为几个党派，按照党派首领长幼顺序来说：

大千岁党：胤禔（1672—1735），惠妃所生，皇长子，康熙三十七年（1698）被封为多罗直郡王，"大千岁党"之首。跟随他的官员有纳兰明珠等。

太子派系：胤礽（1674—1725），孝诚仁皇后所生，康熙十四年（1675），康熙立二阿哥胤礽为皇太子，"太子派系"之首。是清朝以及中国历史上最后一位经过公开册立的皇太子。支持他的官员有索额图（？—1703）等。

三爷党：胤祉（1677—1732），荣妃所生，皇三子，康熙三十七年（1698）被封为诚郡王，康熙三十八年（1699）九月因在敏妃丧百日中剃头，降贝勒。康熙四十八（1709）三月，晋封为诚亲王，"三爷党"之首。支持他的官员有陈梦雷（1650—1741）等。

四爷党：

胤禛（1678—1735），德妃所生，皇后佟佳氏（隆科多之姐）抚养，皇四子，康熙三十七年（1698）被封为贝勒，康熙四十八年（1709）被封为雍亲王。"四爷党"之首。九龙夺嫡的胜利者，清朝第五位君主（1722—1735年在位），清朝定都北京后第三位皇帝。

胤祥（1686—1730），敏妃所生，德妃抚养，皇十三子，雍正元年（1723）被封为怡亲王，"四爷党"的追随者。

支持四爷党的皇子与官员有：十三阿哥胤祥、十六阿哥胤禄、十七阿哥胤礼、张廷玉、隆科多、鄂尔泰、田文镜、李卫等。因十六阿哥、十七阿哥是后期出现，所以并没有在"九龙"当中。

八爷党：

胤禩（1681—1726），良妃所生，惠妃抚养，皇八子，康熙三十七年（1698）受封为多罗贝勒，雍正元年（1723）被封为廉亲王，"八爷党"之首。

胤禟（1683—1726），宜妃所生，皇九子，康熙四十八年（1709）三月被封为贝子，八爷党追随者。

胤䄉（1683—1741），温僖贵妃（孝昭仁皇后之妹）所生，皇十子，康熙四十八年（1709）封敦郡王，八爷党追随者。

胤禵（1688—1755），德妃所生，皇十四子，康熙四十八年（1709）三月封固山贝子，雍正元年（1723）五月封多罗郡王，八爷党追随者，后转为被扶持者。雍正帝同母弟。

支持八爷党的皇子与官员有：九阿哥胤禟，十阿哥胤䄉，十四阿哥胤禵，裕亲王福全、揆叙等。

可以看出这九龙之间关系错综复杂。年羹尧与他们之间也有着千丝万缕的联系，比如说他的第一任妻子是大千岁党支持者纳兰明珠的孙女。而年羹尧最先和"九龙"之一的九阿哥胤禟有姻亲关系。也是因为姻亲关系，胤禟的第三个格格嫁给了明珠的孙子、八爷党成员揆叙的儿子永福为妻。胤禟比年羹尧小4岁，但论辈分，他却是年羹尧的"叔叔"。不过随着年羹尧的第一任妻子去世，这个关系就弱化了很多。

等到年羹尧正式进入仕途后，与"九龙"的关系不得不越来越多了。就好像是历史的浪潮将他推到了其中，将他卷入政治旋涡之中。

康熙三十七年（1698）是年羹尧参加应天府乡试的时候，这一年三月，康熙第一次对已经成年的儿子封爵，皇长子胤禔被封为多罗直郡王，皇三子胤祉被封为多罗诚郡王，皇四子胤禛、皇五子胤祺、皇七子胤祐、皇八子胤禩，都被封多罗贝勒。这里面只有皇五子和皇七子没有参与夺嫡，其他人都是九龙各党派中的主要人物。而皇八子胤禩是其中唯一一个还没有成年的皇子。按照年龄，这个时候胤禩是不应该被封爵的，但是康熙却破例了，显然胤禩是很受康熙喜爱的。

而这个时候也能看出才21岁的雍正并非康熙特别宠爱的皇子，他只是被封为贝勒，只比他年长一岁的三哥胤祉，却被封为郡王，压了雍正一头，实际上两人身份上并没有太大的区别，甚至因为雍正曾经被皇后佟佳氏抚养过，身份还隐隐高于胤祉。

在这次册封之前，曾经有大臣提议康熙效仿明朝，将所有已经成年的皇子都加封为亲王，康熙否决了这个提议，因为康熙说："我朝之前的时候皇子是否封王，要看他是否有贤能，像代善、多尔衮那样有功绩者，才能加封亲王，差一些的只能封贝勒或者贝子，没有功绩者，甚至连爵位都没有。如今我封几位皇子，也不能徇私情，而是要学习先祖，以他们的才干与德行来决定他们的品阶。"很显然，这个时候的胤禩并没有受到康熙的重视，他只是一个被边缘化的皇子，更没有争夺皇位的雄心壮志。

其实从康熙的这段话也能了解到为什么这些皇子要争夺皇位。前面已经说过，满族的婚姻制度是多妻多妾制度。在清朝，后宫的"妃"被称为"妃主"，也就是"一宫主位"，她们就和侧福晋一样，严格意义上来说，她们并不是妾室，而是"侧妻"，那她们生的儿子也算不上是"庶出"。既然不是庶出，那和皇后生的孩子也没有什么区别，为什么不能当皇上呢，这样皇子心里自然也会有"夺嫡"的想法。而且一个皇子，到底是被封为王爷、贝勒，还是被封镇国公、辅国公之类的低阶爵位，一方面要看母亲在宫中的地位，另一方面也要看皇上对自己的宠爱程度，还有就是康熙所说的是否有功绩。

那么可以想一下，一个妃子生的皇子，最后有可能只是被封为贝子，而且因为多妻多妾的制度，郡王府的侧妃，地位跟贝勒的正妃相当，比贝子的正妃品级还要高。在各种社交场合，他的妻子，要以"奴才"自居，卑躬屈膝地向别人的小妾行礼。而皇子本人要对未来的新君自称奴才……心理落差可想而知。更何况每一等的爵位都有一定的权利和供奉，所以康熙的皇子并不是像以前朝代那样，皇子只要不夺嫡什么都不做，就能被册封为王爷，让子孙后代过上衣食无忧的生活。

促使他们夺嫡的还有一个重要原因，就是夺嫡失败的后果并不像以前朝代那样严重。在历史上，篡位是最大的罪名，夺嫡没有成功的人会被满门抄斩，就连嗷嗷待哺的婴儿也会被杀掉。比如唐太宗李世民，在玄武门之变后，就毫不留情地杀死了 10 个还在襁褓中的侄儿。清朝保留了少数民族统治特色，对于皇位之争中的失败者，都会留有余地，并不会下死手。

就比如九龙夺嫡，雍正最后胜利了，他虽然残暴地打击了与他争夺皇位的兄弟，但是却并没有将他们的子孙后代全部处死，他们的后代还是个闲散宗室。既然这样的话，那为什么不夺嫡呢？要是赢了，能得到万里江山，要是输了也不过就是丢了命，还只是自己的命，家人可以保住。

不过这个时候康熙还年轻力壮，几位皇子还年轻，还没有到夺嫡的时候，就连年羹尧也不过是个秀才，并无法进入权谋圈子，不过这个时候他或许已经和纳兰家结亲。

到康熙三十九年（1700），年羹尧会试中第，在殿试中表现优异，赐同进士出身，之后，又进入翰林院。而这一年九龙中只有三阿哥胤祉因为在十三阿哥的生母敏妃丧百日中剃头，由郡王降为贝勒。

之后的几年里，大家兢兢业业，努力在自己的圈子里向上拼搏，虽然对于其他的皇子和年羹尧来说是不断的努力，终于熬出头了，但是这些年里太子却变得越来越骄纵跋扈，甚至结党营私，导致被废。从康熙四十二年（1703）康熙处死了索额图之后，两人的父子关系变得紧张起来。康熙四十七年（1708），康熙在木兰围场以"不法祖德，不遵朕训，惟肆恶虐众，暴戾淫乱"为由宣布废黜皇太子。

康熙四十八年（1709），终于到了对年羹尧和"九龙"很重要的一年，这一年三月康熙恢复了胤礽的太子地位。

　　自去年九月不幸事出多端，朕深怀愧愤，惟日增郁结，以致心神耗损、形容憔悴势难必愈，于是概观众人，不过为寻常虚语，袭用空文，此外别无良法。惟贝勒胤祉特至朕前，奏称皇父圣容如此清减，不令医人诊视，进用药饵，徒自勉强耽延，万国何所倚？……爰于十一月十八日始用医药时，皇太子已经开释，遂亦同竭力侍昼夜不懈，今朕之剧疾业已全愈……兹值复立皇太子大庆之日胤祉、胤禛、胤祺俱封为亲王，胤祐、胤祯俱著封为郡王，胤禑、胤祹、胤禵著封为贝子，尔衙门即传谕旨，察例议奏，特谕。

大概意思就是说自从去年九月发生了许多不幸的事情，朕心中内疚愤怒、心神疲惫、面容憔悴，再也无法痊愈，我看大家说的都是寻常安慰的话，除了空话，别无良策。只是贝勒胤祉特意上奏，说父皇容颜憔悴，既不请大夫诊治，也不开药，只是一味拖延，将来国家依靠谁？我等虽不懂医理，但愿冒险择医，让他帮忙治疗病情，痛哭流涕请父皇同意。十一月十八日第一次用药时，太子已被释放，所以太子也在照料我，日夜不停，朕的病痛已痊愈。以前朕的子嗣，之所以没有被封为王爵，就是怕他们年少成名，骄傲横行霸道，所以他们的爵位不会超过贝勒，这也是朕给他们的一条进步之路。如今我看到其他继位的王爷、贝子耽于酒宴，不通经史，不通骑马，各方面都不如我的儿子，还惹来了形形色色的贼人，他们在我的儿子之间肆意诽谤，善于阴谋诡计。我生性不喜欢利用刑罚的力量，不去深究，是这些人的幸运。今天是复立太子的大喜之日，胤祉、胤禛、胤祺皆为亲王，胤祐、胤祯皆为郡王，胤禑、胤祹、胤禵封为贝子。

看这段内容会发现这里面并没有曾经风光的大千岁胤禔，也没有曾经受宠爱的皇八子胤禩。

大千岁胤禔其实早就盯上了太子这个位置。在太子被废之前，他便时刻关注康熙与太子的一举一动。后来康熙与太子之间的关系越来越紧张，他觉得这是一个上位的好时机，却不知道，他已经引起了康熙的注意，再加上他和明珠关系亲密。任何一个帝王，都不会喜欢一个皇子和一个位高权重的大臣来往密切，索额图和太子的事情就是一个例子。在康熙废太子的同时，康熙明确宣谕："朕前命直郡王胤禔善护朕躬，并无欲立胤禔为皇太子之意。胤禔秉性躁急、愚顽，岂可立为皇太子？"

胤禔知道自己没有希望成为太子，便以术士张明德算命称胤禩将来必成大器为由，向康熙举荐八皇子胤禩为太子。当然最根本的原因是胤禩自幼由胤禔的生母惠妃带大，两人感情要深一些。胤禔之后又出了一个昏招，竟然上奏杀胤礽，"今欲诛胤礽，不必出自皇父之手"。康熙闻言大吃一惊，这才知道，胤礽与胤禩联合在一起，谋夺太子之位，如果他们成功了，后果不堪设想。康熙斥责胤禔："不谙君臣大义，不念父子至情，天理国法，皆所不容。"

康熙大为失望，严厉斥责，并暗中戒备胤禩。此时三皇子胤祉"火上浇油"，揭发胤禔用巫术镇魇胤礽，康熙大怒，将胤禔幽禁起来。而康熙也因此对胤禔心生厌恶，将他关了起来。

这里面，十四阿哥胤禵也比较特殊，他是雍正的同母胞弟，但是却对八阿哥胤禩忠心耿耿。康熙一废太子的时候，斥责胤禩有野心，企图篡夺皇位。胤禵站了出来反驳："八阿哥无此心，臣等欲保之。"康熙大发雷霆，拔出长剑要砍死他。康熙帝虽然愤怒，但并没有因此而讨厌他，反而觉得他诚朴忠义，因此册封皇子的时候也有他的份。也因此八爷党的重心逐渐转移到了胤禵的一边，帮助他争夺太子之位。

相对于风头正盛的胤禵，刚刚成为雍亲王的雍正就显得低调多了。不过雍正表现出了过人的政治洞察力，这或许是因为他天生精明，也或许是因为他对政治敏感。他不但极力远离"八爷党"，还能揣摩康熙的心意，替太子说好话，赢得了康熙的好感。至康熙驾崩为止，他仍是所有皇子中仅有的三位亲王之一。

大千岁党之首胤禔在九龙夺嫡之初就出局了，当时不过才37岁。而差不多这个岁数的年羹尧被提拔为侍郎，后又被派往朝鲜宣告太子复立。他的第一任妻子也已经去世，所以年羹尧与大阿哥胤禔没有什么瓜葛。他在康熙四十八年（1709）九月，转任四川巡抚。这一年他与雍正成为主属关系，也是这一两年，他的妹妹成为雍正的侧妃。无形之中，年羹尧与雍正的关系越来越近。

从这时起，年羹尧应该真正地进入到了九龙夺嫡的旋涡中。不过年羹尧在四川忙碌的时候，京城这边可以说是政局波谲云诡。

康熙五十一年（1712）九月康熙下诏二废太子。向诸位皇子宣布："皇太子胤礽自复立以来，狂疾未除，大失人心，祖宗弘业断不可托付此人。"紧接着又给出废太子的具体原因，说胤礽多年来，狂易之疾，始终不能消除，是非不辨，大失人心；秉性凶残，与恶劣小人结党。康熙还告诫所有官员：今后如果有奏请皇太子已经改过从善、应当释放者，立即诛杀。

从这以后，胤礽就被圈禁起来，直至死亡。

这样局势就变得不一样了，之前八爷党发展迅速，与朝堂上的各个利益集团都有关系。不过胤禩母族出身低微，后来胤禩又失宠于康熙。康熙五十三年（1714），康熙亲口说："自此朕与胤禩，父子之恩绝矣。"胤禩开始转变方向彻底扶持胤禵。

而四爷党这边，在一废太子的时候，雍正敢于站出来为胤礽说话，其实明面上他是属于太子一系的。在二废太子之后，雍正见胤礽已经没有复位的可能，于是与九门提督隆科多等有实权的人暗中结交。想要谋夺太子的位置。这时之前的几个党派只剩下四爷党和八爷党，三阿哥胤祉见势不妙，放弃了争夺太子之位的想法，属于半隐退的状态。三爷党相对来说比较弱势。

远在四川的年羹尧躲过了这场纷争，但是在康熙五十六年（1717）的时候，年羹尧被牵扯到了三王爷门下孟光祖诈骗案，最终被革职留用。根本原因就是年羹尧想在九龙夺嫡中广撒网，没想到却遇到了诈骗案，还被雍正一顿斥责。

　　年羹尧在康熙五十七年（1718）被任命为四川总督。这一年年底，康熙任命皇十四子、固山贝子胤禵为抚远大将军，率军赴藏。没过几天，康熙下诏令：胤禵既授为抚远大将军领兵前去，该旗纛用正黄旗之纛照依王纛式样。凡不出兵之王，名选护卫三员，贝勒、贝子各二员，公各一员，随胤禵军前往。大意就是胤禵为抚远大将军，率军出征，其旗帜，皆为正黄旗，与亲王的旗帜一模一样。凡是没有派兵的亲王，都要挑选三个护卫以及贝勒、贝子等跟随胤禵。

　　自二废太子之后，康熙就十分宠爱胤禵。从康熙五十四年（1715）开始，胤禵府上的所有开支，都可以直接从大内中支取。能够得到这样优待的，虽然不止他一个，但他却是被优待时间最久的一个。由此可见康熙对他的特别照顾与偏心。如此高规格的待遇，让胤禵也有了其他不该有的想法。

　　他的追随者胤禩和胤禟喜出望外。胤禩几次三番地去胤禵府上，叮嘱他早日建功立业，成为太子，还给他一些银子。就连胤禵也觉得太子之位会是自己的。胤禟曾经私底下对自己的心腹说这个太子一定是胤禵的。就连朝中的大臣都对他百依百顺。后来还有官员找术士为他算命，说他文武当权，贵不可言，将来定登九五之尊。在胤禵率领大军西征之前，康熙亲临礼堂，鸣角、祭旗，出征之王以下，全部穿戎装。在太和宫举行了册封大将军的典礼。

　　康熙与胤禵的父子情深在这之后的奏折里，也详细地反映了出来。"倘有所需之物，务寄信，紧急送之。不寄信祈请皇父，可谓思念之乎？朕原闻之，气高之处人参品佳，若用则寄信。"还说什么我身强力壮，已经很多年没有写字了，也没有练武了，可我还能写字，还能射箭，七阿哥也陪我一起射箭。这些话，足以说明他们之间的感情有多深。而且康熙将自己身体健康的消息分享给他，这也很少见。

康熙任命他为抚远大将军是经过深思熟虑的，他希望自己疼爱的儿子能够代表自己，镇压西藏叛乱，表现出皇家的威严。康熙赋予他很高的权力。康熙下了一道诏令，让蒙藏诸部与胤禵并肩作战"大将军王是我皇子，确系良将，带领大军。朕深知其有带兵才能，故令掌生杀重任。尔等或军务，或巨细事项，均应谨遵大将军王指示。""命我子大将军王率京城之满、蒙大军，遣往西宁，为黄教事会同青海人等议，弘扬黄教，拯救土伯特民，将其作为宗旨，伊等应行即行"。

胤禵能够成为抚远大将军，也是因为他得到了皇帝的赏识和喜爱。其实这样说来，年羹尧升职也是差不多如此。这两人都是皇帝信任宠爱之人。

如果说胤禵成为抚远大将军之后，太子之争就越发的白炽化了，那么到了康熙六十年（1721）西藏的情况趋于平稳，到了这个时候九龙夺嫡就已经要到尾声了。这个时候抚远大将军胤禵和雍亲王胤禛这两人都有可能成为继承者。

这个时候的年羹尧深得康熙信任，他是胤禛的门下，又是胤禵的后勤总管，他的一举一动，自然引起了很多人的注意。胤禵是他的直属上司，年羹尧不可避免地与胤禵有联系，甚至和九阿哥胤禟也有过不少接触。

其中，年羹尧给胤禵送礼物的记录有两次。一次是年羹尧被任命为四川总督之后。康熙五十八年（1719）六月，胤禵到了西北约半年的时候，年羹尧派人去拜访他，并送去了1000两银子和稻米。这也能理解，毕竟是自己的上司，而且既然能记录上那就证明也没有其他问题。胤禵让人转告年羹尧，总督忠心耿耿，效忠于陛下，去年入藏的兵马，给我送来了火药、子弹、箭矢、米银。我每每想起，都很是高兴，如今送来的银米，按道理我应该收下，只是我在地方上的各种东西都没有用，又怎能收总督的东西？这些东西就相当于我收下了，把银子和大米还了，赐一套衣服。

另一次是年羹尧出任川陕总督一职，年羹尧已经直接与胤禵共事之时。年羹尧进京面见过康熙之后，也就是在康熙六十年（1721）的时候。康熙赏赐了他很多礼物，至于吩咐年羹尧怎么和胤禵合作就不清楚了。但是这次胤禵收下了年羹尧送来的所有礼物：西洋表一块、千里眼一个、瓷杯十个、鼻烟两罐。胤禵告诉他，从我到这里，当地官员送我的东西除了粮食和马匹之外，其他的我什么都没收。总督为了报答父皇的恩情，为国效力，所立的功劳是谁也比不上的。既然是特意从远方送来的，我就收下了，但你不必再给我送礼了。但愿总督仍是这样一心一意，以报答皇帝的恩情。我身在军中，无以为报，只能将我的衣帽送给总督。

除了胤禵这里，九皇子胤禟曾指派穆景远前往年羹尧所在的军队。穆景远是年羹尧的哥哥年希尧熟识的西洋传教士。胤禟让穆景远将他留在川陕的心腹交给年羹尧照顾。其间，穆景远问年羹尧喜欢什么洋货，年羹尧说："我对任何事物都不感兴趣，就是对小荷包情有独钟。"胤禟出手阔绰，一连给了年羹尧三四十个西洋小荷包，年羹尧欣然收下。可以说年羹尧被自己的主子胤禛和自己的顶头上司胤禵逼得进退维谷。

其实，不管怎么说，年羹尧身为川陕总督，手握西北军权，年羹尧的地位是毋庸置疑的。可想而知，他对皇位的影响有多大。

康熙六十年（1721）十一月，胤禵率亲兵凯旋，康熙遣诚亲王胤祉、雍亲王胤禛和大臣迎接。

但让人费解的是，康熙年事已高，体弱多病，居然在半年后，也就是他去世前的几个月，将胤禵送回了西北。

从胤禵的角度来看，可能是康熙低估了自己的病情，以为自己身体还能坚持，所以为稳住局面才会派胤禵回西北，让他处理好这件事情，争取在朝中建立起声望。而且，也说不好是胤禵要求自己重新回到战场上的，他是想借着这次机会，巩固自己的声望，夺取皇位，却没想到，康熙竟然没能撑到胤禵回来就死了。

而雍正的想法就不一样了，他觉得康熙知道自己身体不好，所以才将胤禵送到西北去，就是为了给自己腾出位置。如果他真的想立胤禵，为什么不把他留在自己身边，让他顺理成章地继承皇位？

康熙六十一年（1722）四月到九月之间，康熙在热河避暑，胤禛也跟着一起去了，还参加了几次康熙举行的狩猎。康熙还曾将通州粮仓的勘测和南郊大祀托付给雍正。雍正都办得十分稳妥，可见康熙是打算重用雍正。康熙晚年对雍正寄予厚望，雍正在政治上也表现出了极高的才能，这为其日后登上皇位打下了坚实的基础。

在康熙晚年，由于立储失败，康熙遭受了无边的烦恼与悲哀。他日日夜夜都心神不宁，没日没夜地操劳。在康熙五十六年（1717）十一月，康熙病了70多天，其间精神萎靡，身子虚弱，行动不便，身体每况愈下。他也要时刻提防着被人暗杀逼宫。在这样的环境中，死亡最终降临到了他的身上。康熙六十一年（1722）十一月十三日，康熙因病去世，享年69岁。

康熙六十一年（1722）十月二十一日的时候，康熙去南苑行围，他看起来和往常一样。十一月初七，病情发作，回到畅春园。因无法参加十五日的南郊大祀礼，于是吩咐胤禛代他举行祭拜。之后，康熙传旨意说自己的身体已经好了。然而，在十三日，康熙的病情突然越来越重，他下令让四皇子胤禛赶回来。随后，胤祉、胤祐、胤禩、胤禟、胤䄉、胤祹，还有理藩院尚书隆科多都被叫到了皇上的床边，并宣布皇四子胤禛继位。戌刻，康熙驾崩在寝宫里，为他辉煌的人生画上了句号。十四日，上尊谥为：合天弘运文武睿哲恭俭宽裕孝敬诚信功德大成仁皇帝，庙号为：圣祖。

　　大清迎来了新的主人雍正，开启了新的时代，年羹尧也即将迎来他人生最辉煌的巅峰。但是在这条路上，两人的路途并不是那么平坦的。前方有一道巨大的屏障阻挡着雍正，很多人都在质疑雍正皇帝继位的合法性，由于当时发生的很多事情都是模棱两可，这个问题，不但困扰了整个雍正朝，甚至到了现在，都没有一个统一的说法。

第十一章　雍正继位

　　雍正皇帝继位的合法性几乎牵扯到雍正当政这十几年间的每一件大事。历史终究是由赢家来书写的。康熙、雍正两朝的《实录》多次修订，真正的史实可能已经被隐藏了，而且当时又大兴文字狱，恐怕更没有多少证据留下来，甚至一点都没有留下来。

　　雍正继位其实从能力上来说是够格的，前面已经说过，雍正在九龙夺嫡的后期已经有了自己的小团体。在这些人当中，有皇十三子胤祥，还有康熙的近臣隆科多。隆科多是孝懿仁皇后的弟弟，当时任理藩院尚书、步军统领，有兵权，还负责有些重要地方的警卫，如京师九门、畅春园及宫廷，地位非常。大学士马齐和川陕总督年羹尧也在其中。年羹尧与雍正的主属关系，造成年羹尧就算和其他皇子亲近，也无法摆脱两人的关系。而且还好年羹尧没有摆脱两人的关系，毕竟雍正是最终的胜利者。

　　雍正是一个善于治理国家的人，他懂得韬光养晦，自称"天下第一闲人"。雍正对待康熙也非常有"手段"，可以说是老谋深算。雍正能很好地理解康熙的想法，关心他的感受，尽心尽力，懂得康熙的喜好，知道如何取悦康熙。因此，康熙对他的印象一向不错。康熙认为他是个真诚又有孝心的人。雍正只在私底下表达对其他几位兄弟的不赞同，从来不会在康熙面前表现出来，反而时常在康熙面前夸赞他们。为了向康熙表示自己的孝心，他将西藏绘制在地图上送给康熙。康熙帝曾夸奖过他，说他胆量过人，深知大义，居心行事，有伟人气魄。而且雍正与康熙之间的关系十分亲密，从来没有产生什么隔阂，康熙晚年的时候，常常让雍正陪同他游园散心。康熙生病之后，雍正帝曾经含泪照料他服药。雍正的孝心深得康熙的喜爱。这样说来，康熙在临终前决定将皇位传给雍正也可以理解。

康熙六十年（1721）是康熙帝登基60周年，也是雍正44岁那年，雍正被派去盛京祭告祖陵，然后回京参加会试试卷复查事务，顺天府会试是相当重要的，雍正能领到这样的差事，是对他能力的信任。后面雍正又参与了其他的政事，对于他而言，因为他曾多次随侍出使，去过中国各大地方，这使得他有机会了解各地经济物产、山川水利等问题，掌握了关于民事的第一手资料。因为亲近康熙，他通过观摩康熙治国，考察地方行政、吏治情况，磨练他在政事上的才干，获得了一定的政治经验。雍正在夺储之争中，采取的是整肃积习、振作有为的政策来对抗皇八子胤禩仁政、笼络人心的方针。可以说他们二人一个是实干派一个是实惠派。雍正利用隆科多来维持京中的平衡，年羹尧在其中的作用就是稳定西北地区的平衡，还有控制胤禵。

由此说来，雍正登基好像是顺理成章的。然而事实上并不是这样的，雄才大略的康熙帝在畅春园病逝后留下的不仅仅是大好河山，还留下了未来的皇帝该由谁来继任这个千古之谜。他并没有在临死前说清楚皇位由谁继承，满朝文武都在揣摩，但是谁也没有想到，皇位的继承人居然会是四阿哥雍亲王胤禛。就连雍正自己也没有料到这个结果："朕向者不特无意于大位，心实苦之。前岁十一月十三日，皇考始下旨意，朕竟不知。朕若知之，自别有道理。皇考宾天之后，方宣旨于朕。"言下之意就是，他根本就没有想到要做一个帝王，要是早知道这样的话，说不定还会让出这个位置。可是皇考病逝后才宣旨给我。这颇有点"凡尔赛"的意思。

关于雍正登基这件事有三个最大的疑问：康熙是如何把皇位交给他的？是否有遗诏？若有遗诏，遗诏内容是不是有人动了手脚？雍正一直没有很明确地解决这三个问题，所以雍正继位成为一个疑案。

雍正继承皇位并不是康熙自己说出来的，只是隆科多"转述"而已。所以有不少人认为雍正继位有问题。在《大义觉迷录》中是这样说的，雍正被康熙从南郊的斋堂召了回来，还没有到畅春园，康熙就把七位皇子和大臣隆科多叫到床前，宣谕："皇四子人品贵重，深肖朕躬，必能克承大统，著继朕登基，即皇帝位。"

这七位皇子在前面已经说过是谁了，除了这七位皇子，另外有四位皇子在寝宫外等候，分别是皇十五子胤禑、皇十六子胤禄、皇十七子胤礼、皇二十子胤祎。胤禛到了之后，康熙还与胤禛说了几句话，晚上康熙驾崩，胤禛悲痛欲绝。然后隆科多将康熙的遗旨说了一遍，胤禛听了，痛不欲生，晕了过去。这就是康熙驾崩那一天的情况。这些内容载于《大义觉迷录》卷首，这本书得到了大量的刊刻，分发到各地的府州，并在雍正的授意下，要求读书人和平民百姓学习并宣传。在后来的《清圣祖实录》中关于雍正继位的记载，与这个内容几乎是一样的。《大义觉迷录》是雍正亲手写的，《清圣祖实录》是后来写的，自然不能违背《大义觉迷录》。

但是这里面有几个问题，首先传位这件事为什么没有当着雍正的面说，而且也并非康熙没有时间说。难不成是在雍正来了之后病情又加重，无法顺利说出口？如果是为了保密，为何又先告诉其他人呢？还有一个问题，就是七位皇子和隆科多都在那里，都知道皇位要由胤禛继承，为什么除了隆科多没有人提过？最重要的一个问题，就算是康熙已经昏迷不醒，无法亲自告诉雍正，那为什么隆科多要在康熙死后才说，为何不在康熙临终之前公布诏书？那样的话，胤禛还可以向康熙谢恩。所以大多数学者认为七位皇子和隆科多一起听旨的事是雍正杜撰的。后来在雍正五年（1727）隆科多因四十一条罪名被判处死刑的时候，雍正提出了一个可以将他从轻发落的原因：大臣之内承旨者，唯隆科多一人。

所以第一个疑问康熙是如何把皇位交给他的？无法解答。

那么第二个疑问是到底有没有遗诏。这个是可以回答的，必然是有遗诏的，不然雍正无法继位，而且遗诏需要在康熙的葬礼上宣读。康熙驾崩的第二日，王公大臣、公主、王妃等参加大行皇帝大殓。又过两日，在全国上下一片哀声之中，大行皇帝的遗诏颁行天下。由于五年前康熙曾对自己的一生作过一次详细的评价，并曾说过"如有遗诏，无非此言"，所以，这份最终确定的遗诏，总体上还是按照五年前的"基调"来写的。遗诏中最主要的内容就是对康熙这位帝王的毕生所为进行了评价，他做到了敬天法祖、勤政爱民。为了天下太平、子民安居乐业，兢兢业业。其次就是从康熙个人的角度来说，他寿登古稀，富有天下，虽然是皇帝，但从来没有滥杀过一个人，得天下人爱戴，虽以寿终，也很高兴。最后是遗诏中最重要的内容了，皇位到底交给谁？在遗诏的末尾，又着重说了一遍：雍亲王皇四子胤禛人品贵重，深肖朕躬，必能克承大统，著继朕登基，即皇帝位。

这样看来，似乎是没有什么问题，但实际上这份遗诏颁布之时和之前都有些"异常"，首先就是遗诏颁布之前，雍正将礼部尚书陈元龙（1652—1736）发配到皇陵处理瘟疫，然后找借口把他打发回家，取而代之的是大名鼎鼎的张廷玉——雍正最信任的人。然后在宣读遗诏的时候还破例加了一条规矩：皇帝站在乾清门外向西东立，大学士捧着遗诏从中道出来，皇帝跪下，待宣读之后，才起身。

遗诏宣读的时候也有些"异常"，只有满语版本的遗诏，宣读的时候并没有汉文版本。几乎所有的汉人官员都是一脸茫然，当下就有御史联名上疏，弹劾鸿胪寺官员："这样重要的大事，汉文遗诏怎么可以不宣读？"雍正则做和事佬，"上疏的这件事并不是什么要紧的事情，朕今日若将这件事送交部里商议，只怕会引起满汉官员的反感。而清文的旨意，既然已经传到了大臣们的耳朵里，那就和汉文的诏书没有什么两样。"雍正故意拉扯到满汉关系上，但其实有些牵强，御史上奏的要点就是国家规矩不能乱，并没有说满汉关系。更何况，满洲的官员，也未必都能听懂满语，更别说汉人了。所以这个遗诏虽然存在，但是到底是不是真的遗诏，还有待商榷。其实很有可能，在满文遗诏颁布的时候，汉文遗诏还没有完成。

目前，中国第一历史档案馆、台北"中研院"历史语言研究所共收藏康熙遗诏四份，各有一份汉文和一份满汉合璧文。在现存的遗诏中，上面写的日期都是康熙驾崩之日，也就是康熙六十一年（1722）十一月十三日。康熙去世的时候，是晚上九点多，乾清宫里需要布置灵堂，西郊通往皇宫的道路也需要提前清理，大行皇帝当晚要到乾清宫"寿终正寝"。所以时间很紧张，而且制定遗诏之事事关重大，必须要经过新君的批准，哪里还有时间去准备遗诏。所以这个遗诏极有可能是在康熙死后才匆忙赶制的，因此很难赶制出满、汉两个版本的遗诏。也有学者说这个遗诏是雍正伪造的。

其实这个时候再去讨论遗诏的真伪性，意义不大。因为事实上，这道遗诏是要传遍天下的，也是要传遍各大藩属国的，所以，每一道遗诏都要抄录好几份。但不管发现了多少遗诏，都是在确定雍正的皇位后，在程序上确认了雍正登基的事实。除非康熙在世之时，留下了一道遗诏，藏了许多年从不外传，临终之时，交给了群臣。那么这个遗诏是可以明确证明皇位到底是传给了谁。

这就出现了雍正矫诏即位和改诏篡位的说法，前者是说雍正直接写了个遗诏说皇位是自己的，后一种说法是指康熙有遗诏将皇位传给某个皇子，雍正改了遗诏自己篡位。这两种说法，都是从雍正登基开始的。

在后一种说法中，最广为流传甚至还被拍成电视剧的改诏方法，就是将"传十四皇子"中的"十"字上加一横改为"于"字。但是这个方法是绝对不可能的，首先因为官方文书的书写方式一般是用"於"字。其次清朝关于皇子的标准书写方式都是"皇某某子"，也就是说遗诏中会写成"传皇位於皇十四子"，不可能出现刚才说的"十"变成"于"。也有人说当时康熙的遗诏写的是"朕十四皇子继承大统"。隆科多把"十"改成"第"。

众说纷纭，总之雍正登基之谜，想要完全揭开，只怕是很难了。不管怎么样，雍正即位已经是板上钉钉了，在康熙驾崩后的第七天，紫禁城换了新主人。

胤禛于太和殿登基为帝，传下诏书，这就是即位诏书，一般来说这是新皇帝对未来国家政策的一个纲领。而雍正的即位诏书又与其他即位诏书不一样。这道诏书的第一部分，着重强调了康熙为什么要将江山付托给自己，还讲了关于废太子不适合继承皇位的问题。下半部分是"安民告示"，说自己要向康熙学习，但又明显带有训诫警告的意思。他说："我有很多兄弟和侄儿，都是同根同源，只希望能够共享太平盛世。皇考知人善任，文武百官一定要竭尽所能，为天下谋福利，恪守廉耻，如果不守官箴，干犯国法，既有负皇考简拔委用之恩，又负朕笃爱大臣之谊。"

诏书末尾写着:"兹因诸王、贝勒、文武大臣、官员人等金谓天位不可久虚。宗社允宜早主,陈请,朕勉徇舆情,暂抑悲痛,于是月二十日祗告天地、宗庙、社稷,即皇帝位。以明年为雍正元年。"

这里说下雍正年号的意思,是指"雍亲王"的正统地位及其得位之正。不过后来有人将此年号称为"一止",引发了不少大案。这种用年号来表明自己的正统地位的方式,可能是历史上独一份。但是雍正得位到底正不正,我们不得而知,从雍正的能力来说,还是应给予肯定的。从这时开始,大清进入了雍正时期。金銮殿上,万众瞩目的登基大典已经结束,但这只是一个开始。对于年羹尧来说,他也进入到了一个新的人生转折点,他又会有怎样的选择呢?

第十二章　抚远大将军

在雍正登基的时候，年羹尧在众多官员中还算年轻，但他在地位上，更多的是属于康熙的旧部。年羹尧依然被雍正宠爱，因为他用兵如神，在打仗的过程中，他总是能够预知敌人的动向，并且做出最快的反应。

康熙四十八年（1709），年羹尧以不满 30 岁的年龄，被提拔为内阁大学士兼礼部侍郎，跻身要职，后来又被派往四川，主持地方事务。至康熙驾崩，年羹尧在川陕总督一职上已有数年时间，辅佐十四皇子胤禵处理西北事务。很快年羹尧就又有用武之地了。

青海罗卜藏丹津叛乱发生在雍正元年（1723）六月，年羹尧被任命为"抚远大将军"，负责平定青海叛乱。当初十四皇子胤禵也被任命为抚远大将军，可见这个抚远大将军是一个比较特别的职位。清朝的抚远大将军是在战争时任命的一种不固定的临时军事职务。大将军并不是一个爵位，而是对军事统帅的称谓，皇上会按照战争的目标和地区在大将军之前冠以特殊的名号。清代有 54 位大将，其中名号有 26 个，比如：定国、平南、定西、平西、奉命、扬武、靖远、定远、征西、宣威、威远，等等。其中，抚远大将军出现的频率最高，共 9 次，共 9 人，主要出现在康熙和雍正两个朝代，也就是清朝与边陲少数民族交战最为频繁的时候。被称为"抚远"，具有特别的意义，寓意平定边境少数民族的叛乱，维护领土。抚远大将军的任命与保卫边疆民族地区有紧密联系。康熙十四年（1675）抚远大将军鄂扎是为了镇压察哈尔叛乱而出征的，图海是他的副将，康熙十五年（1676），图海拜抚远大将军；康熙二十九年（1690）和康熙三十四年（1695），福全和费扬古被授予抚远大将军先后被派往准噶尔部平定噶尔丹叛乱；康熙五十七年（1718），由于准噶尔部的阿拉布坦谋反，胤禵被授予抚远大将军，与延信被派往前线。这是康熙时曾任命过的 5 位抚远大将军，都是赫赫有名的武将。之后就是雍正时期，有 4 人当过抚远大将军，雍正元年（1723），由于罗卜藏丹津在青海的蒙古和硕特部族造反，年羹尧被任命为抚远大将军，被派往前线；雍正九年（1731），准噶尔部噶尔丹策零起兵，马尔赛被授予抚远大将军出征。雍正年间的延信和崇安都是临时接替抚远大将军一职，任职时间很短。

两朝九任抚远大将军，虽有褒贬不一之说，但他们在清朝的边疆战事等方面，都发挥过不可忽视的作用，并为清朝巩固统治和安定一方，发挥过重要的作用。

"抚远"从字面上就不难看出，招抚远方地区，"抚远"之词在清朝对西北的征战中被广泛应用。抚远大将军是专门负责征战的，一旦发生叛乱，就会被授予将军印，战争结束后就会归还。

清朝九任抚远大将军的选择，都跟边境地区的战争有着密不可分的联系。从根本上来说，随着边境民族地区部落不断发展壮大，一些少数民族首领产生了不同的想法，他们继续往内陆推进，从而引起纷争。清朝与漠南漠西蒙古间，本来就有一定的矛盾，噶尔丹登基之后，准噶尔人的实力越来越强，与其他部落的矛盾越来越激烈，再加上准噶尔与青海王公的矛盾……这一切，都让清朝与边境地区的关系变得越来越复杂。

从抚远大将军出征和凯旋的仪式上就可以看出这个职位在战争中何等的重要。每次出征，王爷、贝勒、贝子、文武百官都会在出发的前一天聚集在午门，按照规定，给出征的将士送上衣裳、马匹、兵器，出征的官员到皇上面前，聆听圣旨同时接受赐宴。到了出发的那一天，出征的官员都穿上了军服，在午门外等候圣旨。文武百官身着盛装，在朝堂中依序而立。出征之前，大将军印玺会被赐予抚远大将军。"圣驾御殿，大将军近前跪领敕印，率出征官弁，听鸣赞官赞三跪九叩礼。礼成，赐茶遣行。"若是打了胜仗，那么迎接仪式就会更加隆重，凯旋的军队来到城郊的时候，皇帝行郊劳礼，二品以上的官员会在城外等候皇帝的嘉奖，官位在三品之下的官员跪送至郊劳处。

在出征之前和胜利之后，抚远大将军受到了极大的重视和礼遇，这说明了他在战争中的重要性，这种礼遇不只是皇帝对战争和将军们的尊重，更重要的是为了震慑边境的叛乱分子。以"抚远"为名，带兵出征，是名正言顺，而且声势更盛。根据年羹尧给雍正的那些折子来看，雍正经常会听从年羹尧的提议，即便是两人出现分歧，雍正也会同意。由此可见，抚远大将军一职，在战争中的地位很高，这种荣耀的地位，让他可以更好地行使权力，协调各方事务，推动战争的进行。

青海罗卜藏丹津叛乱中，年羹尧被任命为抚远大将军，其职能也随之改变，所负责的内容由地方政事转变为军务。那么抚远大将军又需要干些什么呢？

抚远大将军是战争时期的总指挥，在带兵打仗的时候，他在一定程度上有"将在外，君命有所不受"的权力，他的决定在某种意义上决定了战争的胜负和方向。清朝前期，挑选的将领大多是皇室成员和有爵位的人，这就不可避免地导致了这些将领的素质参差不齐，由于自身的因素，延误了战机，从而造成战局的阶段性错误。所以挑选将领要从现实出发，摒弃一切主观因素，不看出身和所属派系，要看个人的能力。另外，有时候抚远大将军并不意味着只是一位军事统帅，他身上带有一种"政治色彩"，会出现"有征无战"的情况。抚远大将军通过政治手段来稳定民心，拉拢少数民族高层，增加彼此之间的信任，从而缓和战局。

抚远大将军是清朝战争时期的总指挥，在战争中发挥着举足轻重的作用，因此，他的军事功绩非常重要。要负责维持军队的正常运转，提供物资和武器以及人员的选拔和调任。这几次镇压叛乱，并不只是一场简单的战争，同时也是一场政治和外交的战争。

战争往往是复杂的，一旦开始，需要很长一段时间在战场上，所以如何与士兵相处，如何激发士兵的斗志和意志，是统帅的关键。让士兵们更加团结，更加勇猛，才能更好地推动战争的进行。同时，抚远大将军亲自出征，也是安抚军心的一种手段，这个职位的设立，除了挑选出一名有能力的将领早日将战争结束，还能显示出皇上对这场战争的重视。派遣一名身份尊贵、品行端正的皇室成员，可以让前线的将士安心，这样才能避免一些意外的发生，尤其是在前战失利的时候。在胤禵被任命为抚远大将军出征的时候，就是因为上一次清军入藏失败，士气低落。他要尽快解决之前战败所造成的负面影响，化解将士的消极心态，抚慰阵亡将士及其家属和前线将士。

抚远大将军这一称谓自康熙年间出现，至乾隆年间已无用武之地，因为康雍时期，清廷与西部边疆和准噶尔民族地区发生的战争最多，清廷在与察哈尔、准噶尔和罗卜藏丹津的战争中抚远大将军一职多次出现。因为胤禵被封为"抚远大将军王"，所以对抚远大将军这个称号多少有些争议和猜疑，甚至有人把抚远大将军的名头无限夸大。胤禵被封为抚远大将军王时只是一个贝子。之所以赐下这个称号，是因为随行的武将大多是宗亲，而且胤禵年纪轻轻，赐下这个称号，既可以增加他的声望，又可以显示出康熙对他的信任和期待。

胤禵奉康熙之命，在康熙五十八年（1719），亲自祭奠战死的额伦特（？—1719），在战死的将士的尸骨前，诵读经文，备猪、羊、马，敬上美酒。与此同时，额伦特之子与其他将士的妻儿也都跪了下来，说："我们的父亲、我们的丈夫世世代代受着国家的恩惠，参军是将士的天职。或阵亡，或病故，亦在各自之命……我们带着我们的军队，抚慰我们的亡灵，剿灭叛徒，又以我等之父、夫阵亡，战死在蒙古荒野之中，这是我的悲哀。诵经七日，王亲自举杯祭奠，这在历史上是绝无仅有的……"这一举动不但安抚了军心，而且还代表了皇帝的哀悼，让将士们更加感激皇恩，愿意为皇帝效劳。稳定了士气，安抚了阵亡士兵的家人，使他们心甘情愿地为清廷效力，才能让战争继续下去，为后期的军事战斗奠定坚实的基础和保障。

一支军队的统帅，不但要掌握全局作出正确的决定，还要负责赏罚和调动下属。抚远大将军到了前线之后，一般都会清点一下驻军的情况，然后根据人数的多少，补充一些人手，调动一些相关的人员。在《康熙朝奏折满文朱批全译》中，有大量的抚远大将军要求调兵遣将，以整顿军纪的奏折。在《雍正朝奏折满文朱批全译》里有年羹尧提出的许多有关备战事宜的奏折，在奏折中年羹尧反复说明了自己的部署和打算。在特殊情况下，抚远大将军还可以举荐或者任用有才干的人。这对促进战争有着举足轻重的作用，只有能任用合适的将士，才能更好地对敌。

但是统帅不单单要能控制全局，还要能负责后勤保障，没有后勤保障的支撑，就没有强大的指挥与调度能力。胤禵进驻青海后，便开始清点原来的兵力，并对一些兵力不足的地方补充了兵力，对其中牵扯到的人作出了合理的安排。而年羹尧在担任抚远大将军时，也曾数次请求调拨军队和粮草，以备不时之需。后勤保障是保证战争顺利进行的重要因素。

抚远大将军作为领军之人，其职责便是带兵平乱，维持边境安定，抚远大将军如此重要，那么是怎么选择抚远大将军的呢？清廷往往会根据其个人的军功与履历来挑选。康雍时期的抚远大将军9人，有8人都是宗室出身，因为旗人对骑马射箭有极高的要求，宗室成员都有机会随皇上去塞外行围，具有一定的行军经验。此外，抚远大将军也要求武将最好有身经百战的经历，图海、费扬古、延信、年羹尧都是随抚远大将军征战沙场后接任或暂时接任将军职务的。其中，图海在担任抚远大将军前，曾参与剿灭蜀楚农民军残余、征讨布尔尼叛乱，康熙十四年（1675），他曾担任抚远大将军鄂扎的副将，征讨察哈尔布尔尼叛乱。费扬古曾经两次跟随皇太极征战沙场，后来跟随鄂扎平定了察哈尔的叛军；延信及年羹尧均参加了对策妄阿拉布坦的镇压，也就是我们前面说的保藏之役。年羹尧负责与噶尔丹之战的后勤补给等事宜，雍正元年（1723），年羹尧开始统领西部一切事务，可见年羹尧的地位非同小可，甚至可以说，他是雍正在西北的一个"代理人"。所以抚远大将军的选择除了考虑自身的经验、功绩和能力，也带有一定的延续性，他们要么是前抚远大将军的部下，要么就是曾经与前抚远大将军并肩作战过的人。

清朝抚远大将的身份与功能是非常关键的，他们不但在战争中身居高位，而且其在职时期的所作所为，对于清朝平定边境起义，缓解各民族关系都起到了很大的促进作用。

年羹尧是清朝汉军旗第四位"大将军"，他的功绩可见一斑。而另外三位则是孔有德、吴三桂、尚之信。他们最后的结果是，孔有德战败自尽，其他两人则是被剿灭。但是年羹尧成为抚远大将军并不是那么顺利的。

年羹尧在雍正登基之后，为雍正做的首要大事就是平定了青海的叛乱。康熙驾崩之时，十四阿哥允禵（因避讳问题，雍正诸兄弟名中"胤"改为"允"）为奔丧而返京，青海的蒙古和硕特部首领罗卜藏丹津正欲起事造反，强行割据青海，控制西藏。

明代后期，蒙古和硕特部落向青藏迁移，部落的最高领袖被称为"顾实汗"。康熙时期，青海和硕特部族归顺了清朝，成为清朝讨伐准噶尔部落的盟友。因此康熙对于他们一向都不那么强硬，主要是采取安抚的政策。还会赐给顾实汗的嫡系子孙和其余的部族首领爵位，更是将一名身份尊贵的宗室郡主嫁过去。但是康熙末年为了遏制蒙古人的力量，不再给顾实汗后裔对西藏的统治权力，转而采用藏人来治理西藏，此举使青海和硕特部落尤其是其最高首领罗卜藏丹津大为不悦。

年羹尧在青藏地区很多年，早就注意到了罗卜藏丹津的小动作，他一直在给北京传递着信息。所以，雍正已经有了思想上的准备，在不久的将来，青藏地区还会有一场战争。但是，问题来了，一旦开战，雍正自然不能让允禵回到西北统帅大军。那么，谁来坐镇西北，谁来保证自己登基之后的第一战胜利？思来想去，也只有年羹尧最靠谱了。

其实可以做大将军接班人的还有一个人，年羹尧并不是首选。那个人就是西安将军、贝子延信。延信是满洲正蓝旗人，清太宗皇太极曾孙，肃武亲王豪格之孙，为康熙末年一员猛将。巧的是，他的兄长延寿是年羹尧的前任门主。康熙五十八年（1719），延信曾任北路军主帅，由青海入西藏。北路军不仅遭遇了极端的自然条件，而且还遭遇了准噶尔主力的猛烈反抗，历经千辛万苦，最终进入了拉萨。西藏平定后，朝廷下诏曰:"平逆将军延信领满洲、蒙古、绿旗各军,经自古未辟之道,烟瘴恶溪,人迹罕见。身临绝域,歼夷丑类,勇略可嘉!封辅国公。"由此可见,延信身先士卒,能力超群,年羹尧在保藏之战中,更多的是负责辅助,主要是调动军需物资。而且,在清代初期,每到重大战役,都有皇子和宗室王公统率军队的惯例,即使宗室中没有武将,也大多由宗室挂名统领,充当监督的角色。雍正将允禵召回北京,按照这个传统,将抚远大将军的印章托付给了延信代管。所以,青海真要有什么变故,不管是从资历还是能力方面考虑,延信都是最合适的人选。

清朝与边境少数民族地区的关系一直错综复杂,为了避免在平定叛乱时扩大战局,更好地发挥自己的作用,抚远大将军也不能忽视与边境少数民族和当地统治者的关系,为了保证战争的顺利进行,清朝的一些主要官员由满洲人把持。从抚远大将军的任命来看,除了年羹尧外都是满洲人,并且有四个人是来自上三旗。可见在选拔抚远大将军时是非常注重其民族成分的。满洲人本来就比汉人少,在这一点上,自然要提防汉人,关系到皇族生死存亡的兵权,必须掌握在自己的手中。

反倒是年羹尧这样的汉军旗人,作为一名文臣,负责一些辅助工作,管理一些军务,如果让他执掌大将军印,独自统率八旗军队和蒙古各部,宗室贵族和满洲、蒙古的官员们肯定会担心。雍正帝对此心知肚明,却不愿将抚远大将军之位交给延信。因为延信和允禵交情不错,而和雍正没有什么交情,遭到雍正猜忌。所以相较于延信,年羹尧与雍正的关系要近很多,所以这也无形之中了年羹尧担任抚远大将军的机会。后来雍正解释说延信性情憨厚,心思不周,容易错过时机,所以才让年羹尧掌了大将军印。

朝中的老派满蒙贵族,对年羹尧担任抚远大将军之位提出了许多异议,矛头直指满人和汉人的区别。有大臣抱怨:"当今天下，满洲人和蒙古人，很难兴盛了。凡辅政之臣，皆为汉军汉人，故汉军、汉人必兴盛。"

雍正就此驳斥云："当时青海局势岌岌可危，一切事务，都是我和怡亲王、舅舅隆科多和都统拉锡共同商议，对外的军事事务，都是由年羹尧负责。年羹尧勤勤恳恳，统率边疆汉军，不糜钱粮，不劳兵员，平定了青海贼寇，以宁边境。这样的人，难道还不能称呼为大将军？我用错了人吗？就拿这件事情来说，倘若授允禵为大将军，再加上你们辅佐，这件事情能这么结束吗？你们说没有用满洲人，这么远的路程，就是派满洲士兵也难以到达，若只用边塞的绿旗军，彰显我军的声势，这是值得庆幸的事情，也是我们满洲人的功劳，那还有什么好担心的？年羹尧在西藏之战中，也曾调集四川军队，力图攻下西藏，遵照父皇的吩咐，一往无前，将西藏平定。至圣皇父曾屡次谕曰：'我朝仅隆科多、年羹尧二人有大将之才'，这是众所周知的事情。"可见雍正还是十分信任年羹尧的。

抚远大将军中除了年羹尧之外，其他人都是皇室成员，大多出身高贵，比如福全是康熙同父异母的弟弟，费扬古是顺治帝孝献皇后的弟弟，允禵是康熙的第十四个儿子，是雍正的同母弟弟。很显然，挑选抚远大将军时，很注重出身，把出身看得比个人实力更重要。相比于康熙选择皇室子弟担任抚远大将军，雍正更倾向于让自己的心腹担任军队指挥官。

因此雍正竭力抬高年羹尧与他的家人的身份，造成一种虽然年羹尧不是宗亲，却已享受到与宗亲同等待遇，绝不会因他是汉军旗而出卖宗室的感觉。同时，为了安抚延信晋封他为贝勒，让延信可以和年羹尧融洽相处，可以说想得非常周到了。到雍正元年（1723）五月，青海局势已然十分紧张，于是雍正专门下旨：

> 青海台吉，兄弟不睦，傥边境有事，大将军延信驻扎甘州，相隔遥远，朕特将一切事务，俱降旨交年羹尧办理，若有调遣军兵、动用粮饷之处，著防边办饷大臣，及川、陕、云南督抚提镇等，俱照年羹尧办理，边疆事务，断不可贻误，并传谕大将军延信知之。

这意思就是说因为延信所在地方太远，所有的事物都交给年羹尧，哪怕延信的手里有大将军印，但是雍正已经转交给了年羹尧实际的兵权。

但是这里面还有一个信息，年羹尧本来是川陕总督，管辖四川、陕西、甘肃三省，在这道圣旨上，"及川、陕、云南督抚提镇等，俱照年羹尧办理……"，也就是说让云南所有的文武百官，包括云贵总督，都听从年羹尧的号令，等于是把整个西北和西南的大权，暂时交给了年羹尧。当时的云贵总督高其倬（1676—1738）与年羹尧一样是总督，按道理来说两人就算不是平起平坐，地位也是差不多的，而且高其倬也是纳兰性德的女婿，两人也有姻亲关系。但是年羹尧却对他呼来喝去，在公文上直呼其名，视其为属下，年羹尧如此做也为自己埋了一颗雷。没多久雍正免去延信西安将军之职，因为他驻扎太远，不方便指挥。雍正将这个职位交给了年羹尧继任夫人的一个没有行军阅历的叔叔，这就相当于把西安驻军的指挥权交给了年羹尧。由此可见雍正对年羹尧的信任，或者说对年羹尧能力的认可。

雍正元年（1723）八月，罗卜藏丹津立意反清，逼迫青海各台吉联合起来，强迫他们废除清朝所赐的爵号，并派兵攻打拒绝参与联盟的诸王。雍正闻讯后，一面下令年羹尧等出兵支援受罗卜藏丹津攻击的亲清诸王，一面命人赴罗卜藏丹津军，劝其退兵。罗卜藏丹津已经下定决心造反，率领大军对西宁和周围的地方发起了进攻。

十月，年羹尧正式被册封为抚远大将军，并被派往西宁增援，攻打罗卜藏丹津。至此，四省军务尽归年羹尧所管。

第十三章　平定青海

康熙死后，雍正登基，当时的抚远大将军允禵被召入京城，延信暂时代行抚远大将军之职，镇守西藏。罗卜藏丹津在雍正元年（1723）发动了叛乱，年羹尧继任抚远大将军，镇守西宁。最终清军在抚远大将军年羹尧的统率下，取得了一场大胜仗，成功地平息了叛乱。

但是平定青海并不是那么容易，从最初的确定平定战略到最终的得胜都是如此，每一步都是一场不容有失的战争。想要在战场上取得主动权，就必须要有一定的战术。在不同的情况下，不同的战术，成功的可能性也不一样。现在雍正选择了以年羹尧为主帅，接下来就是确定战略了。

在雍正登基 40 余天的时候，年羹尧和大将军延信从甘州送来了一道密折，提出了治藏的计划：据我所知，西藏自古以来兵即不到，前有策妄阿拉布坦起兵造反，先皇天威远扬，派将士兵分两路讨伐，将叛军打得溃不成军。臣延信是奉先帝之命先行率军入藏，先帝说："倘若你们出兵，将西藏的局势稳定之后，达赖喇嘛和青海的百姓，都诚心说'请军队暂时驻扎，保我'之类的话，臣等才将军队留在那里。现下想来，贼人已不敢再入藏，派兵驻守两年多来，千里迢迢运粮，实是困难重重，银子粮草更是昂贵。现在虽然让别人在各地采购粮食，按兵丁分发，但西藏毕竟是个小城，粮食的价格不断上涨。再者，我们的军队在外征战已久，甚是辛苦，唐古特兵民也盼着事情早日了结。而且，兵丁在异国他乡，谁也不知道，会不会妄加滋事。只是达赖喇嘛年纪还小，坐床未久，而西藏又无人掌管事务，若不能安抚人心，也不辜负先皇的仁慈抚远之意，臣等愚见：请达赖喇嘛和各地的堪布、番目，举荐一位忠厚可靠，素来顺唐古特人意者，任西藏第巴之职，执掌大权管理事务。这个第巴不是封给谁，假若以后不称职，再换也不是难事。现在驻藏的军队，只须在雍正元年（1723）四月五月之间，蒙古兵丁由木鲁乌苏路撤回，满洲绿旗兵丁由巴尔克木路撤回。在察木多暂时驻扎一千名四川绿旗兵，推举一位得力的副将统领，镇守西藏。再告诉达赖喇嘛圣主惠爱唐古特之意，命令他们自察木多，沿路修建乌拉，以备军事之需。若有叛军再入藏，速报到察木多，然后率军救援。如此一来，既可以保护达赖喇嘛，又可以笼络唐古特的人心，还可以节省钱粮。待策妄阿拉布坦认罪，诚心归降，便可撤去所有驻察木多的兵马。但军机之事，事关重大，具体如何处理，待上旨之后，臣再另拟奏章。惟军机之事所关最为重大，应否如此办事之处，俟下旨之后，臣等再另缮折奏闻。为此谨密奏，请训旨。

这份满文密折虽然是延信写的，但是年羹尧也是这样认为的。之前康熙六十一年（1722）年羹尧就曾向康熙上疏要求撤军，留下官员在西藏打探消息，并在察木多驻扎军队，以防万一，但是康熙没有同意，现在半年过去了，年羹尧的想法不会那么快改变。

与此同时，年羹尧也向雍正密奏，希望自己能入京，雍正当即回复："朕本不愿你到这里来的，你那里的事情比较重要，今日看了你的奏折，尔若不见朕，原有些难处。难处者，军务总事结局处。舅舅隆科多奏，一定要你来和我商量你那里的事，汝若可以来得，乘驿速来……"随后，在前面延信那份折子上，雍正朱批道："尔等此奏是。朕意尚未定。事属重大，朕已寄信召年羹尧。若年羹尧前来，地方诸事，尔更应勤奋留心，谨慎效力。"由此可见雍正对年羹尧的信赖以及对他能力的肯定，要等到见到年羹尧之后，才能定下这件事。

《永宪录》中记载，雍正在雍正元年（1723）正月初六就下旨命川陕总督年羹尧入京叩谒先帝灵枢。年羹尧大约在四月十二日离开京城。在这两个多月里，雍正与年羹尧、隆科多、怡亲王允祥商议西北和西南边境的军事和政治问题。这些重要的问题是在雍正和宗室隆科多、怡亲王的研究下制定出方针，年羹尧去执行的。当然其中有几个办法是年羹尧提出来的或者是有他的意见在其中。

三月初五，雍正与重臣商议召回在藏的军队之事，准许撤兵之事。蒙古兵从北路由西宁回来，满洲兵从云南回来，四川绿旗兵由南路经四川打箭炉回来。至于退军的原因和路线，与年羹尧等人之前上奏的基本一致。有大臣在奏折中建议："察木多是通藏大路，须从绿旗中抽调千人驻守，并命年羹尧在川陕总兵和副将之中，抽调掌管之人。"三月十二日朝廷任命周瑛为四川松潘总兵官，领军队在察木多驻守。选择周瑛，肯定是年羹尧决定的。

三月十九日负责青海蒙古事务的官员收到文书："总理事务王大臣、议政大臣、总督年羹尧公同议叙定藏之功，青海亲王罗卜藏丹津等人加赐俸缎，戴青和硕齐察罕丹津等人封为亲王、郡王、贝勒、公……"很显然，年羹尧参与了这个重要的决策。

因册封了罗卜藏丹津的侄子为亲王，与其并肩而立，瓜分他的势力，这更加激怒了罗卜藏丹津，青海的形势发生了很大的变化。三月中旬传来消息，罗卜藏丹津打算与准噶尔部结盟，造反，但年羹尧认为罗卜藏丹津不会马上造反。四月初，云贵总督和四川巡抚急传消息到北京，说清军在拉萨统领那得到确切消息，罗卜藏丹津会发兵。年羹尧从北京离开后在回程的路上得到兵部传达的这个消息，他当即上疏：我认为军中之事，事关重大，须得从长计议。至于西藏的情况，臣看得很清楚，罗卜藏丹津不自揣度，他想成为藏王不是这一天的事了，但藏王只有一位，怎么可能人人都被封为藏王。西海各部都看到了这一点，决不会被异己蛊惑，贸然行动，自取灭亡。罗卜藏丹津生性多疑而且人心不齐，谋略多但一事无成。我兵速撤，则唐古特民人永无怨言，西海诸部也自然知道，天朝不打算攻打西藏，西藏仍为佛地，怨言也就停止了。

年羹尧颇为自负地认为自己很了解罗卜藏丹津，认为这个人纵然造反，也不会有什么结果，所以西藏的军队，还是要以之前说的速度撤走。从这件事上可以看出，雍正一听到青海出现的问题就迅速告诉年羹尧，征求他的意见。年羹尧还在北京的时候，雍正曾经私下与他商议过，要他调遣四川总督岳钟琪率领 2000 士兵秘密北上松潘，监视罗卜藏丹津等人受封赏之后的情况。后来情势有变，岳钟琪才被召回。但这次却不是按照惯例请示出征，而是由年羹尧上疏，经过军中大臣们的讨论，然后由雍正和年羹尧秘密商议，足见雍正对年羹尧的信任。之后，关于罗卜藏丹津造反的传闻不绝于耳，于是，到了五月底，因青海的情况很严重，雍正下了旨意，把所有的事情都交给年羹尧处理：……总在你定大主意，朕恐有动作处，怕你掣肘难行，已通行各处提镇、将军、巡抚，一切事任你调遣……

不过，雍正和年羹尧却也有不同意见的时候。六月，罗卜藏丹津想造反的迹象越来越明显，但是三月中旬的时候，雍正下令所有驻藏将士全部撤回，西藏没有驻兵，雍正担心罗卜藏丹津和准部南下，会与撤回的北军相遇，或者进入西藏，后果不堪设想，而且叛乱很可能蔓延到原来属于青海蒙古的昌都、巴塘、里塘。年羹尧则认为罗卜藏丹津是不会入藏的，这一点他是最清楚的。但是雍正还是担心，因此命年羹尧派人率军西进拉萨，以备不时之需。这些士兵是十二月中旬才到的。这么算来，西藏有半年的时间防御很薄弱。

八月，罗卜藏丹津在青海叛乱。这时，雍正斥责了年羹尧。但是年羹尧还是主张息事宁人，派人去调停，等到第二年开春会盟订约，看罗卜藏丹津愿不愿意。所以，他并不急着到西宁去。雍正却觉得，趁着敌人实力不强，我们又有了出兵的借口，应该立刻出兵，否则罗卜藏丹津和准部联手攻入西藏，情况就更复杂了。但是九月上旬形势骤变，罗卜藏丹津已渡黄河而来，故命年羹尧趁此机会将其一举歼灭，又命年羹尧速赴西宁，详谋剿灭罗卜藏丹津之策。于是年羹尧于九月下旬离开西安，十月初到了西宁，也是在这个时候，雍正命年羹尧掌抚远大将军之印，对外的军事事务全部交给年羹尧处理。足见雍正对于年羹尧的倚重。在常人眼中，这已是天大的恩宠，可是年羹尧却仍不满意，继续要求：臣更有请者，凡大将军无坐名敕书者，皆加"署理"字样，人亦因"署理"而轻视之，西海之事数月可完。臣凡有料理军情之处，竟以抚远大将军官衔行文，于事诚有裨益。

意思是说他所写文书上都会被冠以"署理"二字，人们会因为"署理"二字而鄙夷他。平定青海的事在几个月内就可了结。他有需要处理军情的地方，就用抚远大将军的身份，这对处理很多事情都有好处。在一般人眼中这是不可能同意的要求，却被雍正批准了。自那以后，年羹尧可谓名副其实的"西北王"了。不过雍正对年羹尧迟迟不遵旨意颇有微词，后来将此列为年羹尧的罪状之一。

年羹尧在十月初六到了西宁，不过他没有带任何军队，而且西宁的骑兵也很差劲，西宁的南、西、北三面环着西海，很难防守。没几天罗卜藏丹津攻打距离西宁只有 40 里的申中堡。随后的几天里，罗卜藏丹津围攻南川、西川、北川，每一处都有两三千人以势驱逐附近番子攻打城池，放火烧民宅，掠夺财物，在西宁城外十多里之外才没有被破坏。因为西宁的情况很危险，年羹尧上奏折说自己白天汇总军务，晚上轮流防守，连续 11 个晚上没有睡觉。雍正在折子上回复好几句"好心疼""阿弥陀佛"，对年羹尧赞不绝口，像普通的兄弟那样说他是个好汉子、铁丈夫、真社稷之臣、泰山之重！

最后，三场大战大获全胜，打败罗卜藏丹津，人心安定。

雍正对西藏和青海的了解，很多都是通过年羹尧得到的。后来雍正在别人上的奏折上批注过关于年羹尧的话：年羹尧对军中、对当地情况都很熟悉，又有一颗赤子之心，是个出类拔萃的人物。

从雍正元年（1723）十一月至雍正二年（1724）正月，年羹尧击溃了一众叛军，特别是在郭隆寺一战中，两天之内，斩杀 6200 余贼人，川陕军士的腰刀，都是年羹尧命人打造的，竟然断了三四百把，可见这一战的惨烈程度。因此，岳钟琪认为在三藩平定以后，从未见过如此惨烈的战争。在剿灭了西宁附近的叛乱之后，清军开始集中力量对付罗卜藏丹津的主力。年羹尧在四川境内的里塘、巴塘、黄胜关布下关隘，阻击叛军藏匿的道路。又在吐鲁番和噶斯泊都驻扎了军队，防止罗卜藏丹津通过伊犁和准噶尔联系。年羹尧本想在雍正二年（1724）春，集结大军，和罗卜藏丹津大军决一死战，但是手下岳钟琪向年羹尧提议，趁春天还没到，率领 5000 人，从三个方向，向罗卜藏丹津大营发起进攻，出其不意。年羹尧依岳钟琪之言，于雍正二年（1724）二月，出兵攻打罗卜藏丹津，将罗卜藏丹津的军队打得溃不成军，俘虏了他的母亲和他的部下。据说，罗卜藏丹津是男扮女装，才逃过一劫，带着 100 多名随从，逃到了准噶尔。清军只花了 15 天时间，就深入到了大漠深处，以极少的伤亡击败了罗卜藏丹津的数千大军，"成功之速，为史册所未有"。

不过自从罗卜藏丹津叛变后，大部分青海的喇嘛都加入了叛变的行列，就连雍正都觉得奇怪，在西海普遍背叛，亦属奇事，为何至今尚未有来归顺者……年羹尧则在奏折中回复了这个问题，罗卜藏丹津是达赖喇嘛的姐夫，所以才会出现这种情况。

年羹尧的战功，可不是靠运气得来的。青海战役有别于康熙时期的保藏之役。罗卜藏丹津在雍正元年（1723）叛乱，十月，年羹尧起兵西宁，讨伐叛军，大获全胜。至次年二月，在雍正的催促下，三月即突破罗卜藏丹津的住处，并切断了他的逃跑路线。整个青海都被平定了。其中，剿灭叛军主力，只用了半个月的时间。

年羹尧精明合理的战略部署，对平叛的成功起到了至关重要的作用。如此干脆利落，足见年羹尧用兵之能。从身份上，年羹尧不是贝勒，战前只是个三等公爵，虽然有抚远大将军的大印，在川陕、西宁一带有一定的实力，但是要想像允禵那样动用各种权力资源，几乎是不可能的事情。而且川陕的转运和物资的调动，完全是靠年羹尧自己的本事。年羹尧已经做好了消灭罗卜藏丹津叛军的准备，而且信心十足。年羹尧大军一路高歌猛进，所向披靡，没有发出任何求援的信号，只有捷报不断传来。

平定青海的战役中还有两个关于年羹尧用兵如神的小故事。年羹尧平定青海的时候，有一日忽然下达一道命令："明天出兵的时候，每人带一块木板，一捆稻草。"士兵们都想不明白为什么这样做。到了第二天，行军到有淤泥深坑的地方，年羹尧命士兵们将草捆抛下，在上面铺上木板，一路畅通无阻。蒙古大军原是仗着这里是天然的屏障，哪知清军突然杀来，把他们的老巢给端了。还有一次行军的时候，晚上三更天的时候，忽闻有疾风西来，随即归于平静。年羹尧忙召来 300 名精锐，在西南山林中搜索，终于发现了敌人，将敌人全部歼灭。有人问年羹尧他怎么知道这些情况的，年羹尧回答："一闪而逝的声音，这不是风，这是鸟儿扇动翅膀的声音，鸟儿不在半夜出来，肯定是被吓到了。往西北十余里外，有一片茂密的树林，树上有许多飞禽，想必是盗匪躲在树林之中，所以才会惊动飞禽。"这样的小故事还有很多，年羹尧深谙用兵之道，是当之无愧的大将军。

年羹尧曾著有一部《治平胜算全书》，是清朝有名的兵法著作，约 15 万字，收录了 400 多张战阵、武器的图谱。其中所述的练兵、用兵之道，为后人所推崇。《治平胜算全书》是一本集理论性和实践性于一体的军事著作。根据前人的一些理论加上年羹尧自己的实战经验，从战场的选择、军队的指挥、武器的运用、城池的攻防等，都按时度势，分类写出来。因为年羹尧有丰富的实战经验，所以他非常重视军容、军纪、军威、士气等方面的培养。这里也有这方面的小故事。有一次下雪的时候，年羹尧坐轿子出府，士兵扶辇，雪落在他们的手上，几乎要把他们的手指都盖住了，年羹尧怜悯他们，吩咐道："去手。"士兵没有理解这句话的意思，纷纷拔出佩刀，将手砍了下来，鲜血染红了雪地。年羹尧后悔自己说错了话，但事已至此，已无挽回的余地。由此可见年羹尧军令严苛。

除了这本书之外，年羹尧还写了《年大将军兵法》14 卷，详细论述了行兵、作战、兵器、军需、阵势等方面的问题。也是清代初期兵法思想的重要文献，具有较高的学术与历史意义。只是现在只有清抄稿本，并没有广泛传播。

在雍正二年（1724）二月的满文、汉文折子中，年羹尧还指出抓不抓得到罗卜藏丹津，并不是这场战争成功与否的标准。这一点，雍正是认可的。平定青海对雍正也是一件很重要的事，在雍正登基之后，对他继位的合法性一直存在着各种各样的怀疑，这场战争的胜负，可以影响到雍正的权威。无论宗室还是权臣都在密切关注。这场战争绝对不能出任何差错，更不能输。但实际上，这一次的青海叛乱，雍正并没有必胜的把握。如果不能平息战局，当初撤回允禵就是个错误的决定。自古以来，边关和内乱都是连在一起的。所以雍正再三叮嘱年羹尧"冒失之举，万万不可，逞强贪功，则大负朕也"。好在年羹尧最终没有辜负雍正。

五月份，青海安定。又命青海诸位王爷、贝勒、贝子、公、台吉等，于五月十一日在西宁会盟，宣布八人被处死的罪名，并宣布了十二条和约，设宴嘉奖款待。至此，清王朝在青海的长期战略中，完成了一小部分的军事征服。

作为抚远大将军，年羹尧平定了叛乱，稳定了军心，整顿了军法，保证了后勤的顺利保障，充分发挥了他的政治、军事和管理作用。面对错综复杂的民族关系，抚远大将军采取了强化与边境少数民族的联系，笼络各族，崇尚佛教，并对其习俗和宗教进行充分尊重的策略。这些都为维护边疆稳定、民族关系以及促进清王朝对西藏的统治奠定了良好的基础。

平定青海，对于稳定西北、稳定政局、稳固尚未站稳脚跟的雍正来说，是十分重要的，雍正称这是"十年以来从未有的奇功"。而这，就是年羹尧人生中最辉煌的时刻。不过年羹尧作为抚远大将军，在民族关系上处理得并不好，年羹尧在这一过程中对西藏佛教进行了清洗。

第十四章　毁寺杀僧

　　入藏不仅仅是一次军事上的进攻，同时也是一次政治和外交上的大事，西藏因为其地理位置和政治地位牵一发而动全身，而清廷想要统一天下就需要得到蒙古部落的帮助，而得到蒙古部落的帮助，就需要得到佛教，要得到佛教，就需要得到西藏。藏传佛教又称喇嘛教。

　　年羹尧平定西北之乱，居功至伟，但失势后，却被各方诟病，其中有一项，就是平青海一战中，大肆屠戮无辜僧人。这又是怎么回事，造成了什么后果？

　　平定青海这场战役历时不算太久，不过五六个月而已，但是打得非常艰难。尤其是在年羹尧刚到西宁的时候，罗卜藏丹津的军队已经占领了西宁周围的地区，比如周围的塔尔寺和郭隆寺等佛教寺庙，也有不少僧侣和佃户加入了叛乱。这时年羹尧从其他地区调来的满洲士兵和绿旗兵、土司等部族的军队都还没有到达西宁，只剩下西宁本地的亲卫和几个小队在固守。随着各地军队的到来，西宁城的形势有所改观，清军由防守转为进攻，肃清了西宁城周围的和硕特叛乱势力，尤其是西藏佛教的寺院。

　　郭隆寺（现为佑宁寺）是青海的一座著名寺院，曾被誉为"湟北诸寺之母"，康熙年间，寺中僧众多达万人，香火鼎盛，又因其山势陡峭，不易攻打。郭隆寺的僧人和罗卜藏丹津素来相交甚好，也随他造反，时有攻打清军之举。岳钟琪和他的部下在年羹尧的命令下，突袭了寺庙，先是用枪炮，然后放火烧房屋，将寺庙里的僧人杀了个七七八八，剩下的僧人藏身在附近的洞穴之中，却被清军围了个水泄不通，放火熏死。后来，岳钟琪以郭隆寺寺庙太大，恐怕会成为贼人的老巢为借口，一场大火将郭隆寺夷为平地。

保护藏传佛教，一直以来都是清朝统治者维持蒙、藏地区秩序，建立意识形态共识的主要手段，所以，他们对僧众都非常的尊敬和保护，不会主动去招惹他们。如果当时主帅是皇亲国戚或者是满洲王公大臣，那么他们对郭隆寺和僧侣的态度，或许会更加宽容，最起码不会一把火烧了整个寺院，把所有人都杀光。但是年羹尧和岳钟琪都是站在军事立场上，毫不留情地发动了攻击。虽然雍正对年羹尧取得的战果很高兴，但是也知道这两个人的所作所为与清朝的根本政策背道而驰，很可能招致蒙古部落的反对。因此也严肃地告诫他："惟杀喇嘛、毁庙、消除蒙古人之念存于心中，应匡正则匡正之。"

年羹尧在雍正二年（1724）曾上奏《条陈西海善后事宜折》，第一次将"毁寺杀僧"的起因和情形，说得清清楚楚：西宁各寺，最多的有喇嘛两三千人，最少的也有五六百人，其中不乏番人、蒙古人、汉人，人数众多，真假难辨。还有各处的恶人藏匿其中，为非作歹后，当地官员无从追捕，官员无从审问，喇嘛寺渐渐成了藏匿恶人的地方。而且西番纳租，就像是一种赋税，每年都有大量的进项。更有人暗中藏有铠甲，准备兵器……喇嘛要宣扬黄教，恶徒冒充喇嘛，却是坏了黄教……迫不得已，只好纵火，杀了他的人。不是为了铲除喇嘛，是为了除去反叛者；不是贬低佛法，而是推崇黄教……

这里的黄教指的是藏族地区喇嘛教的一派。

年羹尧失势被弹劾之后，再次向雍正解释了这件事，并强调，毁寺杀僧，纯粹是为了保护自己：西宁各地的喇嘛中，有人曾与逆贼勾结，帮助逆贼运粮，所以罗卜藏丹津才敢三面攻打边城；而在阵前，喇嘛居然胆大包天，骑在马上，全副武装，手执兵器，显然是要和士兵对敌，士兵岂能放过这奸僧，便欲将其斩杀，余者逃出，跟着烧了郭莽寺和郭隆寺。这一次蒙古和西番的叛乱，出乎我们的意料，西宁方圆百里之内，所有寺庙的喇嘛，都全副武装，带着他们的佃户和僧侣攻打城池，掠夺俘虏，放火烧杀，所到之处，无一幸免。探究其来龙去脉，各寺都有两三千人到四五千人，都是藏奸纳污之辈，这不是一朝一夕之事。臣奏章中说的祁家寺和郭莽寺，都是劫持妇女的地方，而且那几个喇嘛的箱子里，都是妇女的衣物、鞋子，不计其数，殊堪痛恨。

这样说来，这些喇嘛确实是可恨。其实年羹尧在与这些喇嘛"兵戎相见"时，军方也作出了一定程度的退让，并非是要将他们全部歼灭：西宁一带的僧人和番人，已经安定了大半，也有不少人带着人马回来了，我命他们登记，领取粮草，安顿下来，只有塔尔寺屡次劝谏，不愿投诚，仍固守不出，只能稍作示威，方能收场。

在这里雍正也是同意的，觉得那些僧人是假意暂时安顿，终究无济于事，可以以塔尔寺为例子，以图长治久安之策。然而，事实却并不如年羹尧所愿：郭隆寺中的贼僧几个月来，也没见他有什么异动，是以加意看待，待西海平定之后再查，分别给予度牒，这件事就可以了结了。但他们平白无故招惹祸端，莫名其妙地招揽聚集当地少数民族一万余人，与朝廷对抗，一直从辰时至申时。敌人人多势众，彼逸我劳，敌人在山顶发起进攻，将士奋呼，一人抵十人，直到1000多名凶神恶煞的喇嘛尽数阵亡，他们溃不成军。第二日又在山里搜了一遍。这两日来，所杀贼尸六千二百有零，川陕官兵所带腰刀皆臣所造者，砍缺三四百口。

可见这一仗打得有多惨。喇嘛们死伤惨重，但是这在战场上是无法避免的。首先是喇嘛纠集同伙造反，之后是清军平定叛乱，其性质并不是以强凌弱的民族压迫，而是维护社会稳定、维护宗教的正义之战。

后来雍正三年（1725）六月，有官员上奏又说了这件事：我想起年羹尧在西宁的时候，我奉命带兵，皆是忠心耿耿之人。我虽然来西宁较晚，但我去过两个地方，一个是塔尔寺，一个是郭隆寺。因为塔尔寺的喇嘛连同罗卜藏丹津侵犯内地，臣前往塔尔寺，将所有喇嘛全部抓捕，并从中选出三百名老诚者留在寺中仍做喇嘛，其余强壮者尽行杀了，幼小者令其各归本家还俗。黎明的时候臣到了塔尔寺，立即将寺庙团团围住，差人唤出喇嘛共有1100余名，其中六名是青海蒙古喇嘛，余下的都是西宁附近的僧人和土司属人。据他们口供："我等父兄俱畏罪投诚……与内地百姓一样当差。"臣当时想既然父兄已投降，子弟虽是喇嘛，也是投降的一员。倘若将番子喇嘛杀得干干净净，何以示信与番子？我于是和其他人等商议，将六名蒙古喇嘛处死，仍挑选三百余名喇嘛留在寺中，让其他人回家还俗。之后臣就撤兵回营。……雍正二年（1724）正月，年羹尧当面对臣说，郭隆寺的喇嘛造反，要来夺取西宁，令臣同其他官员带领满、汉官兵由威远堡一路前进，又令总兵由胜番沟一路前进征剿。约定十二日会兵，俟剿杀明白，将寺院烧毁。臣与其他人会合后，见对面山上约有八九千人排列呐喊，仗着地势险要，抵挡军队。山下都是些租借寺庙田地的番人和土民，于是分出一半去攻打寺庙，一半去攻寨，从辰时到申时，炮声不绝于耳，一连攻下三座山峰，攻破五寨。次日清晨，下令放火烧寺庙，十六日归来，十七日到西宁。之后臣进见年羹尧复命。随将拿获喇嘛，据供起衅缘由之事，当众人一一告诉。年羹尧涨红了脸，说不出话来，也没让人追究。臣方觉非厅卫妄行，乃有所主使耳……

这些都是清朝官员所说，那么在那些寺志中又是如何记录这些事的呢？

《塔尔寺志》记载：青海罗卜藏丹津对皇上生起叛逆之心而造乱，于雍正元年（1723），蒙古军兵来到西宁等汉族城市中大肆烧杀、劫掠、捣毁。清廷派了年羹尧、岳钟琪等将领，率领数万大军，前去平定叛乱，因为当地的寺庙还有许多僧侣都与青海勾结，作恶多端，被清廷剿灭。到了十二月二十五日，清军攻打塔尔寺的时候，寺中只剩下300多名年迈的僧侣，其他僧侣都逃回了自己的家乡。寺主堪布胆识浅薄，大军刚一出动，他立即逃走，以此得到报果，遭遇灾厄。从二十七日起寺内每一僧人月俸仅给五根柴火而已。

《佑宁寺志》记载：雍正时期，皇帝对青海罗卜藏丹津亲王很好，但他福泽浅薄，为了反叛朝廷，竟私自征召蒙古兵马，将附近的一座汉族小城市"山城"夷为平地。如果此地各寺僧众都能严守寺规，按佛门戒律行事，也就相安无事。但战乱发生前，所有寺庙都依附于蒙古人，对汉人不屑一顾。有些寺院的主事者心术不正，在寺院中不断制造事端，并逮捕村中的盗贼，罚以断臂，滴以火漆，与出家人的举止格格不入……由于少数人的恶行，致使很多无辜的寺院也遭受株连。1723年，汉兵焚毁赛科寺，却藏活佛何罪之有？只因他是赛科寺上师，汉兵将他和17名老僧骗至衙门庄活活烧死，又在郭隆寺杀了百余名僧人，焚毁郭隆寺的大经堂、藏经殿等。汉军还摧毁了夏吾科地区的三座寺庙，分别是大通河流域的仙米寺、加多寺及霍戎一带的扎德寺。塔尔寺是最早被占领的一座寺庙，除了寺庙的主要掌控者和30多名老僧被杀外，寺庙并未受到任何破坏。

从这两部寺志中还可以得到以下信息：首先，被杀者大多是叛乱分子，是该寺主事先害人。其次，清军已至塔尔寺之后，寺里的喇嘛僧众越来越少，最后清军确实肆意破坏过寺庙。但是塔尔寺 300 多名僧人中只有 30 多人被杀害，这绝非"不分奸良，诛无孑遗"。

如此看来，清代平定青海时的"毁寺杀僧"虽属事实，却并未彻底毁寺，对僧人的杀戮也不是屠杀滥杀。首先清军是为了自卫，在塔尔寺"止将蒙古喇嘛六人正法""除杀了该寺的主犯和 30 余名家不在附近的老僧外"，全寺安然无恙。在郭隆寺中，叛军可是有一万多人，清军杀死的 6200 多人中，有一大部分并不是僧侣。正如年羹尧所说"非除喇嘛也，所以除叛逆也；非轻佛法也，正以扶黄教也"。雍正前期推行的"驱准保藏"取得了很大的成功，不仅实现了他父亲康熙尚未完成的"驱准保藏"的国策，而且也为他儿子乾隆对西藏实行政教一体的直接统治打下了良好的基础。同时也不能否认，雍正前期在西北实行的宗教政策同样取得了一定的成功。

第十五章 青海善后

　　清廷平定了青海的罗卜藏丹津叛乱，但是这件事并没有结束，因为清朝最终的目的还是希望长治久安。在这件事情上，年羹尧曾经明确表示过："以我大兵收取西海部落，区画番夷，料理边陲，为久安长治之计，事孰有大于此者？"因此，打仗的最终目标就是要把青海彻底地划归到中央政府的统治范围之内对其进行统治和治理。不过，此次叛乱也暴露了清政府对于青海的管理过于松懈，在政治体制、军事防御、宗教等方面都有诸多问题。于是，在平定叛变之后，雍正命年羹尧拿出具体的办法，加强对青海的控制。雍正二年（1724）三月，年羹尧上表《遵旨议奏防守边口八款》，五月，又上表《青海善后事宜十三条》《禁约青海十二事》，雍正称赞这份奏折"运筹周密，措置精详……诸事皆合机宜"，朝臣详细讨论后，除了有一些小的修改之外，其他的都按照建议执行。其中《防守边口八款》里有六项是关于强化对西北的管制的办法，与《青海善后事宜十三条》里关于强化对西北管制办法的规定有很大关系，而《禁约青海十二事》里的六项规定，在《青海善后事宜十三条》里已经定下了，剩下的六项规定也是关于强化对青海管制的规定。可以说，《防守边口八款》与《禁约青海十二事》的一部分在《青海善后事宜十三条》中，没有的那一部分也与《青海善后事宜十三条》有紧密的联系。所以主要说下《青海善后事宜十三条》。

青海治理以巩固对青海及周边区域的统治为目的，十三条可以分为四大类：政治治理、军事治理、经济治理和宗教治理。

第一类，政治治理。

主要根据功过对和硕特部首领进行奖惩，编设旗制，改革会盟制度，确立朝贡制度，将隶属于青海和硕特部及寺庙的藏人纳入管理范围。

首先对参与这场叛乱的青海各部落，给予不同的奖励和惩罚。这是表明清朝廷对罗卜藏丹津叛乱的态度。简单说来，就是派兵相助的人，会加封爵位；被俘虏后成为军队效劳者，保留爵位；如果是帮助叛乱的人，就降爵位。和硕特蒙古部族，自康熙中期以来，首领均被封为王、贝勒等爵位，并且世袭罔替，但是在其中只有少数人抵制罗卜藏丹津，大部分人都选择了观望，甚至投靠了叛军，能够坚持自己的立场，不受威胁的，寥寥无几。

年羹尧上疏，请求按照各部族首领在叛乱中的政治立场与表现，论功行赏，其中，有三位对清朝忠心耿耿，应加封爵位：第一位是贝勒色布腾扎尔，在罗卜藏丹津背叛清朝的时候，他就时不时地来报信，并且他没有帮助和硕特部入侵西宁，在清军到来的时候，他第一个率领部下投靠清朝，并说服了其他人投靠清朝，因此被册封为郡王；第二位是台吉噶尔丹待青，他一直不愿帮助叛军造反，并且在清军来了之后为清军效力，被封为固山贝子；第三位是扎萨克阿尔布坦，甘愿为前线出力，率部出征，功绩卓著，封为辅国公。

还有三个人是保留之前的爵位，不升不降，三个人都是一开始帮助叛军后来又投降清朝，功过相抵。也有因罪降爵的人，还有几个叛军虽然投降了，但是因为杀害百姓，纵火烧田，将他们的爵位剥夺，贬为平民。

年羹尧依此分别处理，其中班珠尔拉布坦、贝子阿拉布坦、阿拉布坦的妻子等八个人，都是不可饶恕的帮凶，于五月十一日召集诸王，当着所有人的面，说出他们的罪名，然后将他们斩首。而且这份奏折是五月十一日写的，从这一点就可以看得出来，年羹尧是先斩后奏，可见年羹尧的权力有多大。

论功行赏后就要看怎么管理这些人了，因此要编设旗制，改革会盟制度。在康熙晚期就已经有了强化对和硕特蒙古地区的统治的意图。所以对于在青海蒙古地区推行札萨克旗制度，康熙与年羹尧商讨过。青海叛乱一平定，年羹尧就提出了以牧地划分为基础的建议，第一步是划分疆域，第二步是参照北边蒙古的做法，例如"每一百户置一佐领，其不满百户者为半佐领，其台吉悉授札萨克"事，直到雍正三年（1725）完成，一共设二十九旗。这就完全杜绝了和硕特部想要恢复西藏的希望。青海各部落都有联盟的传统，罗卜藏丹津世世代代都是联盟的首领，他的同族都可以作威作福，他利用联盟的力量，胁迫各部落，为所欲为。年羹尧奏：每年的盟会，都不能自称为盟长，必须选择一个成熟忠诚的人，听候谕旨点定使其主盟，盟会结束后就解散，不许干涉内地，也不能同类互相侵犯。在《禁约青海十二事》中，还说：凡奉旨而来之人，无论自己地位高低，皆要跪拜迎接，余相见以宾主礼。其后，西宁设置办事大臣，由他负责召集联盟，进一步强化了对各个部门的监管。

之后就是要确定青海各部对清朝的态度，确立朝贡制度。年羹尧认为，青海诸王台吉，并没有固定的朝贡时间，都是由着他们自己决定，这是对圣主的不尊重，应当派诸王台吉，自备马匹入京请安，所献之物还是会还给他们，每三年为一次，九年为一周，如此循环往复，以使百姓对朝廷尊敬。在得到了朝廷的同意后，自雍正三年（1725）起正式施行。

关于行政部分的最后一条，就是将边境地区的藏族重新纳入行政机构的管辖范围。和硕特进入青藏后，实力迅速扩张，从甘、凉、庄浪、西宁、河州，一直到松潘、打箭炉、里塘、巴塘、中甸，这些地方都在他的统治之下，那里的藏人，要么是喇嘛的佃农，要么是纳西海添巴的奴隶，他们只知道蒙古，却不知道厅卫镇营。罗卜藏丹津叛乱后，藏人一拥而上，声势浩大。西宁、庄浪一带的藏民追随罗卜藏丹津。年羹尧认为，西番之人，都是我们的子民，西番之土地，都是我们的土地，应该趁着和硕特没落，藏人都来投靠我们的时候，增设卫所，以便于管理。

第二类，军事治理。

在军事防御上采取了修筑边墙，增设镇营，对西宁、宁夏、重庆等边地兵力进行归并或裁汰，上缴抚远大将军印等措施。

修筑边墙，禁止蒙古人进出河西通道。年羹尧长期生活在西北地区，他深刻地认识到了河西通道的重要性。青海和河西虽然隔着祁连山，却有许多隘口，途中畅通无阻，为了守住河西之路，年羹尧上奏："今应于西宁北川口外，由大下白塔至巴尔陁海至大通河，至野马川，至甘州之扁都口，筑新边一道，计程五百余里，计日三年可就。"同时禁止和硕特部靠近祁连山以南，并派士兵驻扎在深山中，以确保河西之路的安全。

增设镇营，罗卜藏丹津的叛乱充分说明了清朝对青海的防卫有相当大的疏漏，和硕特军队分别攻击西宁、河州以及布隆吉尔一带，显示出这些地方在军事上的重要性。因此，年羹尧建议在关西各交通要道设置总兵司。同时，西宁北部的大通河、打箭炉，都有总兵驻守。

边地的军队整合在一起。年羹尧上奏，将大通、木雅吉达两军统领的兵马以及松潘军马，都从旧有镇营中撤掉归并。比如说，将四川重庆和川北两个地方的总兵调为副军，并将其下属的辅军部队，裁减 3400 人至 500 人，以充实新设镇军。

最后就是年羹尧完成了青海的任务，返回西安，处理三个行省的事情，留下岳钟琪等 4000 人暂时镇守西宁，防止叛乱发生，年羹尧奉命将抚远大帅的印章，交还给雍正。

第三类，经济治理。

在经济上采取了一些具体的举措，如规定了茶、马的交易地点、时间，对沿边的藏族征收各种赋税以及利用犯人开垦屯田等。

茶马贸易限时定地。青海、和硕特等与内地之间的茶叶、马匹交易由来已久，所以这样的交易是没有时间和地点限制的。年羹尧认为茶马贸易无异于用无用的毛皮换我们这边有用的茶和布，因此，他建议限制茶马贸易，他提出了一个新的政策，每年二月和八月，在西宁的那拉萨拉，有两次茶马贸易，不得更换地方，如遇交易之期，仍令镇营率兵弹压。朝廷觉得不妥，于是改为一旦蒙古人对茶叶、布匹、面粉有需求，但是离交易时间还很远，应该按照四时交易。虽然没有了贸易时间的规定，但还是限制了交易的地点，非常不方便。后来在雍正三年（1725），岳钟琪应青海诸王的要求，上疏道：一些部落居黄河之东切近河州，距松潘不远，原是在河州和松潘做生意，如今只那拉萨拉做生意，只怕还不能满足黄河之东和蒙古的贸易，不如仍在河州和松潘进行贸易，这样比较稳当方便，这两处都有城堡和房屋，土地宽广，水草丰美，便于互市，可以长久经营。与蒙古的贸易，全靠牲畜，希望从六月起，请每年不限制时间，这样蒙古商人都能从中获益。这条建议有利于促进内地与边疆的经济贸易，对社会生活的发展和进步起到积极的作用。因此这一建议得到清廷批准，年羹尧关于"限期定地"的规定彻底被废止。

对边境地区的藏民征收赋税。一些地方的藏族百姓，都要上交给寺庙或者和硕特蒙古赋税，他们被压榨得很厉害。在年羹尧的提议下将边境的藏民划归到道厅的管辖范围内，并且将他们的户口登记在册，然后由官府收取赋税，"他们应该缴纳的粮食，都会按照以前的规定，上交给西海，纳于喇嘛者少减其数，以示圣朝宽大之恩"。还规定了对达赖和班禅的恩赐及岁额。青海的四个大的部落不再向达赖交鞍租，归四川、云南管理。再每岁赏给达赖茶叶 5000 斤，班禅则减半。

利用犯人开垦屯田。西北要冲之地新设镇之后，兵多民少，粮草运输困难。年羹尧认为："新辟的地方，宜广种庄稼，增税。"把直隶、山东、山西、河南、陕西五省的犯人发配到这里，当地官员给他们土地，收取粮草，发给将士，使他们的田地永久保留，不与百姓争地。雍正看了之后，批注道：我担心这些人不会种地，也没有家人可以住在边境，所以要多加注意。文武百官依此旨意，改为：大通外有三千大军，其中有许多西宁百姓，愿意到那里去耕种的可以去那里。只是布隆吉尔远在边境，无人愿意前往，刑部并直隶、山西、河南、山东、陕西五省佥妻军犯中除盗贼外有能种地者，即发往布隆吉尔。这里对年羹尧建议的一个重要改动就是将发遣对象是"军流人犯"本人，改为"佥妻军犯"，佥妻是指处流刑的犯人的妻妾应随同前往。这比年羹尧原先的建议更完善。

第四类，宗教治理。

在罗卜藏丹津叛乱的时候，喇嘛们到处反抗政府，年羹尧曾建议：自那以后，寺庙不能超过 200 座，喇嘛最多 300 多，最少十几个。每年查抄两次，让头目喇嘛向官府呈上。至于外邦百姓的粮食，由当地官员负责，每年发放粮食给寺庙，并额外发放喇嘛衣裳和银子。此外，《禁约青海十二事》还规定，察罕诺门汗喇嘛庙内，禁止举行任何形式的集会，以防止和制止僧人聚集起来闹事。主要目的就是限制喇嘛的势力。在某种程度上，青海寺院的势力也受到了一定的制约。封建农奴制在青海相对弱化。

年羹尧采取上述措施，不仅巩固了青海及其他地方的统治，阻止了地方势力分裂，而且对于乾隆皇帝一统新疆、巩固对西藏的统治，也起到了推动作用，具有十分重要的意义。年羹尧的贡献是无法抹去的，就是到最后年羹尧获罪时，雍正都要说"而当日平定青海，年羹尧亦著有功绩"。

年羹尧在西部经营了十几年，经验丰富，对西部的一切都有了准确的判断，有自己的见解，这也是为什么雍正会任用他放权给他。

罗卜藏丹津叛乱在清军的镇压下结束，证明了清政府果断镇压叛乱的正确性，同时也证明了年羹尧在军事上的过人才能。然而，以青海为核心，沿线几千公里内蒙古、西藏的僧人一起发动的反清运动，却表明了清政府对于该区域的管理极为松懈。所以，在镇压了这些暴动以后，如何进一步巩固对和硕特的统治，铲除这些地方的不安定因素，便成了清政府亟须处理的重大课题。年羹尧的《青海善后事宜十三条》就是在这种特殊的时代背景下诞生的。

在战局趋于平稳之后，年羹尧仍然全权负责青海军事、政治的后续事务。其基本方针是：在甘肃、青海、西藏等地，加大对蒙古部族的控制力度，以加强对其的控制。《青海善后事宜十三条》，范围不仅限于今天的青海，而且还扩大到了以青海为核心的和硕特蒙古，包括了藏族在政治、军事、经济、宗教等方面的制度与政策。经过大臣商讨后的《青海善后事宜十三条》正式形成了清朝在青海及周边地区蒙古人与藏族人之间的治理方针，不仅在青海及周边地区的政治与经济上发挥了重大的影响，在新疆与西藏也有着不容忽视的影响力。

它的内容如下：

一、对这次叛乱中的青海各部落人等应分别予以赏罚。出兵协助的请加封爵；俘获随军效力的，留其封爵；助逆的，降其封爵。

二、青海部落宜分别游牧居住。按照内扎萨克编为佐领。每百户编一佐领，不满百户者为半佐领，将该管台吉俱授扎萨克，每扎萨克俱设协领、副协领、参领各一员。每佐领设佐领骁骑校各一员，领催四名，一旗有十佐领以上者，添设副协领一员，佐领两员，酌添参领一员。每年会盟，奏选老成恭顺之人委充盟长。不准妄行私推，以致生事滋扰。

三、朝贡交易宜按期定地。自雍正三年起，在诸王、台吉内派定人数，令其自备马驼由边外赴京。请安和进贡的青海诸王、贝勒分作三班，三年一次，九年一周。与内地人交易之处定在西宁西川边外的那拉萨拉，不准擅自移动，时间则定在每年二月、八月。届期仍派总兵官饬委营弁领兵督守，如有擅进边墙者，即行惩治。

四、喀尔喀、厄鲁特、辉特、土尔扈特等原来不属青海的蒙古部落也应照青海例编旗，分为佐领，添设扎萨克等。

五、陕西之甘州、凉州、庄浪、西宁、河州，四川之松潘、打箭炉、里塘、巴塘，云南之中甸等处，应相度地方添设卫所管理。将番人心服之头目给与土司千百户、土司巡检等职衔协助分管。

六、青海巴尔喀木、藏、卫等四大部落交四川、云南官员管理。达赖喇嘛不能再向察木多、乍了、巴塘、里塘收受鞍租，每年赏给达赖喇嘛茶叶五千斤，班禅喇嘛减半。

　　七、喇嘛庙宇宜定例稽察。在塔尔寺喇嘛内拣选三百名，给与大将军印信、执照，谕令学习清规。寺庙房屋不得过二百间，喇嘛多者三百人，少者十数人，每年稽察两次。令首领喇嘛出具甘结存档，粮食根据每年用度发给。

　　八、陕西边防宜严界限。将常宁湖设为牧厂，以联通河州、西宁、兰州、中卫、宁夏、榆林、庄浪、甘州等地方。在西宁之北川边外上下白塔之处，自巴尔托海至扁都口一带创修边墙，筑建城堡。肃州以西的桃赉河、常马尔、鄂敦他拉等处，令百姓耕种。额驸阿宝等游牧贺兰山后，山前营盘水、长流水等处划为内地。

　　九、在甘州等处设立营汛。

　　十、在打箭炉等处添设官弁，派兵把守。

　　十一、对西宁、宁夏、重庆、川北、遵义、夔州、化林等边地兵力进行归并或裁汰。

　　十二、将直隶、山西、河南、山东、陕西五省军罪人犯，发往西宁大通、布隆吉尔等地开垦屯种，由地方官动支正项钱粮买给牛具籽种，三年后照例起科。

　　十三、对西宁口外到甘州一带的番人部落宜加抚绥。

　　同时，年羹尧还奏请《禁约青海十二事》，大体相当于青海各蒙古部落的行为准则。

　　一、朝见进贡定有限期。

　　二、不准自称盟长。

三、番子唐古特人等不许扰累。

四、喀尔喀、辉特、土尔扈特部落不许青海占为属下。

五、编设佐领不可抗违。

六、内外贸易定地限时。

七、背负恩泽必行剿灭。

八、内地差遣官员不论品级大小，若捧谕旨，王、公等俱行跪接，其余相见俱行宾主礼。

九、恪守分地不许强占。

十、差员、商贾往过不许抢掠。

十一、父没不许娶继母及强娶兄弟之妇。

十二、察罕诺门汗喇嘛庙内不可妄聚议事。

青海问题解决，恰逢准部策妄阿拉布坦派使节入京示好之时，准部已无力援助青海和蒙古，这给清廷创造了一个良好的环境，使清廷得以在一段时间内安心地处理西藏事务。清廷最初提议在西藏设监军，从此，驻藏大臣制度开始形成。准部对西藏地区的威胁仅存于朝廷的怀疑之中，事实上，它已经没有能力再发动一次远征了。

《青海善后事宜十三条》是青海统治道路上的一次重大变革，取消了和硕特贵族的特权，使得和硕特贵族由原来统治该区域内的藏族及其他部落，变为与当地藏族及蒙古部落平起平坐，并使与和硕特结盟等重大政治事件由清廷直接控制、监督，再加上善后过程中重创了和硕特反清势力，从此，强大的青海和硕特势力一蹶不振，直至清朝末年，再也没有对清廷造成任何威胁。

《青海善后事宜十三条》与《禁约青海十二事》的颁布实施，使入藏的道路得以畅通。此后，西藏先后发生的叛乱事件，由于清廷对入藏的通道进行了有效的控制，清军很快就进入了西藏，并在藏族军民的协助下，平息了西藏的叛乱，抵御了外敌的入侵，稳定了西藏的局势。这对于巩固清政府在青海的统治地位，维持西北地区的安定起到了极为关键的作用，使得青海成为清朝控制西藏与新疆的边境地带，具有越来越明显的战略意义。

第十六章　允禵允禟

平定青海在雍正初年得到了大多数人的关注，其实西北也是雍正争夺皇位的暗中的战场。在此过程中，有一个人无论在明处还是在暗处，都起到了至关重要的作用，影响着雍正朝前期的政治局势。此人不是别人，正是年羹尧。而从一开始的九龙夺嫡，到后来的继位风波，再到后来的治国，雍正又是如何打压敌对势力？

雍正登基之初，面对诸多危机，却能化险为夷，最终坐稳皇位，可以说年羹尧功不可没。

针对八爷党，雍正采用分而治之的政策，把八爷党党首允禩留下，挂名首辅；把被八爷党扶持起来的抚远大将军允禵派到景陵守墓；又随便找了个借口把没有多大能力但外家势力强大的十阿哥允䄉剥夺了爵位，关押起来；把最狡猾、最有反抗意识的允禟交给了年羹尧，让年羹尧带着他去了青海。说是参军，其实就是流放。

这四个重要的人物中，与年羹尧有关联的，就占了两个，允禵是年羹尧的上司，允禟与年羹尧私交不错。年羹尧除了要平定青海，还有两个私下的任务，牵制允禵和看守允禟。

先说允禵，他远在西北，统领着三军，手握重兵。有人估算过，允禵麾下的八旗军队，最少也有 15 万人。有些人对他手下人数的估算甚至更高，说是要达到 30 万人。不管具体人数如何，这些人就足够让雍正寝食难安了。更重要的是允禵的成就，让雍正心惊胆战。满洲是一个崇尚武力的民族，允禵立下赫赫战功，足以让他在朝堂上站稳脚跟。这一点，就算是雍正也比不上。因此康熙驾崩的次日，雍正便放下了一切，迫不及待地将抚远大将军王允禵召回了京城，雍正意识到，在他登基初期，允禵对他来说才是最大的、真正的威胁。

在登基的次日，雍正便下了一道旨意：

> 西路军务，大将军职任重大，十四阿哥允禵势难暂离，但遇皇考大事，伊若不来，恐于心不安。著速行文大将军王，令与弘曙二人驰驿来京。军前事务甚属紧要，公延信著驰驿速赴甘州，管理大将军印务，并行文总督年羹尧，于西路军务粮饷及地方诸事，俱同延信管理。年羹尧或驻肃州，或至甘州办理军务，或至西安办理总督事务，令其酌量奏闻。

意思就是说，西北的战事，对大将军的重要性非同小可，十四阿哥允禵一时难以脱身，但遇到父皇驾崩这样的大事，他要是不回来，怕是心中不安。马上送信给大将军王，命他带着弘曙来京城。战事紧急，延信被派往甘州，掌管大将军的印章，并且给总督年羹尧送信，由他掌管西线的军需和其他方面的事宜，与延信一同管理。年羹尧或在肃州，或在甘州处理军事事宜，或在西安处理总督之事，命其自行斟酌。

从这道旨意可以看出，雍正并不知道年羹尧现在在肃州还是在甘州，但可以肯定的是，年羹尧离允禵很近。所以他让年羹尧去"办理军务"，这是他真正的用意。

允禵千里赶来奔丧，也是无可奈何，这是他唯一的选择。

允禵知道父皇突然离世，很是惊奇，不敢相信，更让他吃惊的是，皇帝之位，居然落到了自己的四哥手里。允禵实际上对康熙将皇位传于雍亲王之事持怀疑态度。所以他本想先回将军府，再做下一步打算。但现在，年羹尧就在附近，牵制住了他。

允禵也暗中想了想自己有什么筹码。虽然他统率三军，但手下的部队却十分复杂，既有来自西南、西北的八旗军和绿旗军，也有来自蒙古、西藏和云南的部落兵，这些兵都由其所属的军官指挥，他们只是暂时听从允禵的命令。在外面打仗的时候，他们可以听从允禵的命令，但如果允禵为了争夺皇位不得不调兵遣将，攻入北京，他们之中，有多少人会打着"造反"的旗号，跟着自己走？而跟着允禵从北京去了西北的八旗将士，虽然算是允禵的直系部下，但也只有数千人而已，他们的家眷都还在北京，现在一旦北京的局势稳定下来，他们就再也没有反抗的力量了。更重要的是川陕总督年羹尧负责允禵的军需补给，年羹尧会听自己的吗？允禵不敢保证。年羹尧身为两省的最高行政长官，又长期驻扎在这里，自然比从天而降只带有几千人的自己更有影响力。所以哪怕雍正只下了一道圣旨，也能将允禵独自召回北京。或许年羹尧也松了一口气，他总算没有让雍正失望，成功说服了他的直属上司允禵，顺利交接了抚远大将军王印，让允禵一个人回到了京城。

后来雍正还在《大义觉迷录》里解释过这件事：

（召允禵）来京以尽子臣之心，此实朕之本意，并非防范疑忌而召之来也。以允禵之庸劣狂愚，无才无识，威不足以服众，德不足以感人，而陕西地方，复有总督年羹尧等在彼弹压，允禵所统者，不过兵丁数千人耳，又悉皆满洲世受国恩之辈，而父母妻子俱在京师，岂肯听允禵之指使，而从为背逆之举乎！其以

朕防范允禵，召之来京者，皆奸党高增允禵声价之论
也。

这话明摆着是说年羹尧在牵制抚远大将军王允禵，这段话的意思是他召允禵回京，是让他尽儿子臣子的孝心、忠心，这是他的本意，不是为了防备怀疑允禵才召他回来的。允禵愚钝，无才无德，威信不能服众，德不能服人，陕西又有年羹尧在那镇压，允禵麾下只有几千兵马，而且都是满洲世世代代受过朝廷恩惠的人，父母妻儿都在京中，岂能听从允禵的号令造反？说朕防备允禵召他入京的人，都是为了抬高允禵的身价。

除了亲自领军之外，年羹尧还获得了当时四川布政使戴铎的大力支援，戴铎是雍正的心腹。由此可见，雍正早就已经对四川、陕西、甘肃作了详细的部署。这对年羹尧和雍正之间的关系迅速升温起到了至关重要的作用。或许对于雍正来说，年羹尧"平青海之功小，钳制允禵之功大"。从上述情况中，可以得出一个结论：允禵得知雍正继位后，一方面是因为知道造反的利害关系，另一方面也是因为担心年羹尧，所以在犹豫了几日后，还是决定千里迢迢赶回京，接受这个事实。

年羹尧在有惊无险的情况下，就这样"解决"掉允禵，之后这位前任上司就与年羹尧没有什么关系了。不过，紧接着就又出现了一个"烫手山芋"。

年羹尧自雍正登基以来，曾三次入京，每次都有不同的意义。第一次入京，前文讲过，主要是为了西北的战事，但是既然回京一次，自然也有其他的用意，年羹尧要确认自己与雍正皇帝之间的特殊关系。二人之前进行种种试探可以说互不信任，而现在年羹尧正式成为雍正的心腹。而雍正也交给了年羹尧一个任务，看守心机深沉又身家巨富的九阿哥允禟。

允禟在八爷党中，虽是副手，但是最受雍正的忌惮，雍正

忌惮他甚至超过了允禩和允禟。毕竟现在允禩在雍正眼皮子底下，而允禟也没有了军队。现在就剩下允裪。让年羹尧看管允裪，一方面是出于对年羹尧的信任，另一方面也是一种试探，看看年羹尧是不是真的和八爷党没有任何瓜葛。

从这一点来看，看管允裪和打败罗卜藏丹津对于年羹尧而言，两者的重要性是不相上下的，但是两者是完全不同性质的。外敌入侵，年羹尧可以随机应变，毕竟打仗是瞬息万变的事情。对此，雍正皇帝心知肚明，所以即便年羹尧烧寺屠僧，雍正也没有多说什么。但是看守允裪则不同，雍正对这个政敌十分的重视，年羹尧必须时刻盯着允裪，而且还要将允裪的各种行为告诉雍正，年羹尧是没有处置权的。然而年羹尧只会打仗，并不擅长权谋，在看守允裪时，采取了随机应变的做法，这让雍正很不满意。

允裪跟年羹尧算得上是旧识，两人有过几次接触。前面已经讲过，两人是姻亲关系。其次就是康熙五十九年（1720），穆景远奉允裪之命，前来拜访年羹尧，将允裪留在川陕的亲信托付给年羹尧，并以允裪之名，送给年羹尧一份厚礼。穆景远是葡萄牙传教士。康熙酷爱西洋科技和艺术，对传教士多有照顾，对对外政策更是十分重视，这使他们能深入地介入朝政。九龙夺嫡时，传教士与各皇子结成友好关系，以求新一任皇帝对耶稣信徒的支持。当时八爷党的呼声最高，声势最大，所以很多传教士都与八爷党走得很近，穆景远便是其中的一员。而且他跟年羹尧的哥哥年希尧也走得很近。年希尧是个很有才华的人，特别是对西方学术很感兴趣，所以两人相识。穆景远到年希尧家中做客，并趁机结识了年羹尧。这些弯弯绕绕的关系，都是年羹尧和八爷党关系亲近的证据。

雍正并未准许允裪参与康熙梓宫奉移，在年羹尧到达京城的时候，允裪已经出发去了西宁，不知道是不是雍正有意让两人错开。等到年羹尧回到任上之后，就开始为允禟建造房屋。允禟所住的地方离西宁很近，地理位置优越，交通便利。那时，西宁是一个重要的驻军基地。允禟是康熙所有皇子里爵位最低的一个，是贝子，但是贝子府也不是随随便便建成的，而且允禟还有的是钱，当然这个时候他也不能大动干戈修建贝子府。而且现在还要打仗，再加上年羹尧的军营在兰州，所以年羹尧将这件事先交给了黄喜林，直到贝子府建造完成。雍正对年羹尧的这个安排不是很满意，朱批中更是忧心忡忡，说道："九贝子的事很重要，防人之心不可无。黄喜林可别让九贝子给骗了。"在这个时候，雍正还是认为看守允禟的事更重要，恐怕他还是觉得年羹尧看守得太松懈。

允禟知道自己来西北不是为了打仗，而是被流放了，所以刚到西宁没多久，他就向雍正提出，自己想要回京，既然雍正派年羹尧来带兵，自己留在西宁做什么？雍正不能明确拒绝，于是给年羹尧下了一道密旨：九贝子欲入京，虽有奏章，但我还没批准，只说了一句"知道了"。若是他以这个为借口，那就不好了。你就说没有吩咐，别让他来。年羹尧当然明白雍正的真正用意。

允禟直接上书回京，结果被拒绝，年羹尧又给他建了贝子府，甚至拿家人来试探他，他也知道雍正不会允许他回京，所以只能从长计议了。允禟一家人到了西宁之后，都住进了年羹尧安排的软禁之地。之后允禟连自己都顾不上了，更别说去帮京中的允禵了。在年羹尧的推动下，雍正分而治之的方针得以实施。

但实际上在看守允禟的过程中，雍正对年羹尧所作所为并不满意，年羹尧关于看守允禟的回复并不够详尽，令雍正十分不安。当然这也可以理解，毕竟当时西宁战局已经相当严峻，年羹尧的重心在打仗上面。而且，年羹尧如何对待允禟这件事，可能还是从军事角度考量的。擅长做生意的允禟在西大通定居之后，就没有停止过在甘肃和青海的生意。他身上带着大量的金银，出手也很阔绰，只听卖家的要求。因此附近的商人都听说了九皇子到了西大通，都来拜访他，一时之间，西大通这个小小的城池，变成了一个贸易的中心。年羹尧自然知道他的所作所为，但他并没有阻止，也没有上疏。

而且，年羹尧后来还为允禟上了一道折子，替他掩饰。年羹尧说："这段时间贝子允禟行事低调，我这次经过西大通，还没有见过他。自从我上奏之后，他们对我的怨恨就更大了，所以他们才会对法律有敬畏之心。我已经派人守在那里，他的一举一动，我都会知道。"

雍正帝对年羹尧的态度并不放心，叮嘱年羹尧道："此人心机深沉，不是廉王爷和允禵能比的，此二人还真难以望其项背。"当年羹尧说到他派人监视允禟时，雍正又道："这才是最重要的，这才是最好的。"

由此可见，允禟在雍正的心中是一个顽固的敌人，允禟不可能改过自新，更不可能被原谅，所以对他只有密切监视、控制，罗织罪名，除之而后快。以年羹尧的精明，自然看得出来。不过，在真正的监控过程中，年羹尧并没有完全执行雍正的命令，年羹尧不仅上疏为允禟打掩护，说他"知收敛""知畏法"，而且还松懈了对他的监控，让他做生意，还给了他与穆景远等人接触的机会。可想而知，身在京城的雍正知道后是多么的着急与不解！

年羹尧之所以这样做，首先是因为他与允禟熟悉，而且允禟是康熙的儿子，康熙对年羹尧恩重如山。年羹尧或许做不出凌虐一个与他无冤无仇的恩人的儿子，以此取悦新皇的行为。其次允禟毕竟出手阔气，对于如烧银子一样的战场，他或许有一定用处。最后还有一个可能，就是年羹尧或许是想借着允禟来制衡雍正。但是不管什么原因，恐怕年羹尧都打错了主意。

　　雍正之所以让年羹尧监管允禟，那是因为他信任年羹尧。而年羹尧对允禟监管松懈，这件事发生在雍正与年羹尧关系融洽的时候，虽然雍正多少有些不快，但也就到此为止。等到雍正与年羹尧关系恶化之后，雍正在看待这件事的时候态度就变了。在雍正看来，年羹尧占据西北，手握重兵，身边又有心机深沉、家产巨富的允禟，那这两人就十分危险了。

　　所以，虽然为雍正看管允禟是一件好事，但是也成为年羹尧的一个错处。

第十七章　君臣相知

在年羹尧与雍正的"蜜月期"中，雍正给年羹尧的朱批可以说是各种"甜言蜜语"，可能是因为雍正没有想到年羹尧会在那么短的时间内平定了青海。多疑的雍正对年羹尧的赏识与感激是难以言喻的，这里举一个例子：

> 谕大将军，此一番事，乃国家翻手合手之事，如此迅速好好如意完结，实梦寐亦不敢望之事，可见尔我君臣必然上天有可怜处，方能邀此殊恩也。但你此番心行，朕实不知如何疼你，方有颜对天地神明也。立功不必言矣，当正西宁危急之时，即一折一字，恐朕心烦惊骇，委曲设法，间以闲字，尔此等用心爱我处，朕皆体到，每向怡、旧朕皆落泪告之，种种亦难尽述，总之，你待朕之意，朕全晓得就是矣。所以，你此一番心，感邀上苍如是应朕，方知我君臣非泛泛无因而来者也。朕实庆幸之至，上慰我皇考在天之灵，成全六十年美政，再永保国家，可以免兵革之事，天下苍生蒙平安之福次，凡有怀蠢动之心者，胆烈而潜踪，谁不诵朕之福，畏朕之威也。此皆尔忠诚所致，赖尔之力也。我君臣惟将此一心，对越天地，以邀永

永如是如是之福庇耳，可喜、可喜、可喜、可喜。

这段朱批的意思是说：谕大将军，青海蒙古之乱，事关国运，乃是举国之事，但如此之快地顺利完结，简直是做梦都想不到的事情，可见老天爷对你我君臣有怜悯之心，才会赐下这等恩惠。但你这一次的举动，让朕不知道该如何疼爱你，才能对得起天神。你立的功不必说，西宁危在旦夕的时候，你每一封奏折上的每一个字，唯恐朕心生厌烦惊慌，想尽办法在军情报告之中附带写些闲话，你对朕的关心，朕都能体会到。每一次见到怡亲王允祥、隆科多，我都会泪流满面，千言万语也说不清楚，反正你对我的关心，我都知道。所以，你的这一片心意，是上天对我的回应，让我知道，你我都不是等闲之辈。朕万分庆幸，以慰父皇在天之灵，成全六十年美政，并且永远保护我的国家，免遭战乱，天下苍生蒙受太平之福，凡有怀蠢动之心者，胆烈而潜踪，谁不念朕之福，畏朕之威？就是因为你的忠诚，你的力量，我君臣惟将此一心，对越天地，方得永生永世的福泽，最后雍正连说四个"可喜"表达自己的喜悦之情。

再比如另一个朱批，也是十分的"肉麻"：

从来君臣之遇合，私意相得者有之，但未必得如我二人尔。尔之庆幸，固不必言矣，朕之欣喜，亦莫可比伦。总之，我二人做个千古君臣知遇榜样，令天下后世倾慕流涎就是矣，朕实实心畅神怡，感天地神明赐佑之至。尔等此一潜效力，是成全朕君父未了之事之功。具理而言，皆朕之功臣，拘情而言，自你以下以至兵将，凡实心用命效力者，皆朕之恩人也。此言虽粗鄙失礼，尔等不敢听受，但朕实实居如此心、作如此想。朕之私庆者，真真造化大福人则可矣。惟

有以手加额，将此心对于上帝。以祈始终成全，自己
亦时时警惕，不移此志尔。

大致的意思便是：古往今来，君臣之间，虽有私情，却没
有一个像我们这般。你对此感到高兴，不言而喻，我的喜悦，
也是无与伦比的。总而言之，我们两个，就是要成为君王与臣
子之间的典范，让后人看了都要垂涎三尺！朕当真是心满意足，
感觉到了上天的眷顾。你所做的一切，都是为了完成朕父皇的
遗愿。从逻辑上说，你们都是我的功臣；从情感上来说，自你
以下，忠心耿耿为我出力的将士，都是我的恩人。这话虽然说
得粗俗，不合时宜，相信你们也不会接受，但这是我的真实想
法，这就是我的想法！我暗暗庆幸，自己才是真正的有造化有
福气的人。每当想起这些，就会以手抚额，感谢老天的恩赐。
我可以对天发誓，向神发誓，让我们这样的关系一直保持下去。
朕也时常告诫自己，此志不能动摇。

当年羹尧向雍正禀报，说他即将率军回来的时候，雍正朱
批道：十年来，从未有如此大的功劳，总而言之，这都是你的
功劳，如果我这辈子辜负了你，那古往今来，再也没有比我更
负心的人。朕的旨意，每一句话，都是发自内心的。若是我的
任何奖惩，有一点笼络之意，把你们当牛马，那我也就成了犬
马之主。

十年以来从未立此奇功，总之皆你一人的好处，
朕此生若负了你，从开辟以来未有如朕之负心之人也。
朕前谕字字出于至诚。朕一切赏罚若有一点作用笼络
将人做犬马待的心，自己也成犬马之主矣。

岁月会侵蚀一切。但是，我们可以感觉到，雍正的这番话，

是发自内心的。然而结尾似乎也暗示了雍正与年羹尧的关系，并不会善终。

也就是因为这场胜仗，雍正才对年羹尧说，他们两个要成为历史上君主和臣子的楷模，朕若不是一位杰出的君王，就没有办法犒劳你这样对我，你不是出类拔萃的臣子，就不能回报我这样对你。唯一能做的，就是彼此努力，成为千古楷模。

> 朕不为出色的皇帝，不能酬赏尔之待朕；尔不为超群之大臣，不能答应朕之知遇。唯有互相勤勉在念，做千古榜样人物也。

除了在朱批上表现自己对年羹尧的亲昵，在一些行为上，雍正也并不吝啬表达他对年羹尧的欣赏。年羹尧平定青海大获全胜的战报传到北京时，正好是康熙帝下葬后的首个清明节，当时雍正携王公大臣前往景陵祭扫。雍正闻讯大喜，立刻向康熙"汇报"此事，并以史无前例的礼节，穿着黄色的靴子，背着泥土，膝行至宝顶，跪着将泥土填满，匍匐退行。这叫作"敷土礼"。这样的孝心，这样的功绩，这样的气氛，足以说明，雍正皇位的合法性已经不可动摇了。关于封赏年羹尧与三军，雍正皇帝当时尚在景陵，却已下圣旨。年羹尧晋封为一等公，属于超品，加一等精奇尼哈番；册封他的父亲年遐龄为一等公，加太傅衔。除此之外，岳钟琪还被册封为三等公，至于其他将领的功劳与奖赏，则由年羹尧全权处理。

等到年羹尧率领的西征大军归京之后，雍正难得地奢侈了一回，他下令在太和殿举行庆功宴，并在午门举行了献俘礼。以康熙平定三藩、平定噶尔丹之乱为标准，向天坛、地坛、太庙、社稷坛、奉先殿以及关内关外各帝陵，献上平定青海的捷报。并且还写下了平定青海的碑文，并将其刻在石碑上，以示于世。而帮助他取得如此功绩的人，自然就是年羹尧。

在古代，功勋卓著的人，大多是在战争中诞生的，也就是所谓的军功。得到军功的方式很多，比如开国将军，还有乱世英雄之类的，也有开疆拓土类型的，还有守卫国家、抵御外敌、平定叛乱的，等等。年羹尧主要是平定叛乱。早期得军功的人多为武将，到了宋以后，则以文御武为主，尤其到了明清时期，更是以文官执掌军权，比如曾国藩、左宗棠等。年羹尧也是如此，他出身于翰林院，打仗之时，他的主要职务是川陕总督，虽得了个"大将军"的名号，却也是统领兵马的文官。

凡在军事上有重大贡献的人，都会被授予爵位，与普通官职不同的地方在于，爵位可以由子孙后代世袭。因此，大部分有功之人都能凭借战功成为贵族，拥有比普通官员更高的政治身份，并对朝廷有着极强的归属感。与立下战功相比，那些在平时管理事务时有杰出贡献的官员，甚至是平时的军事官员，顶多也就是得到职位的升迁。功臣享受优待，属于特权阶层，但是他们又容易受到猜忌，最终落得悲惨下场，却是历朝历代都存在的一种常见现象。他们往往都是在极力压制自己的情况下，才能善始善终。

雍正前期，除了年羹尧之外，年氏一族都受到了特别优待。雍正登基同月，任命年羹尧的长兄年希尧署理广东巡抚一职，这当真是个肥缺。在清朝，有一句俗语叫"仕途通，放广东"。而广东巡抚的灰色收入，更是位列全国第一。年羹尧的妹夫胡凤翚（？—1726）不过是一位七品知县，雍正把苏州织造兼管浒墅关税务这个皇家钱袋让胡凤翚掌管。二月，雍正以皇太后之名，将年羹尧的妹妹年氏封为贵妃，除了被册立了皇后的原雍王嫡妃那拉氏外，年贵妃是品级最高的妃子了。除此之外，年羹尧的父亲年遐龄，虽然已经80多岁，并且已退休近20年，也获加尚书虚衔。

前面讲过年家本来是旗下包衣奴，经过三代人的努力，通过科举渐渐跻身高官之列，再加上年羹尧才华出色，更是得到了权贵们的青睐，使年家得以与贵族和皇室联姻。之后年羹尧在雍正初年，又从康熙朝的旧臣成为雍正朝的新贵。短短几个月时间，年氏家族就蒸蒸日上，一跃成为顶级豪门。可以说是烈火烹油、鲜花着锦。

而且在此期间，所有的朝廷大事，即使与军事无关，雍正也要与年羹尧私底下商量，比如，山西巡抚提议实行耗羡归公、律例馆修改新法、礼部上书要求给孔庙增加配享之人，就连翰林庶吉士举行散馆考试以及评定名次，都要征询年羹尧的建议。这些重要的政策与政务，都是由中央负责的，按理说不应该由一个地方的总督来提建议，但年羹尧却是来者不拒，每次都是直截了当地提修改建议。可以打破体制与人脉的束缚，直接与雍正私下接触，便代表着他对于这种决定的影响力超过了雍正手下的其他官员，甚至雍正刻意给他这种影响力。

雍正在不断提拔年羹尧的同时，也在一定程度上对他进行了物质上的嘉奖。不过以雍正的性格，他并不是奖赏那些金银珠宝、土地和房子这些庸俗的东西，而是赏赐日常生活中最能体现个人感情的东西，表现出一种"有我的，就有你的"的感觉。

根据年羹尧的谢恩折上来看，从雍正元年（1723）的正月至次年的九月，雍正赏给他的东西很多，常常是一个月就有好几件，其中有吃的，比如鲜荔枝、茶叶，还有用的，比如三鸠砚、诗扇、荷包手巾、鼻烟壶、自鸣表、鸟枪，也有穿的袍褂，等等。并且会在年羹尧谢恩折子旁写上朱批。

比如，在年羹尧谢赐珐琅鼻烟壶折子上，雍正在一旁批复：当真是奇才，如不悲失一年熙，贺舅舅添一得住之句，朕很是欣赏，十分佩服若不是锦心秀手，怎会如此令人赏心悦目呢?

后来在这个折子之后，又加朱批，大概也是闲聊，还询问了年羹尧的脚疼好了吗？说自己不舒服，但是也好些了，让年羹尧不用放心上了，再送年羹尧一柄扇子，不用再上奏了。

雍正二年（1724），雍正赏赐年羹尧貂皮褂等物，四月又赏赐枷楠暖手折，雍正又在年羹尧谢恩折子上说：实在是块好香，做四件玩器，赐怡亲王、舅舅两块，给你带一块来，朕留一块，现今不时把玩。

六月又在年羹尧另一个谢恩折子上说，你我君臣辛辛苦苦，为的就是让天下变得更好，全赖圣祖遗恩，你我君臣竭尽心力。共勉。

可见雍正对年羹尧是十分的宠爱，除了国事，两人也经常聊到家事，就如同两个好友写信一般。所以年羹尧的奏折都快装不下了。不过毕竟雍正不是年羹尧的朋友，他不是一个普通人，而是帝王。但是年羹尧常常忘记这一点，面对雍正的"迷魂药"不免有些飘飘然，这些忘乎所以就难免在奏折中流露出来。雍正自然也有应对的方法，他对年羹尧奏折的内容基本上都表示了赞同，但是也显示出几分犀利，偶尔还会夹杂着几分诚恳的劝诫，只是正得意的年羹尧可能没有意识到这一点。

比如前面所说的十分"肉麻"的朱批，雍正在结尾处说，自己亦时时警惕，不移此志耳。这当然是雍正说自己的，但是又何尝不是暗示年羹尧要时时警惕呢？而且在这段话之前还有一段"劝说"：朕实无心作不骄不满之念，出于至诚，惟天可表，此一番事，若言朕不福大，岂有此理，上天见怜，朕即福人矣。但就事而言，实皆圣祖之功，自你以下，哪一个不是皇父用的人？哪一个兵不是数十年教养的兵？大意是：我并没有什么傲慢的，也没有什么怨恨，完全出于我的诚意，老天可以证明，这件大事，如果说我的运气不好，那是假的，老天可怜我，我就是有福的人。不过就事论事，这都是圣祖的功劳，从你开始，哪一个不是父皇任用的人？每一个士兵，都经过了几十年的训练。

这些话都是雍正给年羹尧的劝诫与提醒，但是年羹尧只看到了那些好的话，却没有察觉到雍正的真正用意。或许是随着他的实力越来越强，他的敌人越来越少，年羹尧的野心也是越来越大。然而年羹尧没有想到的是，他和雍正的"蜜月期"很快就过去了。

从那以后，雍正对年羹尧的信任达到了顶点，年羹尧得到的赏赐，古往今来很少有大臣能比得上。年羹尧的手腕和手臂上的伤势，还有他的妻子的病情，雍正都亲自过问，并赐药给他。雍正还时不时给年羹尧写信，告诉他家人在京的情况，包括年贵妃和所生皇子的情况。奇宝珍玩、珍馐佳肴，更是源源不断地送来。有一次，雍正为了确保荔枝的美味，下令六天之内，将荔枝从京城运到西安给年羹尧。

到了雍正二年（1724）九月，年羹尧在雍正当政时的第二次进京后，像这种亲密的朱批，就渐渐少了，取而代之的是不满和指责。一方面是年羹尧没有意识到自己功高震主，另一方面则是因为雍正听到了许多关于年羹尧和自己的荒唐言论，比如很多朝臣觉得一些重要的决定是雍正得到年羹尧的指点后才作出的决定，而不是雍正自己的决定。因此雍正对年羹尧的看法就有所转变了。为什么大家会出现这样的想法呢，其中有一个因素就是年选。

第十八章　关于年选

在雍正登基之后，他开始大力培养年轻人，年羹尧在同龄人中的声望也随之水涨船高。在年羹尧最辉煌的时候，也就是雍正二年（1724），他的同年，之前说过的张廷玉现在是户部尚书，史贻直任吏部侍郎、鄂尔泰任江苏布政使，等等。这些人中，年纪有比年羹尧长 10 岁的，也有比他小 10 岁的，却个个成了新君的栋梁，其中自然少不了年羹尧的推荐。不过，这倒称不上年选，那么什么是年选呢？

其实除了年选，清朝初期还有西选和佟选，西选指的是顺治康熙年间，吴三桂在云南四川等地，将自己的亲信安排为高级官员，不听从中央的安排。雍正时期，隆科多任吏部尚书时，掌握铨选官员，称为佟选，佟是隆科多的姓氏。西选在年选之前，佟选在年选之后。年选就是指年羹尧在推荐或者任用人的时候自专任私。三臣罪状，罄竹难书，后来，吴三桂被斩杀，年羹尧被赐自杀，隆科多被囚禁而死。

在前面说过，年羹尧在平定青海之后，已经掌握了西部一切事务的大权，并且因为雍正的信任，年羹尧有权向雍正直接上奏，接手朝廷事务，随时呈报朝廷内外官吏的优劣，他也时常参与商议其他事务的决策。造成年选的主要原因还是雍正给了年羹尧用人的权力，对年羹尧的管理过于宽松。

　　有人把雍正能登上皇位归功于"内得力于隆科多，外得力于年羹尧"，年羹尧任川陕总督一职在雍正登基后，对允禩、允禟一系的制衡起到了举足轻重的作用。雍正刚刚继位时说过："朕即位以来所用在廷大臣、外省督抚皆出于至公。前无平素熟识之人，惟年羹尧、傅鼐系藩邸旧属。"就是说雍正自继位以来，所有在朝的官员和各省的总督、巡抚，都是公事公办。以前并没有什么熟悉的人，惟年羹尧和傅鼐是藩邸的旧人。

　　雍正经常与年羹尧交换人事安排等方面的意见，赋予他极大的权力，就连年羹尧自己的手下、文武官员，无论大小，都是年羹尧自己挑选的。再加上年羹尧在西北战事中的表现，让雍正皇帝对年羹尧更加信任，也更加放权。除了四川、陕西之外，雍正还常常征询年羹尧的建议来任用其他地方的官员。有一次，雍帝在任命军事将领的时候"二意不决"，就询问年羹尧，是否愿意将陕西的将领调任到他的省份，让他"据实情奏来，朕依尔所请敕行"。

　　青海平定后，雍正朱批中写着："尔之真情朕实鉴之，朕亦甚想你，亦有些朝事和你商量。"年羹尧一入京，就和马齐、隆科多一起处理军政事务。年选和佟选的两个主人公在一起办公。不过年选和佟选还是有很大区别的。佟选是当时已经有的名字，雍正在隆科多的罪状中用的就是佟选这个词。而年选似乎是后来人们总结出来的。

　　所谓的"选"就是铨选、选官。这个权力其实是要出自皇帝，但是在实际操作中，它是由地方总督、巡抚推举合适的人才，吏部与兵部挑选这些人才，然后上报给皇帝，皇帝批准，这三方共同分配和安排。也会出现地方总督直接向皇帝提名某个官员，皇帝直接准许的情况。

　　而年羹尧是否在选官程序上有问题呢，还是说他随意推荐各地的文武百官，而吏部又不加干预或者优先录用呢？在雍正元年（1723）五月，川陕总督年羹尧呈上一份关于川陕官员任职改革的奏折。大概内容是说年羹尧认为总督、巡抚任命的官员人选都是州县正印以上的官员，那些低品级的官员没有题补之例，恐劳烦陛下，所有川陕州县之下的官员，如果有空缺，可否让以前在军中效力的官员，按品级补上？如此一来，若有军事上的差使，便可尽其所能，不致徒劳无功。待到军事结束，再由吏部等定夺。按照规定，年羹尧所说的县以下的官员都应该是由吏部、兵部选择的。现在年羹尧要把这个权力要过去，而最终雍正同意了。不过年羹尧只是对那些品级很低的官员有任免权，更重要的是，这是一种战争时期才会出现的情况，是经过雍正同意的。

事实上，年羹尧早在康熙朝后期就提出了在用兵打仗的时候用人可以更加灵活。康熙六十年（1721），年羹尧当时还是四川总督，以其在前线作战需要人手，且目前各级官员人手不足为理由，上疏"嗣后陕省将备、千总缺出，亦许臣于川省武职内遴选题补"，获得康熙的批准。那么当时年羹尧的题补权力更大了。因此雍正对待年羹尧的时候，顺理成章地会按照康熙的做法，将权力交给了年羹尧。

而且年羹尧也在事后改变吏部下达的人事决策。雍正二年（1724）四月，年羹尧在河州知州张灿革职的时候，已经提拔凤翔府通判徐启贤担任河州知州。但吏部将知州之位给了王汝久，但年羹尧觉得王汝久毕竟只有26岁，又是第一次当官，恐怕不能胜任。然后建议徐启贤继续担任河州知州，让王汝久任凤翔府通判。雍正同意。还有一次，本来叶琛被任命为礼县知县，已经到达陕西，但是年羹尧却让另一个人担任知县，并且上折子说，如果让叶琛回去，那就是无谓的劳累，所以请旨让他留在这里，视知县空缺。雍正也同意了。这两次年羹尧不但更改了吏部的决议，并且还直接给雍正上折子，由雍正直接批准。

这也成为两人之间的一种沟通模式，年羹尧上折请旨，雍正批复。由此可见，兵部和吏部是没有实权的，所以吏部、兵部也没有办法干涉年选。

年羹尧和雍正这种抛开吏部、兵部"单线联系"的用人模式，是川、陕两省官员任免的一种主要模式。不过年羹尧也不傻，在形式上是遵循君臣之道的。他在很多关于在人事上做决定的折子中，都会在结尾的时候说"是否可行，出自圣恩，非臣所敢擅便""升与不升，圣上决断"之类的话，也就是说如果没有雍正帝的首肯，年羹尧的提议就不可能实现，所以说年选之所以会出现，有很大一部分是因为雍正对年羹尧过于信任，然后放权给他。

而且雍正的这种信任几乎到了讨好的地步。年羹尧在被封为抚远大将军的时候，他没有忘记自己的下属，他推荐苏丹、岳钟琪等为参赞大臣。雍正朱批："大奇，朕谕即此三人。"后来年羹尧命鄂赖处理蒙古之事，也是先斩后奏，而雍正也没有生气，反而十分同意，并且又说了一堆肉麻的话：又和我想做的相吻合，你我二人，到底是什么缘分，竟有如此相似之处，当真是数不胜数。当真是天大的喜事……我们虽然相隔数千里，却是知道对方的想法，当真是奇怪。老天眷顾我们，让我们成功地完成了这件事情……

而年羹尧向他请功的时候，雍正也经常先提出奖赏。年羹尧上表千总在战争中表现突出，建议在战争结束后，可以交给相关部门决定如何嘉奖。雍正则回复，何必等到战事结束后再嘉奖，现在应该鼓励他，给他一个游击的官职。雍正如此主动的情况就有过好几回。

而且年羹尧不仅会推翻吏部、兵部的决议，有的时候甚至会反驳雍正的决定，甚至隐隐表现出他对雍正的咄咄逼人。

雍正元年（1723）七月，雍正下旨陕西按察使和河南按察使两人互调。而年羹尧则不同意，希望陕西按察使留下，因为修筑布隆吉尔城的任务必须由陕西按察使完成。雍正同意了。第二年，因为汉总兵武正安要出兵，雍正命人补上这个职位。年羹尧不同意，言语中还带有一定的"指教"的意思：按照绿旗的规定，添一署印之人，断不能不少有所累。陛下委派的这个人我不知道是什么人，以臣愚见，不必遣员署印比较好。雍正对此也很退让，"是。此朕过于慎重之意耳"。这种情况也出现过几次，很多关于四川、陕西等地的官员任命，都是年羹尧提前向雍正申请的，有些还是雍正提前和年羹尧商议过的。如此看来就不难理解，为什么有的人认为雍正下的旨意会是年羹尧的想法了。而且这就让年羹尧实际上可以独揽川陕地区和军队的人事大权，这就是年选的最大体现。

年羹尧用人自专，绝非空穴来风。年羹尧骄横跋扈，除了在军队和川陕地区中揽下人事大权外，多次插手朝中和地方政事，把川、陕地区之外的一些人事权也纳入手中。当然这也与年羹尧得到了雍正的信赖，雍正征求他的建议有关系。例如雍正元年（1723）三月，何天培出任江苏巡抚，河南巡抚是何天培的亲属，他认为何天培不是处理政务的人才，也没有做过官，对官场上的事情一窍不通，如果采取不当的举措，怕他的所作所为会给地方带来麻烦。关于这一点，朝臣议论纷纷，雍正特意向年羹尧咨询。年羹尧觉得河南巡抚说得也有道理，但为人严谨正直，如果感受到皇上的知遇之恩，会尽力回报，这是何天培的长处，也是江苏巡抚难得的长处。先署理，不实授，不妨看看他能不能胜任，再作决定。雍正采纳了这一建议。

还有一回，年羹尧禀报了一系列的人事变动，其中延安府知府沈廷（生卒年不详）雍正有任用他的打算，但是与年羹尧任用沈廷的方向不一样，雍正便告诉年羹尧你在陕西，若有人才，可以激励和训练，可为你所用。如果找不到人了再商量。

　　羹尧大获全胜后，更是得意扬扬，积极参与外省的人事安排，"川陕两省将弁经此一番用兵行走学习，将来可用之人甚多。俟秋间诸事大定，臣始能指名开列某某留陕、某某可用他省也"。意思就是说经过这次打仗，川、陕两个省份的将领，都有不少可以任用的人才。等到秋天一切尘埃落定，我再点明谁是留在陕西的，谁又是出使别省的。他还在折子里特别列举了几个人选。其中不但有年羹尧对各省官员的直接干预，更有对两广总督等要职的干预。

　　而在人事方面，雍正之所以对年羹尧如此放心，很大程度上是因为他对年羹尧看人的能力很有信心。前面所说的几个年选人物，雍正还都比较满意，比如那个年羹尧不愿意放走的陕西按察使，雍正见到后，非常的满意，特意写了一道旨意，夸赞年羹尧的眼光：朕就知道你的眼光不错，只是没想到会这么好。你又进一个活宝。实在是太好了。当巡抚绰绰有余。朕甚嘉善。立刻下旨任他为巡抚。年羹尧将王景灏上任一事禀告后，雍正仍是赞不绝口：甚好。此人是一个大人物。像你和他那样的人，如果能有十几个，我也心满意足了。

　　对于年羹尧推荐的其他人，雍正也是十分赞同的：这些人都是你进的活宝，好生爱惜着，如珍宝似的用。必令他们心满意足，方符朕意。一点忽略不得。特谕。

　　可见年羹尧识人能力确实很强。假如年羹尧能够公正地向雍正建议、推荐官员，或许就不会有年选这一说法了。可实际上年羹尧曾经说过："至于题补保举官员昏谬错误者，臣何能免？"意思就是自己随意推举的人出问题，他怎么能管得了别人犯错呢。

　　年羹尧任人唯亲，身为川陕总督，横行霸道，但凡有什么官职空缺，他都选择与他关系亲近的，在折子里就能题补好几个人，有时候甚至能题补几十个人，这样的话，兵部和吏部就成了摆设。更可怕的是，像巡抚那些高品级的官员都是皇上亲自任命的，而年羹尧会排挤他人，有时巡抚之职没有空缺，外面却已经有传言说某某是巡抚，没过多久，这个职位空缺出来，那个人果然得到这个职位。

年选的结束就是雍正收回了下放给年羹尧的人事权力，而触发这件事的原因，或许和年选有关，不过并不单纯是因为年羹尧张扬跋扈，而是因为年羹尧之前推荐的一个人和雍正的政敌允禩有关系，这让雍正清醒了一些。而且雍正又发现，或许他早就发现了，只是这个时候才说出来，年羹尧推举的一人是年家的家奴，按照清朝的律法，奴籍是不能为官的。

同时，年羹尧对其他官员的一些任命动了不少小心思，先是在雍正那里夸奖有加，然后年羹尧来到京城的时候以"留心"和"照看"的名义向他们要东西。还有之前被年羹尧参奏罢官的官员，又请求托付年羹尧，然后年羹尧又将他引荐给雍正。

陕西范时捷、直隶李维钧、江苏何天培，都是年羹尧向雍正举荐的。年羹尧在雍正刚即位入京时，便向雍正举荐李维钧，使之能任直隶总督。当时的直隶总督是赵之垣，雍正听从年羹尧的建议，将赵之垣革职。这还不算完，赵之垣返回甘肃宁夏后，雍正又让年羹尧约束他。后来赵之垣给了年羹尧20万两银子，年羹尧第二次来京，就带着赵之垣来到京城，不但一再为他求情，更是极力维护他，这自然引起了雍正的不满。

其实李维钧无论从家世还是从资历上都不能与赵之垣相提并论，但是他跟年羹尧却有着特别的渊源。李维钧有一妾室，是年羹尧管家的义女，而且李维钧在正室去世后，将这个小妾扶正，目的当然是跟年羹尧套近乎。不过当时雍正和年羹尧处于"蜜月期"，在雍正江山不稳定，迫切需要帮助的情况下，他肯听从年羹尧的建议。这对雍正来说也是有实际利益的。

在李维钧出任直隶总督的当天，四川和甘肃两个省份的省级大员，由于年羹尧的推荐，都发生了变化。还有陕西布政使胡期恒、陕西按察使王景灏、甘肃按察使刘世奇，这也都是年羹尧安排的。

一年后，胡期恒被任命为甘肃巡抚，王景灏被任命为四川巡抚，但是这两个前任巡抚本来都是雍正的人，年羹尧如此行为让雍正与他的关系骤然紧张，这样促使了雍正压制年羹尧。

年羹尧在用人方面的失误，终于引起了雍正的不满，在雍正对年羹尧的偏爱中，也曾出现一些不同的意见，雍正元年（1723），有人认为雍正"纵恣隆科多、年羹尧擅权"，在某种程度上，这种意见也促使了雍正态度的变化。

雍正二年（1724）年选接近尾声，年羹尧再次要进行人事上的变动，这一次雍正的态度和以前大不相同：年羹尧匆匆写了题参，难免有疏漏之处，此人仍留任。去年年羹尧进京的时候，我从文武百官中挑选了不少人，命他们随行。只令学习公事，不是用来补用当官的。而且他们的阅历还不够，没有到当官的时候。年羹尧想用我派去的人，这是绝对不行的。著降旨年羹尧，此次命往之人，如有缺出不得即行题补。虽委署印务，亦著请旨再行。

还有一次，有人被撤去官职年羹尧要插手的时候，雍正说："你怎么能对朕说这种话？"与之前的态度真的是完全不一样，年羹尧也察觉到不同，上疏询问："此必臣之愚昧有不能仰体圣怀、宣扬圣德之处，伏祈弘慈宽宥，仍赐明白指示。"希望雍正给他一个明确的态度，而雍正的回答是："还要如何明白事。"两人就好像吵架的情侣一样，互相试探。最终，年选因雍正的态度转变而消失了。年选的出现，也让年羹尧成为清朝权臣中的佼佼者，雍正将年羹尧与康熙时期的明珠、索额图相提并论，倒也贴切。不过从雍正的角度来说，年选对他来说并不是那么严重，毕竟雍正承认了隆科多的佟选，却并没有直接称年羹尧一系列干涉人事任免的行为为年选，虽然年选确实是存在的，这一点毋庸置疑。

或许是因为年选的存在是雍正放任的，所以雍正对年选是收放自由的，也或许就是因为他的放任，年羹尧渐渐走向了灭亡。

第十九章　三大巨头

　　吏部尚书国舅隆科多、怡亲王允祥、川陕总督年羹尧并称为雍正前期朝堂上的三大巨头。这两人与年羹尧到底是什么关系，会不会影响到年羹尧的前途？隆科多是管人事的，允祥是管钱的，两人又都是皇亲国戚，而且所担任的职务又与年羹尧息息相关，那么他们在年羹尧受宠时和失势时又有什么动作呢？

　　隆科多与年羹尧的关系并不是很好，早在年羹尧被封为抚远大将军的时候，隆科多就表示不满。隆科多作为满洲贵族，对汉军旗的年羹尧执掌四个省份的军力，原本是十分忌惮的，他还曾多次向雍正提出，让他小心提防年羹尧，不同意年羹尧为抚远大将军，后来还是怡亲王允祥站在了年羹尧的那一边，说既然已经把大军交到年羹尧手里，再疑神疑鬼也是无用，派兵牵制，于行军不利，不如照旧行事，让他尽情发挥。再者，前面也说过年选的问题，年羹尧直接将吏部当成虚无，那么身为吏部尚书的隆科多对年羹尧在官场上大张旗鼓地推荐自己的亲信，严重扰乱正常人事体系的行为也是深恶痛绝。同时，年羹尧也因雍正的放任，多次对朝廷及各地官员的任命发表自己的看法，偏偏雍正还是同意了，吏部也就只能照做。隆科多看着自己的权力被剥夺，怎么可能不忌恨年羹尧？

抛开工作上的矛盾不谈，年羹尧对隆科多也很不在意，当着雍正的面，说他是个"极平常人"。隆科多与姜侍李四儿的事很多人都是知道的，李四儿曾经是隆科多老丈人的小妾，李四儿和隆科多的妻子关系非常不好，隆科多的妻子的确死于非命，其凄惨的样子形容亦不过六个字而已——"致元配若人彘"，让人震惊。年羹尧也不知道从哪儿知道李四儿仗着是隆科多的小妾横行霸道，还敢收受贿赂。在当时这种达官贵人后宅的私密勾当，也就是别人在闲暇之余拿来取笑，不会有人当成正事谈论，更不可能只靠听来的消息就告诉给皇上。但是年羹尧敢，在他得胜归来，于雍正二年（1724）年底进京的时候，把这些听来的信息一五一十地告诉了雍正，"力言隆科多之妾在家所为"，不过雍正不以为然，但他并没有指名道姓公开批评年羹尧，而是说"舅舅隆科多实心办事，恪谨尽职，近亦有人议及其家人者，凡人十事中九事皆善，而一事偶失检点，人皆舍其九事之善而指摘其一事之失，此因尔等互相妒忌不能同心为公之故耳"。

雍正知道年羹尧与隆科多两人关系不好，登上皇位之后，就想恢复两人的关系，百般调解，因为他的政治对手还没有被清除，所以他需要这两人的帮忙，而不是内斗。雍正只能在两人之间打圆场，一再提到隆科多是如何欣赏年羹尧，又是如何尊敬年羹尧的，又为隆科多说好话："舅舅隆科多此人，朕与尔先前不但不深知他，真正大错了！此人朕圣祖皇帝忠臣、朕之功臣、国家良臣，真正当代第一之超群拔类稀有之大臣也！"但是这两人并没有什么改变，雍正明白这样光说好话是没用的，两人性格太强，是不吃这套的。尤其是年羹尧在平定青海后，成为雍正的"恩人"，年选的人越来越多，他与隆科多之间的恩怨，也就越发尖锐了。

雍正也实在没有办法了，为保持稳定的局面，雍正左思右想，终于想出了一条旁人都没想到的计策：他决定将年羹尧的儿子年熙过继给隆科多，并赐名"得住"。让这两人成为名正言顺的"一家人"。

在青海局势稳定之后，雍正给年羹尧写了一大篇朱批，大意是说：朕已经下了旨意，把年熙过继给我舅舅隆科多当儿子。这一年春天，年熙一病不起，气色极差，时好时坏，各样调治，虽有效果，但效果并不大。因此朕思此子非如此完人，最近命人为他算了一卦，不是坏运气，而且有数十年上好的运气。但你现在命中有刑克长子，所以我才会提出这个建议，甚至连你父年遐龄我都没有商量，选个良辰吉日，传下圣旨。总之此子与你不相干了。年熙改名得住，此后身体自然就会恢复健康。年熙生病，我早该和你说的，只是你远在千里之外，白白担心，没有任何用处，不过我也没有骗你，去年的时候，我就告诉你，老幼都平安。自夏春以来，我只说你父亲身体康健，没有说其他的。我实在是不忍心骗你一个字。你听了这番话，自然是高兴的，将来看得住功名事业，必有口中生津时也。舅舅得知这个消息，也很欣喜。他说："我两人若少作两个人看，那就是辜负了皇上，再说，我命中本有三个儿子，现在只有两个，皇上的恩赐，就像是上天的恩赐，正好我现在就是三个儿子了。年羹尧应了克者已克，我命应了得者又得，以后得住痊愈，将来必大受皇上恩典者。"你父亲接过诏书，心中欢喜，但祖孙情深，总有几分留恋。特谕你知。

从没有见过上司帮下属收养孩子的，但是雍正就这样做了，不知道是出于怎样的考虑。但是年羹尧和隆科多看见雍正如此殷勤，也就只能表示从今往后大家都是一家人，一起扶持雍正。更具有戏剧性的是，年羹尧被定罪后，雍正居然觉得吏部对其处罚太轻，当众斥责隆科多故意袒护。

年羹尧与隆科多的关系就是这样的，那么他与雍正最喜爱的弟弟怡亲王允祥又是什么关系呢？虽然允祥曾经在雍正面前支持过年羹尧，但实际上两人也有矛盾，这个矛盾与年羹尧和隆科多的矛盾差不多，属于职务上不容易协调的矛盾。

允祥是清朝历史上的第九位铁帽子王，在他死后，雍正把他的名字又改回曾经的胤祥，这也是有清一代没有避讳皇帝名字的唯一一例。

允祥管着户部，可以说是清朝的财神爷，但是这个财神爷不讨喜。雍正即位初期，为了弥补康熙中晚期官员贪污挪用造成的巨额赤字，在中央及国内掀起了一场声势浩大的清缴国库亏空行动，而怡亲王允祥就是负责人。雍正深知这件事对官场的影响很大，所以，一开始，他便吩咐允祥："此等大事，你若不能查清，朕必另委大臣，若大臣再不能查清，朕必亲自查出。"允祥没有让雍正失望，先是从他掌管的户部入手，查到了250万两银子的亏空。除了户部以外，各省都有严令，凡有亏空，如不能按时补足，立即就地革职。因为这次整肃，允祥除了背负了"苛责"的骂名之外，他手下的一些能干的人也不好过。就在全国都在追查亏空填补国库的时候，因为年羹尧的请求，雍正大发慈悲，多次减免了陕西应补偿的亏空，甚至连造成陕西亏空的官员也没有被当场革职。原因是川陕两省的官员在上一次入藏之战中立下了汗马功劳，如今正值战事，若是查得太严，反而会影响士气。虽然这有一定的道理，但是对于允祥来说，这无疑是在原本就很难完成的任务上再加一把难度，毕竟各省份都可以找到特别的借口，请求从轻发落。允祥自然对年羹尧印象不好。

诸如此类的冲突比比皆是。一旦扯上钱，肯定就是有许多矛盾的，尤其年羹尧还要打仗，所需要的银子更是多，而且也必须给他。年羹尧为要钱向雍正请求，在西安和阿尔泰地区的军队中开捐纳，让那些有钱有势的人可以通过捐钱或者帮助运送粮食的方式成为官员。这样虽能暂时解决钱财短缺的问题，但用钱买官却是大多数读书人所不屑的。因此，清朝政府对于这种捐纳行为都是相当谨慎的。并且所得的钱主要由户部负责，那些捐官的人也不能和正经进入仕途的官员并列。但是在年羹尧这边，从西安、阿尔泰一带得到的钱粮全部转交给年羹尧，用作军事用途；那些捐官的人也可以随时任用，不需要排队。这使得年羹尧在财政上获得了极大的独立性，从而对户部构成了威胁。

这么说来，年羹尧一下子得罪了吏部和户部这两个朝廷很重要的部门。同样雍正在允祥与年羹尧之间也花了不少心思，可谓煞费苦心。和对待年羹尧与隆科多的关系一样，雍正亲力亲为，在其中充当和事佬。比如雍正元年（1723）的时候，他在给年羹尧的朱批上先是说了几句自己最近的情况，然后又说："怡亲王最近一直埋怨你春天没有来信，直到年兴和带着粮草的人回来，你又送了些东西来问候，他很是高兴。有空的时候可随时问好，也该带些书信伴手礼。他如此思念你，常问你，你就该知道，他是怎样对待你的。"

虽然雍正话说得好听，费尽心机的撮合，但是允祥跟年羹尧非亲非故，只怕见面都不会超过两次，怎么会有想念一说？想当初在雍正还是雍亲王的时候，年羹尧对雍正就很冷淡，更何况这个年纪比自己小的怡亲王呢？再说年羹尧远着允祥也有一定的政治原因，允祥是亲王，辅佐雍正内政，年羹尧在外领兵，又是贵妃的兄长，要是二人经常有书信来往，恐怕也不合适。所以最后，年羹尧也没有亲近允祥。

年羹尧在平定青海后，成为大功臣，要官要人，当然也要钱，这样自然与允祥所在的户部矛盾越来越深。雍正也没有什么办法，只能再次当和事佬，希望两人之间的矛盾缓和一些。雍正将允祥所制的珐琅鼻烟壶赏赐给年羹尧的时候说：

有新制珐琅烟壶二枚寄来赐你，乃怡亲王所出之款样。再怡亲王可以算得你的天下第一知己！他这一种敬你、疼你、怜你、服你，实出至诚。即去年西边大事，有许多可向你说处，话多，书不尽意，后明岁秋冬来京陛见时再向你面言。奇得狠！况王此一种真实公忠血诚，实宗藩中之难得者，朕当日实不深知，自即位来，朕惟日重一日待之。再户部中之吏治，若可有补于王者，只管随便写来，想王他领会得来的。此谕不必令王知也。

从这话里可以看出，雍正为了让两人关系融洽一些，简直是无所不用了，而且这次把话说得十分明确，说允祥对年羹尧敬爱、疼爱、怜惜又佩服，十分真诚，允祥是年羹尧的第一知己。并且也夸了允祥许多话。之前说过，允祥对年羹尧接任抚远大将军一事的态度，与隆科多不一样，他提倡完全相信年羹尧。雍正说的去年西边这件大事有许多地方可以向你说，说的就是这件事。可以看出，允祥虽然和年羹尧有些冲突，但在大事上，却不会意气用事。而且这也侧面反映出，年羹尧对于允祥的狂妄无礼，是年羹尧不知好歹。雍正又在信的末尾谦虚地说，让年羹尧就户部的人员分配，给允祥一些忠告，但是如果年羹尧真的按照这句话办了，擅自做主，恐怕两人关系会越来越僵。所以最后雍正还叮嘱年羹尧：这个旨意不用让怡亲王知道。

可惜的是，年羹尧却是无动于衷。过了几个月，雍正又赏赐给年羹尧一个小玩意，又借机提了怡亲王，说这也是怡亲王设计的。说怡亲王今年春夏不是很舒服，感觉瘦了，不过到秋天就好了。命王子、庄亲王，同四阿哥、五阿哥等，七月十七日往哨鹿围场学习弓马，以示朕不废武备之意。二者着他们养着。特令你知。因谕怡亲王之待你，真岂有此理，一片真诚敬爱，朕实嘉之。还有一个笑话说给你听，京中有一姓刘的道人，名声很大，据说活了数百年，不知道具体岁数。之前怡亲王见过他，这人喜欢说别人的前世，他说怡亲王前世是个道士。朕大笑说："这是你们前生的缘法，应如是也！只是为什么商量来与我和尚出力？"王未能答。朕说："不是这样真佛真仙真圣人，不过是大家来为利益众生、栽培自己福田，哪里在色相上着脚？若是力量差些的，还得去做和尚、当道士，各立门庭方使得。"大家大笑一回，闲写来令你笑。

雍正写下这两件小事看似随意，其实大有深意。第一件事是说他让允祥率领一众皇子、王公在围场学习射箭骑马，其中就有年贵妃的独子福惠，就是年羹尧的外甥，乳名"六十"。现在不过三岁，就跟着允祥去围场，年纪实在是太小了。所以这可能是雍正告诉年羹尧，我让自己最信任的弟弟跟你的亲外甥培养感情，所以你也明白我是什么意思了吧。

第二件事情则更加的有深意，首先当时大家都知道雍正信奉佛教，年羹尧好道教，雍正通过一个道人的口中说允祥前世也是个道士，说还开玩笑说，他们这些道士要帮他这个出家人，种下福田，他一方面嘱咐年羹尧要与允祥真诚共事，一面又警告年羹尧只有按照我说的去做，才能培养出真正的福田，不然就会被打回原形，自立门户。

雍正为了这两人关系融洽，大打感情牌，可以说在普通人眼中，已经是大大地失了身为一国之君的尊严。但年羹尧根本不给他面子，他连行动都没有，更是在奏章里一句话都没有回复。雍正二年（1724），年羹尧返京赴朝，在此过程中，年羹尧终于拜访了怡亲王，但是结果并不是很好，年羹尧转头对他的心腹，直隶总督李维钧道："怡亲王府外面金碧辉煌，里面却是寒酸得很。矫情违意，其志可见。"很显然，雍正费尽心机调和两人关系，但是没有任何作用，说不定还起到了反作用，让年羹尧对允祥更加不喜欢。这话虽然不是对雍正说的，但是凭着雍正的能力，他又怎么会不知道呢？这难免会让雍正想到年羹尧对允禩的态度。

物极必反，月满则亏，年羹尧也没有多长时间如此嚣张了。

第二十章　君臣变脸

有功之臣，不仅令人畏惧，更令君王畏惧。说白了，年羹尧给雍正带来了一种危机感，古往今来，功高震主必死。

实际上，年羹尧与雍正见面的次数很少，他是在康熙四十八年（1709）成为雍正的门下，也是那两年年羹尧的妹妹成为雍正的侧福晋。但是年羹尧这个时候在外地任职，后来到年羹尧被处死，这十五六年内，年羹尧一共回京四次，最后一次他已经是阶下囚，没有了自由。

在年羹尧当京官那些年，雍正不过是一个普通皇子，两人不会有太多交集，或许年羹尧与允禵没准还有些交流。在康熙年间，年羹尧第一次回京，那个时候，雍正虽然是亲王了，但是比较低调，而年羹尧也就是一个普通的外放官员，两人见面保持基本的礼节，不会有过深的交流。不过那个时候，雍正对年羹尧的印象并不是很好，原因就是前面所写的三爷门下孟光祖诈骗案，雍正还写了一封批评年羹尧的信。想来雍正肯定觉得年羹尧是个叛逆的家伙。

在年羹尧第二次入京的时候，年羹尧与雍正的关系就不一样了，可以说是两人的"蜜月期"，那个时候是雍正即位后不久，年羹尧已经是川陕总督，回来参加康熙帝的葬礼，并且和雍正商讨青海地区的军事问题。一听就知道时间很紧张，年羹尧在北京的时间也短，又有各种安排，行程过于紧张，让他那一身傲骨都没了发挥的余地。雍正刚刚登上皇位，希望他能在西北建功立业，给自己的皇帝宝座增加一道保障。年羹尧也刚刚成为抚远大将军，也希望自己建功立业。这个时候两人的感情肯定是很深的。

年羹尧第三次回京是在平定青海六个月以后，雍正二年（1724）年底，为自己的庆功宴画上了句号，这是何等重大的事情！雍正事先吩咐礼部，拟好迎接大将军的礼节，其中礼部侍郎有所疏忽，还被革职了。可见这次年羹尧入京，雍正是多么的重视。雍正又特地召各省官员到京赴朝议，还特意令沿途派兵护送年羹尧，这一切，都是为了突出年羹尧的特殊。这样看来，雍正在年羹尧二次入京之前，对其态度并无明显改变。

从何时起，雍正对年羹尧起了疑心？六月的时候，雍正还在朱批上说："我君臣努力措天下于至理，但数年内卿难辞劳心力。"意思是说君臣虽竭尽所能治理天下，但数年之内，仍须你尽心尽力。到了七月，朱批上还说京师内外太平，各地皆有丰产，京师内外群臣赞叹，感念天和，而你一人的功绩就占了一半。临近中秋节，雍正不仅没忘记送给年羹尧一些食品，还将苏东坡所作的"但愿人长久，千里共婵娟"写成对联送给了他。不过在年羹尧的谢恩折子中，雍正的朱批意味深长：览此奏，朕实喜庆。但不愿我君臣一德之小人，恐以为粉饰谀辞之举也。虽然，螳螂伎俩，亦不能阻天恩浩荡，频加赐佑也。意思就是看了这份奏章，朕很是高兴。但却有小人不想让我们君臣一德，恐怕以为你是在粉饰阿谀。虽然这些都是小伎俩，但是也不能阻挡天恩浩荡。

那么问题来了，谁是这个小人？是谁在君臣之间捣乱？是不是有人在背后议论年羹尧？不管是谁，年羹尧之后应该谨慎行事了。但是年羹尧并没有这样行事，年羹尧是在九月二十四日从西安出发，他吩咐直隶总督李维钧和陕西总督范时捷等人下跪相迎。雍正二年（1724）十月十一日一早，年羹尧入京，广宁城门外，众臣早早地迎了出来。快到中午的时候，才看到年羹尧骑着一匹骏马而来，他穿着一身金黄服饰，三眼花翎，四团龙补褂，这是陛下赏赐的，不管能不能穿戴，都穿上了。大臣们跪拜相迎，年羹尧头也不回地从他们身边策马而过。有王公下马问候，年羹尧也只是颔首致意。而且，他对雍正的态度，也是极为嚣张，"箕坐无人臣礼"。

首先，大臣们下跪迎接。年羹尧现在是一等公爵，暂代抚远大将军，实职是川陕总督，虽然品阶很高，但是不应该出现大臣跪迎的情况，臣子们的跪拜对象，只有主子、亲王和皇帝。这让朝堂上的官员们都很愤怒。其次，年羹尧对下马的王公只是点头示意。按照礼法，年羹尧应该先下马行礼。最后，年羹尧在皇帝面前箕坐。箕坐就是双脚朝前，膝盖略微弯曲。《礼记·曲礼》说："坐毋箕。"那个时候的正坐，应该是双膝着地，坐在自己的后脚踵上。

由此可见年羹尧何等张狂，目中无人，这彻底激怒了那些权贵们。而且年羹尧此次在北京逗留的时间更长一些，足以将所有能招惹的人都招惹一遍，更能让雍正亲身体会到这个40几岁就已经威名远扬的年大将军的性格。加上雍正在位两年，他已经不是之前的那个普通皇子或者是雍亲王，而是真正的帝王。与刚登基的时候相比，心态上有了很大的变化，对于别人的"不敬"，他的容忍程度也大大降低。哪怕在朱批中，雍正放低自己的身段，但是在现实中，面对面的时候，雍正是不可能这样的。

所以年羹尧第二次入京，成为他失宠等一系列灾难性事件的引子。

除了年羹尧趾高气扬、蛮不讲理之外，年羹尧还在京中拉拢势力，到处干涉政事，以彰显自己的权柄与功绩。年羹尧入京后没多久，雍正嘉奖全军，京中有传言，这是应允年羹尧的要求。还有对八爷党一系人等的惩罚，也是雍正听了年羹尧的话提出来的。这番话对雍正的自尊心造成了很大的伤害。

其实年羹尧刚到京城的时候，雍正对年羹尧态度还不错，或许是理解年羹尧作为一个功臣的张扬跋扈。

雍正二年（1724）十一月年羹尧又上奏，四川夔州副将病重，他认为这个职位很重要，于是向雍正帝请示，请兵部派人补上。雍正回复："此缺著大将军具奏。著该部知道。"

十二日和十四日，年羹尧都上疏关于官员调动的问题，雍正也都同意了。如此看来，雍正对年羹尧还是很信任的。尤其是雍正更是特意下了旨意，命诸多督抚做好明年年羹尧入京的准备"务于大将军年羹尧来京之前到来"，雍正特意给九卿下了一道旨意，对年羹尧平定青海的功绩大加赞赏，说年羹尧大将军忠心耿耿，今平定青海，只是表面上的功绩，虽然策略乃我所命，但权衡时机，调兵遣将，决胜于旬日之间，宣威于万里之外，使战火熄灭，使边疆永宁者，实在是年羹尧的力量。又说年羹尧这次与自己见面，关于犁庭扫穴之事，我问年羹尧他则能回答，从来不会炫耀自己的能力，这等气度，在古代名臣中也是罕见。而且，他绝对不会有任何的要求。昨日有一位官员，愿出5万两黄金，求陕西布政司一职，年羹尧直接上奏给我，无所瞻徇，其公忠体国，不矜不伐之意，内外臣工当以为法。朕实嘉重之。

这日之后，雍正突然下了两道旨意，都是关于廉亲王允禩勾结党羽的，尤其是岳周欠下的银子，是允禩私下里给了他几千两银子，帮忙还的。允禩如此做，就是为了得到宽厚仁慈之名，而让人感到雍正凡事苛刻。岳周曾经用钱贿赂过年羹尧。这个时候，雍正还是觉得年羹尧不是收受贿赂的大臣，这是小人故意说的，要破坏他和年羹尧的关系。雍正对年羹尧是非常肯定和维护的。

但紧接着后两日，雍正就发布了新的人事变化，法海出任浙江巡抚一职，因为在之前，年羹尧一直推荐法海，"法海止可为学院"，这一次雍正没有听年羹尧的话。紧接着将陕西巡抚范时捷调入北京。这时雍正想从他身上找制裁年羹尧的突破口，而范时捷也没有辜负雍正的期望，他第一个站出来参年羹尧的罪状。

在年羹尧离开北京的前一天，雍正还写了一篇上千字的诏书，内容与之前吹捧年羹尧完全不一样，可以说这份诏书是两人关系转变的一个见证。

夫为君难，为臣亦不易。岂惟为君必亲历始知其难，即为臣不易亦非亲历其境者不知。如不为诸王，岂知诸王之难？不为大臣，岂知大臣之难？即如年羹尧建立大功。其建功之艰难辛苦之处人谁知之？舅舅隆科多受皇考顾命，又谁知其受顾命之苦处？由此推之，廷臣不知外臣之难，外臣不知廷臣之难，总之非身亲其境不知其难也。夫为君须实知其难，为臣须实知其不易，然后能各尽其道。如朕谓予无乐乎？为君便是一言丧邦也。如舅舅隆科多、年羹尧谓予无乐乎？立功便当祸不旋踵矣。以至大臣官员莫不皆然。

凡有保举，不过各就其平日所知，岂能尽保其将来？如广西布政司刘廷琛，原系年羹尧所举，今行罢斥矣。即如黄叔琳为朱轼所举，今亦处分矣。在年羹尧、朱轼不过一时误举，无大关系，而朕任使不得其人，费无数焦劳筹画。大臣中如年羹尧、朱轼可谓公慎无私，仍属知人者，然即使尽其所举，亦不能充满庶位，试问二人亦必以不能周知为对。朕令大臣辈各举所知，其不知者即可以意中无人覆奏。若朕则统理天下政事，有一职即需一人，岂得以无人充此职而可推诿乎？

如近日岳周一案，岳周为工部司官，廉亲王始而参劾，继又帮银数千两代完公项。岳周身家有余，廉亲王力量有限，而如此作为，不知何意？且岳周将现银二万两向年羹尧求荐布政司，人皆知为廉亲王典铺中物。以廉亲王之所为，虽竭府库以与之，亦不足以供其要结之费。

然用人理财之难，总莫难于使人人尽去其私心，私心一萌，狡诈百端。即如近日赏兵，则相与谣言曰：此大将军年羹尧所请也。夫朕岂冲幼之君，必待年羹尧为之指点，又岂年羹尧强为陈奏而有是举乎？此不过欲设计以陷年羹尧耳。去年皇太后宾天时，外间谣言朕欲令允禵总理事务。允禵奏云：若欲令我总理事务，须将舅舅隆科多、年羹尧二人摈斥，再发库帑数百万赏赉兵丁，我方任事。因朕吝此数百万，又不肯斥此二人，故允禵不从任事。其荒诞无稽、骇人听闻至于如此！以后九门提督八旗都统一闻此等谣言，即当立拿，究其根柢，以惩奸宄，不可轻贷。

前朕所颁谕旨发阿灵阿、揆叙之奸，乃朕数十年来真知灼见，定成爰书，闻亦有疑为年羹尧所为者。朕之年长于年羹尧，朕胸中光明，洞达万几，庶务无不洞烛其隐微。年羹尧之才为大将军、总督则有余，安能具天子之聪明才智乎？朕因年羹尧为藩邸旧人，记性甚好，能宣朕言；下笔通畅，能达朕意。且秉性鲠直，不徇情面，故朕早有此意，待其来京陛见，令

其传达旨意，书写上谕耳。而外人遂造作浮言，加年
羹尧以断不可受之名，一似恩威赏罚非自朕出者，妄
谬悖乱一至于此，深可痛恨！

在这份诏书里，雍正难得提到了他登基后所取得的成就，
并高度赞扬了自己的才智。最让人意外的是，雍正竟然拿自己
和年羹尧作了对比，说年羹尧最多也就是个武将，绝对没有皇
上的智慧，只有自己才是真正的明君。雍正谈到了许多过去的
事情，比如说，当他还是雍亲王的时候，王公大臣做不到的事
情，他都能做到。而现在，他登基为帝，要革新政治，要改变
习俗，又岂会甘心做一个听人摆布的平庸之辈？

然后又说明了三点：第一，举荐"市恩"，实属拉帮结派之
意，而年羹尧错选广西布政使之职，实属一时之错，究其原因，
还是因为雍正用人不当。第二，分配军功很难，因为要去掉私
心要公平对待每个人。至于关于对西北军功的讨论，据说是年
羹尧主动提出来的，但其实却是雍正亲自定下的。第三，有传
言说，当初雍正治两位官员的罪，是年羹尧提出来的，但实际
上，这都是雍正调查出来之后作的决定。诏书最后着重指出，
虽有人图谋陷害年羹尧，但一切恩威赏罚，都是出于雍正自己，
年羹尧并没有皇帝那样的聪明才智，而这些歪曲事实、颠倒黑
白者，则是深可痛恨。

一位帝王，突然当着诸位王公大臣的面谈论自己的才能，
就是因为有流言说雍正是年羹尧的傀儡皇帝，年羹尧笼络群臣，
暗中结党营私，雍正却浑然不觉，被他玩弄于股掌之间。这一
点，在雍正看来是绝不能忍受的。当然雍正在反驳这一点的时
候，也在说年羹尧是被诬陷的。

但是在这份诏书里，雍正一改往日对年羹尧褒扬的口吻，
换成告诫年羹尧谨言慎行，只要年羹尧稍微注意一下，恐怕也

会吓出一身冷汗。雍正在相关折子中说："近日年羹尧陈奏数事，朕甚疑其居心不纯，大有舞智弄巧、潜蓄揽权之意"，意思就是说，年羹尧最近陈奏数件，我怀疑他别有用心，想要揽权。只可惜，年羹尧习惯了雍正的"甜言蜜语"，完全没有在意这份诏书，没有任何反应，第二日便回了西安。自那以后，年羹尧的处境就一落千丈。

雍正对年羹尧态度转变可能有以下几个原因：一、年羹尧仗着自己的功劳，骄横跋扈的风气一天天变得严重起来。在官场上，他趾高气扬、盛气凌人，给平级官员的文书，居然擅自用"令谕"二字，视同僚为下级；还有前面所说让官员下跪迎接自己，按照清朝的规矩，当地官员接受诏书时要三跪九叩，但是雍正的诏书到了西宁两次，年羹尧都没有这样做。还有一次，他将自己资助的《陆宣公奏议》献给了雍正，雍正本想亲自写一篇序言，结果还没来得及写完，年羹尧就自己写了一份，请雍正批准。其实年羹尧留京时，雍正有试探过年羹尧是否愿意在京担任内阁要职。年羹尧文武双全，又出身翰林，无论是从能力还是身份，都无可挑剔。如此一来，既可削去他的兵权，又可保全他和君王的颜面，可谓一举两得。可是这个想法并不好实施。年羹尧在外开府带兵将近20年，已经养成了独当一面的性格，再回北京做个朝臣，实在是不能适应。除此之外，他的行为举止，也是极为放肆。对雍正也是如此，甭说年羹尧不适应，雍正也接受不了啊。

二、就是前面所说的年选问题，他排挤异己、任人唯亲、结党营私，任以他为首陕甘、四川官吏为骨干。年羹尧声势浩大、权势日盛，不少人争先恐后想要巴结他。年羹尧很重视培养自己的个人力量，但凡有好的职位，他都会安排自己的心腹。另外，年羹尧还利用行军机会，伪造功勋，把两个尚未出籍的家奴安排了职位。不过在雍正对他的态度改变后，年羹尧也就不能再进行年选了。

三、也是前面说过的年羹尧在看守允禑一事上并不上心，和雍正所要的不一样。允禑不但没有被监管，反而过得很滋润，甚至被称为"九贤王"。并且再加上年羹尧对怡亲王允祥的态度，雍正自然会不满。在雍正三年（1725）年初，雍正以允禑纵容家人在西宁闹事为借口，派楚宗到西宁来管束允禑，代替年羹尧监视允禑，切断了年羹尧和允禑的联系。楚宗的立场跟年羹尧完全不同，他一受命，就斩钉截铁地说："楚宗本是愚钝之人，多谢圣主隆恩。虽在梦中，惟念圣主。无论何人，圣主稳知，到了西宁之后，我会全力监督那里的每一个人，如果有人敢违抗我的命令，我会立即上报，如果有人有什么异动，我会第一时间上报，然后根据情况处理。"雍正对此赞不绝口："所奏允禑之事甚知大理大义，殊堪嘉奖，此方称不辱宗室为首大臣也。"楚宗闻言大受鼓舞，到西宁后，严厉斥责允禑不请圣安、不行礼，态度嚣张；西宁做生意，收买人心。甚至还向雍正提出了将他押入京城的要求，免得夜长梦多。

按照楚宗所说，雍正对年羹尧越发的不满，雍正三年（1725）三月，朱批说：允禑之为人，外柔诈而内险狠，西大通之兵民尚未得知，但见其不短价强买食物，又不出门行走，竟似守分之人，是以不说允禑不好。人称贤王。但年羹尧一一否认，说："我和允禑之间，从来没有过任何联系，凡是给允禑写的信和他回复的信件，都会被放在封袋内，现将我的信件五件、允禑的回文五件，一并呈上给皇上。说他被称为贤王，大家都很感激，这件事我没有听说过。其跟随允禑之官员人等，虽无生事之处，而一种不知畏惧之神情，殊不可解。"不过此时，雍正已经不信年羹尧所说的话了。

到了这个时候，年羹尧对于雍正的不悦也是心知肚明，只是为时已晚。之前，雍正出于各种理由，对年羹尧本就极不满意，而这短短两个多月，年羹尧在北京嚣张跋扈的行为，更是让他恼羞成怒，再也无法忍受，于是决定"倒年"。没过多久，年羹尧作为川陕总督、抚远大将军的任务也就结束了。

第二十一章　倒年运动

　　年羹尧儿时的理想是想要建功立业，如今他也确实已经建功立业了，这中间的艰辛，恐怕只有他自己才能明白，在他刚到四川为巡抚的时候，康熙还曾经嘱咐过年羹尧要做一个清廉的官员，那时候年羹尧也确实做到了。只是他的职位越高，手中的权力就越大，他就会慢慢地失去自我，忘了初心。也将雍正心中的"恩人"形象毁得荡然无存。

　　然而年羹尧是雍正持政三年来大力支持的重臣，又在川陕经营了十几年，无论政治经济实力还是军事实力都不容小觑。要想把这个"西北王"拿下，绝对不能冲动，要考虑多个方面。雍正将年羹尧推到自己"恩人"的这个高度，若是只有一些"箕坐"之类的出格行为就将年羹尧定罪，显得雍正过于心胸狭隘了，雍正本来就是个爱面子的人，没有充足的借口是肯定不能直接定年羹尧的罪的。所以，雍正要找一个合法且合理的理由。根据前面所说的，要找一个理由对付年羹尧，其实还是没啥问题的。现在的难度是，年羹尧执掌川陕一带多年，不仅身经百战，更手握重兵，地方上很多重要的文臣武将，都是他举荐的，如果贸然除掉他，可能会引起不必要的连锁反应。在之前年羹尧对允禩过于宽松更容易让人怀疑，毕竟允禩曾经也是九龙夺嫡中的一员，如果允禩联合京中的反对者，那对雍正的威胁实在太大了。

其实年羹尧在京的这段时间里，雍正的心腹曾经劝过他，不要让年羹尧回到陕西。这是最保险的做法，因为川陕一带根本就没有什么可以限制年羹尧的力量，甚至整个朝堂上，能够和年羹尧一系抗衡的重臣也很少。把年羹尧留在京城，就是最稳妥的办法。但是这样就明显没有合法合理的理由，会对雍正的名声有碍。要想保住名声，最好的办法就是先放年羹尧回到川陕，然后收集证据，按照处置普通大臣那样的程序去做，只是这样很可能会给年羹尧和他的党羽带来心理上的冲击。一旦事态发展到不可收拾的地步，那可就糟糕了。不过，雍正对自己有信心，觉得自己有这个实力控制这些人。所以，雍正让年羹尧回到了陕西。随即雍正开始了"倒年运动"，并进行了全面的部署。

一开始，雍正并没有明确地透露出要整治年羹尧的信息，在年羹尧就要离开北京回陕西到雍正三年（1724）初的时候，所有公开的圣旨和公文中，都没有关于年羹尧的任何不好的消息，但是在雍正和某些官员私下的密折里，开始显露出对年羹尧的不满，甚至开始要求官员尽快表明立场，如果能够将自己所知道的关于年羹尧"不好"的事情说出来，那就更好了。

也并不是什么官员都会得到这样的"关注"，雍正也是经过一定筛选的，首先选的肯定是他器重的官员，并且与年羹尧并没有太多交集，最好还是与年羹尧有过冲突的。雍正立刻锁定了湖广总督杨宗仁（1661—1725）。年羹尧刚一离开京城，雍正便在给杨宗仁的朱批上说："年羹尧何如人也？就尔所知，据实奏闻。'纯'之一字可许之乎？否耶？密之。"这话问得也是直接，上来就是你觉得年羹尧是什么样的人？将你所知道的，都说出来。他能得到一个"纯"字的评价吗？还是不能？秘密说来！

　　要知道，这两年来，雍正一直认为年羹尧忠心耿耿、不骄不躁、大公无私。但现在，雍正却一反常态，向其他官员质问年羹尧究竟是什么样的人，是否配得上"纯臣"这个称号，显然是对年羹尧产生了极大的质疑。杨宗仁在官场上摸爬滚打了这么久，本身和年羹尧也没有交集，自然明白雍正话里的意思。

　　到了十二月，雍正又开始暗示另一个官员，河道总督齐苏勒（？—1729），雍正在他的奏折上写道：最近，我的舅舅隆科多和年羹尧都大权在握，有嚣张跋扈的姿态，我若不加以防范，这两个功臣，将来必保不住。你们要远离。现在舅舅只说你品行不端，年羹尧却说你不会治水，说你是个无能之辈。今岁已安澜告成，今陛见来，言"大奇，皆皇上洪福！"从这一点上，我知道了你的好。只有怡亲王对你赞不绝口，而你和怡亲王没有任何交集，我知道他说的是真的。如今既然奉了旨意，不必怀疑，不必猜测，你可以在折子上向他问好，亲近他，对你有好处，况王公忠、廉、诚，当代诸王大臣中第一人也。

　　这个朱批就很有意思了，雍正初期的三大巨头都被雍正提到了，雍正的态度也很明显，直截了当地表达了自己对年羹尧的不满，更是挑拨了两人的关系，说年羹尧曾经在他身后骂过他。并且让他多和怡亲王接触。齐苏勒是一位治水能臣，深得雍正器重，与年羹尧也没有什么交情。想必看到这个朱批也会大吃一惊吧，不过倒是不用太过担心，他和杨宗仁只需要在适当的时候站好队就行了。

　　这些是雍正最先打招呼的大臣。还有一些官员，是雍正重点关注的人，这些人心里恐怕会很紧张吧。因为他们大部分都是年羹尧的亲朋好友，或者是年羹尧推荐的官员，他们要么有能力，要么跟雍正关系匪浅，还有留下来的价值，所以就要拆散他们和年羹尧的关系。给这样的人一个机会，也可以说是一种考验。若是他们能表明态度反过来对付年羹尧，自然能保住自己的性命。但若是要装模作样，并且向年羹尧告密，那就等着跟年羹尧一起被清算吧。

首当其冲的就是前面说过的直隶总督李维钧，他是年羹尧推荐的一位重要官员，他的继室是年羹尧总管的义女，雍正在朱批上对他说："最近一段时间，我对年羹尧的奏折产生了怀疑，朕甚疑其不纯，认为他弄巧揽权，玩忽职守。卿知晓之后，不要让他知道，渐渐远离他就好。"还有安徽巡抚李成龙，他和年羹尧是世交，雍正是这么和他说的："年羹尧最近专横跋扈、贪赃枉法，我很是怪他背叛了我。况你儿子在彼，你等原是世交，若能通情达理，倒也罢了，若是畏首畏尾附和他，只怕会被他牵扯进来，所以还是小心为上。不光是年羹尧靠不住，其他人也一样可以害你。除了怡亲王外。今雍正三年矣，向日得力之行为，今皆不灵应也！改之勉之！"

这里也提到了怡亲王允祥，可见雍正还是十分信任他的，所以雍正让大臣们多亲近他，大家如果有不方便直接呈上来的事情，可以告诉怡亲王，放弃年羹尧，去跟怡亲王交好。当时很少有官员能够独善其身，不依附权贵，即便有，想要站稳脚跟，也是难上加难。与其让他们各自为政，去找自己的亲朋好友、同僚、恩人，还不如给他们找一个靠山，这个人就是允祥。当初雍正千方百计地让年羹尧跟允祥亲近，就是因为怡亲王是可信的，偏偏年羹尧特立独行。

当雍正对这些重要大臣都打过招呼后，就开始搜集年羹尧的罪证了。这与前面雍正行事的风格就完全不一样了。雍正在各种圣旨和公文中对年羹尧进行了详细的挑刺与批评。

年羹尧到了西安后，就给雍正交了谢恩折子，说自己已经回到任上了，并且感谢皇上对自己的厚待，又对自己以前所做的许多错事表示了歉意，等等。在这份奏折的末尾，雍正的批注意味深长：

据此不足以报君恩父德，必能保全始终，不令一身置于危险，方可谓忠臣孝子也。凡人臣图功易，成功难；成功易，守功难；守功易，终功难。为君者施恩易，当恩难；当恩易，保恩难；保恩易，全恩难。若倚功造过，必致返恩为仇，此从来人情常有者。尔等功臣一赖人主防微杜渐，不令致于危地。二在尔等相时见机，不肯蹈其险轨。三须大小臣工避嫌远疑，不送尔等至于绝路。三者缺一不可，而其枢要，在尔等功臣自招感也……

这段话说得很是有深意，劝诫意味十足，年羹尧看到这段朱批，自然是一头雾水，连忙说自己生性愚钝，做了不少错事，陛下不忍心再责罚他，他感激不尽，一定努力弥补自己的过错。面对年羹尧的回复，雍正的态度缓和了些，并且表示看了这份奏折，很高兴，如果你能改过，那就没有错了。只是雍正还是不相信年羹尧改过，怕年羹尧听不进去他的劝告。如果是这样的话，"可惜朕恩，可惜己才，可惜奇功，可惜千万年声名人物，可惜千载奇逢之君臣遇合，若不知悔，其可惜处不可枚举也"。

在雍正三年（1725）正月，年羹尧让自己的心腹陕西巡抚胡期恒弹劾了陕西驿道金南瑛。巡抚弹劾下级官员，乃是自己的职责所在，如果没有确凿的证据证明巡抚是错误的，皇帝一般不会拒绝，也不会责怪督抚。可是雍正因为这位默默无闻的金南瑛是怡亲王保举的，就极力袒护，斥责年羹尧与胡期恒为"妄参"。怡亲王保举的人，怎会无能？那就是你年羹尧排挤贤才，任用自己的势力。年羹尧因此被雍正当众斥责，并交吏部议处。显然，雍正的态度和朱批中表现出的对年羹尧和怡亲王的态度，是一致的。

对于这件事年羹尧无奈承认自己错了，但他还是彷徨莫措，不知道该怎么改过自新才能得到雍正的原谅。而雍正看着年羹尧诚惶诚恐、悔恨交加的折子后，态度并没有缓和，反而说："彷徨莫措，亦自信不及尔，如果知恩，何罪可待？"

到了三月，北京发生了"日月并合，五星连珠"的祥瑞之兆，依照惯例，官员必须给皇上送上贺表，一般都是由各官员的幕僚起草，抄录下来，然后寄回北京。一般不相信吉兆的皇帝，都不会自己去翻阅，只是走个过场。但这一次，雍正故意挑刺，注意到年羹尧的贺表里将用来形容皇帝日夜操劳的"朝乾夕惕"写成了"夕阳朝乾"。雍正认为年羹尧并非粗心大意之人，贺词写得如此，实是有意为之。年羹尧并不想用"朝乾夕惕"这个词来评价自己，就是仗着自己的功劳显露不敬之意，他既不承认我的功劳，那么我就可以允许他对青海的贡献，也可以不允许！此言一出，文武百官都明白了雍正的用意。

而之前那些被雍正暗示甚至明示过的大臣，开始公开或暗中弹劾年羹尧，揭露他的种种罪行，雍正因此开始派人去各地收集弹劾的证据，这样雍正要拿下年羹尧就既合理又合法了。在这之前，雍正并没有给予年羹尧什么实质性的处罚，只是从年羹尧在雍正二年（1724）末离开北京后，雍正一直在书信中告诫他。

这时年羹尧手握军权，如果他被激怒了，很可能会引发兵变，雍正帝的心腹大臣们都很担心这一点，也都劝过雍正，对年羹尧多留几分回旋的余地。然而，老谋深算的雍正却丝毫不在意这些。因为他成功地将反对年羹尧的势力整合起来，尤其是比较重要的那几个人。

比如前面说过的史贻直，他与年羹尧是同一年的举人和进士，年羹尧非常地看中他，也推举过他。史贻直现任吏部侍郎，甚至在那些王公面前都不下马行礼的年羹尧，见到他会下马。这样说来，雍正自然会对史贻直有顾虑，但他也欣赏史贻直的才华，便开门见山地询问他："年羹尧推举的你吧？""是年羹尧举荐我，但是是陛下重用我！"雍正闻言大喜，对史贻直的怀疑变成了信任，对他委以重任，让他前往山西河东盐场，追查年羹尧乱开盐引和贩卖私盐的证据。

年羹尧那一届科举是个响榜，所以年羹尧的很多同年都十分的优秀，其中有一个叫作伊都立的人，是年羹尧的乡试同年，这个人可以说是"倒年"的开路先锋。伊都立（生卒年不详）是满洲正黄旗人，姓伊尔根觉罗氏。他的家世很好，是权臣索额图的外孙。他 13 岁就中了举人，原本前程远大，但因索额图的倒台，他在康熙年间仕途并不好，在康熙去世的时候只是个五品官。不过伊都立在雍正登基之后，一飞冲天，因为他的儿子娶的是怡亲王的女儿，而且他和年羹尧私交不错，自然能被雍正重用。现在雍正要拿下年羹尧，那伊都立自然不会选择站队年羹尧，毕竟就像史贻直所说，重用他的是雍正，自己又和怡亲王是亲家，所以他应该算是雍正的心腹。

为了让年羹尧放松警惕，雍正便委任伊都立为山西巡抚，负责在川、陕和京畿之间建立一条关键的防线，伊都立就任之后，雍正命其统领山西太原、大同等军事重镇，并且要他负责管理山陕两省最重要的经济来源——河东盐矿，就是前面史贻直所去的地方，两人里应外合。雍正还让伊都立继续保持和年羹尧的交情，保持联系，更是手把手地教伊都立如何夸奖年羹尧，让他放松警惕，在年羹尧的眼皮子底下搞小动作。

如此一来，雍正自然就不会怕年羹尧手中的兵权了，雍正已经从他的核心部分瓦解他。不过也有人比较坚定地跟着年羹尧走，比如前面说过的直隶总督李维钧。他的名声并不是很好，首先他不是通过科举进入仕途的，其次他堂堂一国重臣，却做了年羹尧家奴的女婿，自然是被人看不起的。但是他在政务上，可以说是一个有胆识有远见的好官。"摊丁入地"的全面推行是雍正初期的重大制度改革，这项改革便是由他提出来的，并很快得到了推行。因为这个提议，李维钧得罪了许多权贵。雍正很欣赏李维钧的能力，曾经夸奖他："如果所有的总督都有李维钧的能力，那么，我就不需要担心吏治民生。"所以雍正十分希望将他从年羹尧身边拉拢过来，让他成为自己的人。甚至是最先提醒他，希望他和年羹尧划清界限，还建议他和怡亲王亲近。但李维钧并未如雍正所愿，反而跟年羹尧的关系越来越好。可能他觉得年羹尧不会走到那一步吧，或许在地方治理上他的能力不错，但是在仕途上却没有看清楚。李维钧面对这种情况自然也上疏弹劾年羹尧，但是他是以"阳为参劾，阴图开脱"的态度，试图在雍正面前蒙混过关。

李维钧在雍正三年（1725）年初，连上三道奏折，弹劾年羹尧，但是内容都是很空泛的，其实颇有点两边都想讨好的感觉，但是只可惜没有讨好到。他揭发年羹尧"挟威势而作威福，招权纳贿，排异党同，冒滥军功，侵吞国帑，杀戮无辜，残害良民"之类的。

不过，以雍正的城府，马上就明白李维钧只顾着给年羹尧扣帽子，避而不谈年羹尧的具体行动，根本就无法给年羹尧治罪，这就是表面上弹劾，暗地里在开脱罪名。雍正在朱批中警告李维钧，"如欲尽释朕疑，须挺身与年羹尧作对，尽情攻讦，暴其奸迹与天下人尽知，使年羹尧恨尔如仇，则不辩自明矣"意思是如果你想消除朕的疑虑，就应该站在年羹尧的对立面，将他的所作所为公之于众，让年羹尧恨你如仇，这样即使你不分辩我也会明白了。甚至直截了当地说"为年羹尧，尔将来恐不能保全首领也"。饶是这样，李维钧也没有和年羹尧撇清干系，每隔五天，总有李维钧的使者到西安总督府。

雍正怕年家家大业大，"今日藏匿财物，他时要结人心"，便吩咐各省查抄年羹尧的赃物。李维钧不仅将年羹尧在保定的十几座府邸全部查清，还将年羹尧在定州的产业，和江西总督贿赂年羹尧银子的事情，一一禀告给雍正。这是雍正第一次对年羹尧抄家，抄的是他在保定的财产。不过，李维钧与年羹尧到底是老熟人，在抄家过程中，他还是存了一些私心。有一次，他从缴获的银两中，拿出300两发给了年羹尧的下人。蔡珽为了争夺直隶总督之职，对李维钧也是虎视眈眈。他很快就知道了发放银子的事情，并且上疏给雍正。因此，李维钧被罢免，蔡珽因为告密而晋升。后来蔡珽对年羹尧在保定的十多个产业及"箱匣橱柜"进行了全面的检查。而在西安，发现年羹尧在被调任杭州将军的时候，带走的银子需要上百头驴驮着。但后来都消失得无影无踪。这件事让雍正震怒。

李维钧在雍正三年（1725）七月，因替年羹尧隐瞒家产、贪污腐化等罪名，被下令逮捕，革职查抄家产，拟斩监候，不久后病逝。

这些其实都是雍正对文臣的一些笼络手段，尤其是中央圈子里的。接下来就是大力清理年羹尧治理下的川、陕、甘三省的势力。这就主要是针对川陕集团的武将，雍正想尽一切办法，争取将所有的将领，全部纳到麾下。而在这些人当中，首当其冲的，就是年羹尧麾下的一员猛将——岳钟琪。

其实岳钟琪前面已经讲过，他是岳飞的后人，祖祖辈辈都是武将。他的父亲岳升龙前面也提到过，他深得四川军队拥戴。岳升龙晚年因亏空被革职，多亏了当时还是四川巡抚的年羹尧出面说情，此事才过去，于是年岳两家也比较亲近。岳钟琪也是在年羹尧的劝说下参军，一直是年羹尧的得力助手，在康熙末年的保藏之役和雍正时期的平定青海的战争中都有他奋勇战斗的身影。30多岁时，岳钟琪已升为四川巡抚，受封三等公，他也是汉人中少有的拥有高爵位的人。

岳钟琪是年羹尧培养出来的武将，两人又有师徒之谊，他与年羹尧性格颇像，年轻气盛，急于建功立业，颇有主见。在青海平定叛乱的初期，他就曾上过一道折子，请求雍正准许自己不必与年羹尧在军事行动上保持一致。雍正利用了岳钟琪的这一性格，才能成功地离间了两人之间的关系。平定青海之后，岳钟琪被留在了前线，处理军队的后续事宜。雍正决定"倒年"后，雍正便将此事告知了从没有见过的岳钟琪，并极力安抚，许诺他非但不会因年羹尧而被牵扯进来，而且还会取代年羹尧的位置，出任川陕总督一职。雍正甚至为了让岳钟琪与年羹尧成功脱离关系，说岳钟琪的父亲岳升龙是被年羹尧暗算，两家关系并不好。

岳钟琪很清楚，他作为年羹尧一方的核心人物，手握兵权，如果不接受雍正的"招安"，不与年羹尧断绝关系，一旦雍正处理了年羹尧，那么下一个被处理的就是他。岳钟琪心里自然明白该怎么做。

雍正暂时安抚了陕甘川的重要武将，这也是最重要的。接下来就是陕甘川等地的文官，因为他们大多也都是年羹尧举荐的。尤其是雍正元年（1723）被封为陕西巡抚的范时捷。范时捷对年羹尧言听计从，被年羹尧举荐为陕西巡抚后，对年羹尧更是毕恭毕敬，甚至还跪迎年羹尧，视他如恩人。范时捷出身于镶黄旗，是开国谋臣范文程的孙子，也是世家子弟，比年羹尧强得多，两人又都是总督，他对年羹尧如此卑躬屈膝，自然不会甘心屈居人下。

雍正在开始"倒年"计划的时候，将范时捷迅速从西安调往北京，范时捷在见过雍正之后，立刻明白雍正要拿下年羹尧，于是他毫不犹豫地站到了雍正一边，其干脆程度连雍正都觉得这个人日后也不堪大用。范时捷参奏年羹尧私吞军资、错举官员、欺压官员，甚至说年羹尧的得力助手河东盐运使于郃阳县致百姓死伤无数，这些都是事后逮捕年羹尧的最有力的罪证。但是范时捷并没有升官发财，除了雍正觉得这个人不堪大用这个原因外，还有就是雍正觉得范时捷先前讨好年羹尧之事实在是让人不能接受，不久之后，范时捷被革职回家。

其实，年羹尧真正觉得有能力的是布政使胡期恒，就是前面那个被雍正斥责"妄参"的人。平定青海后，年羹尧举荐胡期恒为甘肃巡抚。可惜的是他刚一就任，雍正就打算"倒年"，接连几次训斥他，后来雍正召见胡期恒，雍正劝说他将年羹尧的罪行一五一十地说出来。胡期恒与范时捷的选择截然相反，面对雍正施加的压力，坚决不肯揭发年羹尧。雍正勃然大怒，说胡期恒所奏皆是谬论，观其德行，实在令人生厌，岂特不称巡抚，即道、府之职亦不相称，当即下旨，将胡期恒打入大牢，待到乾隆继位，才予放归。乾隆朝的大学士全祖望，非常赞赏胡期恒的做法，称赞他不会因为年羹尧的处境而出卖自己的好友，实在是世间少有。

这些被雍正劝说的人中，有与年羹尧没有关系的，也有年羹尧的朋友、徒弟，还有年羹尧举荐的人，他们有的被劝动，有的直接弹劾年羹尧，也有表面弹劾年羹尧实际上啥也没说的人，当然也有完全拒绝弹劾年羹尧的人。

下面这个人就比较特殊了，他和年羹尧可以说是死对头。年羹尧担任川陕抚远将军时，四川巡抚最初是由蔡珽担任。两人的关系有些复杂。蔡珽是汉军正白旗人，是世家子弟，但是他的父亲后来被革职发配黑龙江，所以蔡珽幼年时过得并不好，幸好他读书用功，在康熙三十六年（1697）考得进士，并入翰林院为庶吉士。这么说来，他和年羹尧都是汉军旗，又都是进士，还都是翰林院出身，应该早就有交情。蔡珽最初的时候也比较谨慎，与雍正没有什么交往，后来是在康熙六十一年

（1722）的时候通过年羹尧长子年熙，和雍正有了联系。由此可见两家关系还不错。不过蔡珽与年羹尧的关系很一般，他不倾向于年羹尧，因为他根本就不想去四川，而且他的声望比较高，性格也比较强势，唯才唯贤，不会低声下气地讨好年羹尧。年羹尧也不见得喜欢蔡珽，因为蔡珽不会听他的话，年羹尧想控制四川，就要想尽办法把自己的心腹推举到四川巡抚的位置上，但是在这之前要先把蔡珽从四川巡抚的位置上赶下来。

所以年羹尧在蔡珽在位的时候，就利用自己的权势，在蔡珽身上找各种问题。在平定青海的时候，蔡珽掌管粮草供应，年羹尧有意将岳钟琪的兵马调到各处，目的就是要蔡珽来不及转运，希望蔡珽能延误军机。并且他还在雍正那里打小报告，说蔡珽在四川的所作所为，我都了如指掌，他的言行举止，与在翰林院时大不相同，蔡珽对川省并无益处。暗示雍正换掉蔡珽，那时候正是年羹尧和雍正的"蜜月期"，在人事上，雍正基本上都听年羹尧的意见，对他的话深信不疑。所以雍正对蔡珽满是训斥：任何事情，都要同年羹尧商量后才能进行。如果做不到，就去请教年羹尧，千万不要出错，等等。这让蔡珽心里很不是滋味，他也是一省巡抚，不比年羹尧的职位低多少，本该各抒己见，谁有道理听谁的，但是现在却要听年羹尧发号施令，那他的存在又有什么用？身为官员，又有什么威严可言？蔡珽希望卸任回京，雍正怕政局不稳，没有答应蔡珽的请求。

年羹尧不但暗中对付他，还明目张胆地弹劾蔡珽。年羹尧后来提议在四川开鼓铸，鼓铸就是冶炼金属的意思，但蔡珽以四川本不产白铅，不便开采为由，否决了这个提议。年羹尧借此机会弹劾他，说他阻挠公事，因此蔡珽被革职。而在这个时候，蔡珽的下属重庆府知府蒋兴仁因为承受不住他的怒火，自己用小刀戳腹殒命。因此蔡珽又被年羹尧弹劾，说他身为巡抚，纵情任性，因其性子暴躁，以至于知府蒋兴仁一怒之下自杀身

亡，还建议斩杀蔡珽。蔡珽被押往北京。年羹尧的心腹王景灏
得以成为新任的四川巡抚。

　　本来蔡珽是没有翻盘的机会的，毕竟年羹尧是雍正的"恩
人"，但是天恩难测，等到蔡珽被送进刑部大牢的时候，雍正已
经开始收集证据，进行"倒年运动"了。

　　雍正三年（1725）正月，雍正提审被革职的四川巡抚蔡珽，
这就给了蔡珽机会，他趁此向雍正陈述自己的冤情，说出自己
平时拒绝年羹尧而遭诽谤的事情，此外，还专门提到年羹尧
"贪酷残暴各款"。蔡珽在川陕也有几年了，算得上是那里官场
上的核心人物，又早就与年羹尧相识，自然能提供一些关于年
羹尧的情报。所以，雍正很快就下了一道圣旨，说蔡珽被年羹
尧诬陷，赦免了蔡珽。蔡珽改任都察院左都御史，并不断升迁。
蔡珽自然是一马当先，奋发图强，进行"倒年运动"。

　　雍正自然不会亏待蔡珽，赏赐了蔡珽不少钱财和田地，还
将年羹尧的府邸和奴仆，没收后赐给了蔡珽。蔡珽却说，皇上
将这些赏给我，臣谢主恩。不过，从年羹尧那里没收的东西，
都是臣万死也不敢收的有罪之人的东西，所以，我将它交还给
国库。雍正皇帝对他的做法大加赞赏。可见这个人极其会讨巧。

　　而年羹尧的心腹王景灏又是怎样的情况呢？其实年羹尧得
势后，也考虑到自己的未来，所以他把自己的一个孩子，以被
收养的名义，交给了四川的一个武官阮阳璟，但知道这件事的
人并不多。年羹尧被弹劾时，王景灏没有说出这件事来。但雍
正知道后，为了确定这件事的真伪，就询问蔡珽："川省可有一
位将军，过继了年羹尧的儿子？不知道是副将还是参将，我忘
记他的名字了，你要是记得就写下来。"之后，蔡珽做了一份详
尽的汇报，将这个人的姓名、住址都说了出来。雍正得到这个
确切信息后，勃然大怒，训斥了王景灏一顿："阮阳璟这件事
大家都知道了，怎么可能查不出来，如果你还藏着掖着，那就

莫怨我了。"王景灏大惊失色，雍正以"年党"的罪名，将阮阳璟抓了起来。雍帝除去了这个心腹大患，但王景灏却难逃责罚，雍正三年（1725）十一月以党年罪罢。

但是蔡珽以后就这样一帆风顺了吗？并不是的。这一次，蔡珽因为揭露了年羹尧的一些罪责，走上了事业的巅峰，这让他受到了极大的鼓舞，从那以后，他就一直靠说大臣坏话来向皇上表忠心。在年羹尧倒台后，当时风头很盛的岳钟琪入京觐见雍正。蔡珽就在雍正面前说岳钟琪不可信赖；又不知道出于什么心理，他秘密通知岳钟琪，说怡亲王允祥对他很不满意，要他小心。这让岳钟琪回京后，一直提心吊胆，惶恐不安。之后，雍正、允祥、岳钟琪私下沟通后，蔡珽的所作所为就被揭穿了。后来，蔡珽又说雍正一手扶植起来的河南巡抚田文镜的坏话。田文镜不是科举出身，在朝中并无旁人支持，深受雍正信赖。因此蔡珽被雍正痛斥为"科甲朋党"。雍正觉得这些科举出身的人结党欺负监生出身的官员。

最无法想象的是，蔡珽居然对怡亲王允祥也是颇有怨言。蔡珽言语之中，似是在斥责允祥不自量力，过分干涉当地事务。这种言论落在允祥的耳朵里，后果不言而喻。要知道雍正最信任的就是允祥啊。蔡珽因为揭发年羹尧而获益，便因此形成习惯，沉迷于打小报告，只享受了两年的荣耀，便一落千丈，屡次受到惩罚。雍正四年（1726）底，蔡珽因十八项罪名，被判斩监候。除了前面所说的罪名外，当初年羹尧参他的许多罪状，又都被重新提了出来。直至乾隆皇帝登基，蔡珽才获赦免，后来没几年就死了。

总之雍正的倒年运动就这么有条不紊地进行着，其实应该说是雷厉风行。因为在雍正三年（1725）四月的时候，年羹尧回到川陕也不过就是半年左右，年羹尧就接到了一道圣旨："免去年羹尧川陕总督之职，调任杭州将军，川陕总督一职由甘肃巡抚岳钟琪代为署理。"雍正没有忘记之前对岳钟琪的承诺，并且毫不吝啬地夸奖了岳钟琪："卿乃旷代奇才，国家栋梁大器，朕虽未见卿之面，中外舆论、一路次第来历、章奏、办理事件所效之力，明明设在目前，朕实知卿之居心立志也，朕实庆喜。"还说："陕省官制废弛日久，又征战十多年，当地民风凋零，总督一职，非像你这样的当世大人物，才能担此重任，如今你在陕甘，也只能靠你了。"很明显，雍正开始给岳钟琪灌迷魂汤了，就像当初夸年羹尧一样。而这个时候的岳钟琪经过数个月的思想挣扎，决定背弃年羹尧，离开西宁，前往西安，成为继年羹尧之后的川陕总督。

不过，雍正对岳钟琪这个素未谋面的汉人总督到底还是有几分顾忌的，在岳钟琪被提拔为川陕总督后，便下令将年羹尧的抚远大将军印一并收缴送回北京。年羹尧在川陕的军事势力从战时向和平过渡，雍正可以放心了。这次拿下年羹尧，雍正早有准备，但是对于文武百官来说，这一切都太突然了。曾经因为年羹尧而得到好处的官员很快就落马了，也有因此揭发年羹尧而一步升天的。总之，现在年羹尧外围势力已经都被解决了，那么年羹尧自己又怎么样了呢？

第二十二章　逮捕进京

　　从雍正二年（1724）十一月开始到雍正三年（1725）四月是雍正拿下年羹尧前期准备时间，包括让各类官员站队还有瓦解年羹尧川陕地区的小团体。在做好这一切之后，从雍正三年（1725）四月开始，就是对年羹尧本人的处置了。从免去年羹尧抚远大将军、川陕总督，改调杭州将军开始，大约也是经过了半年，到了十一月，年羹尧被雍正依照《大清律例》以及相关的法律、行政程序等，以各种罪状免去所有官职和爵位，最终将他押回北京。

　　到了这个时候，朝野上下都在弹劾年羹尧，所有的罪状几乎都有了确凿的证据。雍正开始与年羹尧对证，所有的奏折都送到了年羹尧的手里，让他一条一条地说清楚。而这个时候的年羹尧还处在迷糊的状态，完全不知道周围形势怎么变成了这样，甚至不相信雍正真的会将他推上敌人的位置。年羹尧心脏不好，之前就发作过一次，雍正还赐给他一颗天王补心丹。现在面对雍正一次又一次的质问和斥责，年羹尧精神紧张，心脏病又犯了。他在折子中说，自开春之后，他食欲不振，失眠多梦，到了二月，他曾三次吐血，后来渐渐昏昏沉沉，做起事来，已是筋疲力尽。三月好了一点，但身体还是比较孱弱。岳钟琪也写了折子，证实年羹尧身体不如之前。不过现在雍正已经不信任年羹尧了，所以也不相信他说的话，以为他是拿自己的身体当借口，不愿意坦白自己的错误，于是斥责道："任何人说你的身体有问题，我都不会相信，不要再做这些了，只会让你我的心更寒。"

年羹尧于雍正三年（1725）四月十八日收到旨意，他被免去川陕总督一职。年羹尧很不甘心，因为他很清楚，如果自己被革职，被逐出川陕，那自己就再也回不来了，根本就没有任何谈判的余地。于是，他在谢恩折子上说自己庸碌无为，在边关待了这么长时间，又生了一场大病，昏昏欲睡，经常犯错，如今皇上把他派到杭州将军这个职务上来，是对他的爱护和保护，让他有了休养的机会，他十分感激。其实如果年羹尧真的是这么想的，或许后来的结果会好一些，谁知道年羹尧又以"民意"向北京施压，表示西安的官员并不想他离开。

雍正则对年羹尧的计划不屑一顾，甚至冷嘲热讽道："总督只有二品，大将军才是一品，朕已经提拔了你，你还这么执着干什么？"

雍正对年羹尧所言所行，早有心理准备，应付起来游刃有余。直接在谢恩折子上写了一大篇朱批：

> 朕闻得早有谣言云"帝出三江口，嘉湖作战场"之语。朕今用你此任，况你亦奏过浙省观象之论。朕想你若自称帝号，乃天定数也，朕亦难挽，若你自不肯为，有你统朕此数千兵，你断不容三江口令人称帝也。此二语不知你曾闻得否？
>
> 再你明白回奏二本，朕览之，实实心寒之极！看此光景，你并不知感悔，上苍在上，朕若负你，天诛地灭；你若负朕，不知上苍如何发落你也。我二人若不时常抬头上看，使不得。你这光景是顾你臣节，不

管朕之君道行事。总是讽刺文章，口是心非口气，加
朕以听谗言、怪功臣之名。

朕亦只顾朕君道，而管不得你臣节也。只得天下
后世，朕先占一个"是"字了。不是当要的主意，大
悖谬矣！若如此，不过我君臣止于贻笑天下后世，作
从前党羽之畅心快事耳。言及此，朕实不能落笔也。
可愧！可愧！可怪！

大意是我听说很久以前就有这样的传言：帝王将在三江口
出现，嘉湖将变成战场。我今天任用你为这个官职，而且你之
前也上了一道关于浙省现象的奏折。我以为，你若称帝，也是
天命定数，我也无法阻止，你若是不愿意，由你统领着我的几
千将士，你决不能让别人在三江口称帝。这两句话，不知道你
听明白了吗？三江口在浙江绍兴一带。当年清军入关的时候，
在江南大肆烧杀抢掠，所以引起当地人们有"反清复明"的
意向，所以就有"帝出三江口，嘉湖作战场"这种传言，这个
"帝"指的是非清朝皇帝，这个传言从康熙三十多年传了30多
年了。雍正把年羹尧发落到杭州，和这个谣言联系起来，其实
就是把年羹尧"称帝""造反"等最大的威胁说得清清楚楚，你
不用说什么休息，我就是听到那边有叛乱的风声，有本事你就
造反！

你的回奏，我看了之后，当真是寒心到了极点！看这情形，
你还不知悔改，苍天在上，我若是辜负了你，天诛地灭。如果
你背叛了我，我不知道上天会怎么惩罚你。你现在这样是顾你
自己的为臣的节操，不管我的为君之道。行事多有讥讽之意，
言不由衷之语，认为我是听谗言，怪罪功臣。我也只在乎君道，
管不了你的臣节。只有在未来，我才能说出一个"是"字。这
可不是什么重要的事情！若是这样，只会让后人看我们君臣的

笑话，说到这里，我还真下不了笔。可愧！可愧！奇怪！

后半部分则彻底推翻了年羹尧之前所有的解释，哪怕承认错误，也是在嘲讽陛下，指责陛下听了卑鄙小人的话，陷害自己的臣子。他以"君道"反对年羹尧以"臣节"为己任，表明自己这样做是没有错的，后世的人会明白。

年羹尧可能还带着一些侥幸心理，但是看到这道朱批也明白，没有回旋的余地了。尤其是除了岳钟琪接任川陕总督外，还有一位资格在年羹尧之上的宗室贝勒延信被调到西安担任将军，负责西北八旗的守备。年羹尧清楚地认识到，自己在川陕的军事和政治势力，已经被雍正完全瓦解了。

年羹尧不得不离开自己经营十几年的地盘，当然，现在也不是他的地盘了。他在离开前曾和岳钟琪私下交谈过数次，毕竟这个人可以算是年羹尧的学生，年羹尧还是想着或许结局没有那么糟糕，至少岳钟琪与他关系不错，没准会帮助他。但是年羹尧没有想到这些谈话岳钟琪都向雍正报告了。比如年羹尧问岳钟琪："陛下可有对我的旨意？你我认识这么长时间，你要如实相告。"岳钟琪的回答是"没有"，年羹尧说着说着就哭了起来，叹了口气："我恐怕是无法活命了……我这病不太好，每天晚上都会出汗，也吃不下东西，身体很虚弱。"年羹尧先打感情牌，然后再装可怜，而岳钟琪不过就是敷衍地安慰他："陛下宽宏大量，没有加罪名，还调升将军，只要知错能改，一切都会好起来的。"

在此之后没两天，两人再次私下相见，"我与你交代的事情已经结束，明日我便启程离开，另有要事相求。年富和年斌，用他二人的名字做了一个假名河东盐商傅斌，还请你多多关照。"岳钟琪答道："河东的盐务，如今由钦差负责，你儿子怕是管不了盐了。"年羹尧一听他这样说，只能回道："如果不行那就算了。我的事如果能照应一下的话，务必求你照顾下。"

岳钟琪则说："君恩友义，你应该知道什么是最重要的。无论大事小事，我都不敢有私心，一切都是圣恩所赐，不敢有半点怠慢。"

如此看来，年羹尧在离开西安之前，还对他与岳钟琪的交情有所期待，也觉得雍正可能只是"吓唬吓唬"他，并没有往最坏的打算想，毕竟他觉得岳钟琪还会帮自己，不然不会求情。因为有岳钟琪和延信，逼得他只能低头服从命令，灰溜溜地离开了西安。

在雍正一道道要求年羹尧说清楚情况的责问下，两个多月之后，年羹尧到达江苏仪征，按照圣旨，他本应从仪征乘船南下，去杭州赴任。但年羹尧怎么也不能接受自己现在的情况，他不信雍正会这样对他，所以他上疏雍正，请求沿江北上，入京面见皇帝，在雍正面前倾诉坦白。

不过年羹尧得到的回复只是雍正的奚落："事已至此，你还在这里说什么违抗陛下的命令？还想将在外君命有所不受？对自己的老巢西安念念不忘？你如与车马楼船、家人上千，停留在运河要津、南北通衢之地，还要北上入京，是何道理？既然你不领情，那好，你就别做杭州将军了，降为闲散章京，去杭州旗营，听候新将军的调遣！"年羹尧这完全是给了雍正将他降职的机会！

雍正三年（1725）七月，朝臣们依据已知的证据，上疏建议将年羹尧诛戮，以昭国法，雍正并没有对这个建议发表任何意见，反而下令内阁，向各省的将军、督抚、提督、总兵征求询问，让他们就年羹尧的案子发表自己的看法。九月，雍正因年羹尧出军剿一批盐贩子时杀了800多名百姓，下旨将年羹尧革职，押入京，送到三司受审。至此，雍正拿下年羹尧的事已经板上钉钉了，经过收集证据的程序，现在进入了审判阶段。

不过在审判阶段之前，还有一个重要的步骤，就是逮捕年羹尧。而谁去逮捕呢？雍正让散秩大臣拉锡捉拿年羹尧。拉锡，蒙古人，没有什么显赫的身份，不过在清廷内部他是一名青藏问题的专家，于雍正年间升任都统。当年羹尧在青海打仗的时候，拉锡是雍正身边的一位重要军师，因此经常出现在雍正给年羹尧的朱批里，甚至和怡亲王与隆科多并列出现。年羹尧对这一点很是不满意，他还当众建议雍正，千万别把他报告的军情告诉那个曾到青海各地游历的拉锡，说不定拉锡就是罗卜藏丹津派来的奸细。按道理来说，年羹尧提出这样的请求很过分，雍正作为皇帝与军师参谋商议军情很正常，而年羹尧作为前线将领插手此事，还怀疑一位朝廷重臣是敌人的奸细，实在是很无礼而且也管得太多了，更是对雍正的不信任。不过那段时间，正是雍正需要年羹尧打仗的时候，因此可以说他对年羹尧十分迁就，甚至对这种无理的请求，也是满口答应下来，还安慰年羹尧说："其实你跟我说的很多事情，我都没跟拉锡说！"

但是现在雍正与年羹尧的关系由"蜜月期"变成了"分手期"，闹得不可开交，恐怕雍正会趁机把年羹尧的话说给拉锡听，挑拨两人之间的关系。他让拉锡抓捕年羹尧，相信他一定能够完成任务。

九月十六日，拉锡离开了北京，先快马加鞭又改用快船，经过了十几天，终于到达了杭州。拉锡到达杭州之后，并没有入城，而是命人暗中通知浙江巡抚和杭州将军，商议当夜秘密抓捕年羹尧。

这个时候年羹尧被派去镇守杭州城东门太平门，是的，那个曾经不可一世的抚远大将军正在看守城门，这本身就是一种侮辱，实在是令人唏嘘。其实这就是雍正的行事风格，欣赏喜欢一个人的时候，朱批的内容肉麻得不行，好像写情书似的。要是讨厌一个人，那可就坏了，比如现在的年羹尧。太平门又称庆春门，门内是一条热闹的大街——庆春街，太平城门外，到处都是菜园，菜农运菜入城，运粪出城，都是通过这里。据说，当年羹尧守卫太平门的时候，所有经过这里的杭州人都对他避之唯恐不及，然后绕道而去。年羹尧曾经身居高位，像他这种级别的人，根本不在乎守城门这种工作。所以在被逮捕那晚，值夜班的年羹尧正在睡觉。

拉锡派人将熟睡的年羹尧唤醒，谎称有一位北京来的使者，要在普陀寺烧香，住在将军府，请他前去一见。年羹尧跟着下人去了，一进大厅，看到拉锡，他大概猜到了是怎么回事。拉锡等人当众宣布了逮捕令后，便将年羹尧押回了杭州的住所，当夜没收了他所有的财产，并将他的妻妾、儿女、家奴全部抓了起来。据拉锡后来上奏的折子所写，年羹尧在被抄家的时候，态度非常蛮横，对两个儿子大吼"怕什么！"抄家之后，他不但吃得津津有味，还和守卫们有说有笑，当拉锡问他有没有书信往来的时候，他随口回答道，每个人都有自己的事务，我把所有的信件都烧掉了！拉锡评价年羹尧是仿佛受了委屈，义愤填膺，自称英雄，如强盗、光棍拿赴市曹高歌之人。拉锡和年羹尧关系不好，在折子上，将年羹尧说成了一个狂妄至极的人，以此来激怒雍正。不过，以年羹尧的性格，恐怕也是逞强之举。

年羹尧和他的家人在十一月初五被押解回京，关押在刑部大牢里，"倒年"也进入尾声了。至此，年羹尧和他麾下的势力，再也没有任何威胁。现在的问题就是到底该怎么处理年羹尧了。是因为之前的功劳，让他辞官退休？还是发配边疆，或老死在牢里？还是真的直接杀了他？这一切就全看雍正念不念旧情了。

清朝在定犯罪官员的罪名时，一直以来都有一个原则，那就是对中低层官员的经济问题、渎职等普通犯罪，从轻处罚。官场上的人互相保护，为的就是给自己留一条后路。至于那些位高权重的大人物，如果犯了牵扯到政治上的罪，那就要严惩。

主要是怕皇上疑心自己包庇他，其次是皇上纵然有赦免之意，也得皇上特旨赦免，给皇上一个做人情的机会。

年羹尧就属于后面这个情况，各地文武百官纷纷向北京呈上奏章，结果都是大同小异，"疏参年羹尧欺妄贪残、大逆不道，请亟正典刑"，雍正只说知道了。刑部的官员将年羹尧的罪状定了九十二条，呈给了雍正。

所以，雍正到底是要杀年羹尧，还是不要？雍正当初并无杀了年羹尧的想法，甚至在四五天前还想从轻发落。但是突然发生了一件大奇事，让雍正下定决心，一定要杀了他。雍正的朱批写道：

> 一件大奇事！年羹尧之诛否，朕意实未决。四五日前，朕宽意已定，不料初三白日，一虎来齐化门外土城关内地方，报知提督，带新满洲，虎已出城外河内苇草中。新满洲到已晚，伊等周围执枪把火看守。半夜忽然突出，往南去，从东便门上城，直从城上到前门下马道，入大城，并未伤一人，立入年羹尧家，上房。至天明，新满洲、九门等至其家，放鸟枪；虎跳下房，入年遐龄后花园中，被新满洲追进，用枪扎死。有此奇事乎！年羹尧，朕正法意决矣。如此彰明显示，实令朕愈加凛畏也。朕实惊喜之至！奇！从古罕闻之事也。朕元年得一梦景，不知可向你言过否？白日未得一点暇，将二鼓，灯下书，字不成字，莫笑话。

这段内容在雍正给直隶总督蔡珽的朱批中。主要说的是有一天晚上有一只老虎跑到了齐化门的土城，午夜时分，它突然向南而行，谁都没有伤害，进了大城，就去了年羹尧家，那些士兵想赶走老虎，但是老虎不走，还去了年遐龄的后花园，最后被士兵扎死了。说完这件奇事之后，雍正就说已经下定决心杀了年羹尧。然后他又补充了一句：我元年的时候做了一场梦，可曾告诉过你？蔡珽在回复的奏折中解释过，所谓的"元年梦景"，就是雍正曾经向他提过一次元年的时候梦见老虎了。至于梦到老虎干了什么事以及它的预兆是什么，就没有细说了。但当时有传言说，年羹尧出生时有白虎之兆。这样一联系就明白雍正为什么要杀年羹尧了，因为这次被杀的老虎代表着年羹尧。不管是什么原因，雍正在下了这个决定后，觉得心情舒畅，最后一句轻松地说，白昼无片刻空闲，将二鼓，灯火下读书，字迹潦草，莫笑。不过除了这份奏折外，其他的文献中并没有对这件事的记载。

但是雍正真的会因为一个梦而决定年羹尧的生死吗？大概率是不会的，但是可以肯定的是他之前确实犹豫该如何处置年羹尧。而有了决断之后，决断的原因不能让外人知道，那么最简单的办法，就是找个借口，而天意就是一个最好的借口。那么，雍正为什么要处死年羹尧这个已经失去了兵权，没有了党羽，对他构不成任何威胁的人呢？是什么让他下定了决心？毕竟年羹尧也算得上功臣。这些在文献中没有记载，毕竟这是雍正的内心活动。如果大胆去猜测的话，可能是因为年贵妃的儿子福慧。

皇子福慧在年羹尧的案子里是被我们忽略的一个人。在处理年羹尧这件事上，只分析年羹尧自己的情况，却没有想到这或许还与立太子有关。当时雍正只有四个儿子，其中长子弘时，年近20，不得其父欢心，恐怕不会被立为太子。弘历只有12岁，弘昼只有11岁，福惠只有两岁。福惠年纪最小，但是她的生母年贵妃是众皇子生母中地位最高的，福惠更是深得雍正宠爱。前面也说过，雍正还特意让怡亲王允祥与福惠培养感情，其中固然有向年羹尧施恩的意思，但是也有雍正向允祥托付后事的意思。在允祥死后，他毫不避讳地表达了自己的意思，比如：

> 王之年齿小朕八岁，不但赖王赞襄朕躬，且望王辅弼于将来，为擎天之柱石、立周公之事业，使我国家受无疆之福，此实朕之本怀，岂料王竟舍朕而长逝耶！

这意思就是说允祥虽然比自己小 8 岁，但是自己的成功离不开允祥，而且也希望允祥辅佐未来的太子，成为国家的顶梁柱，这是国家的福气，没想到允祥居然离开自己死了！

当然，因为福惠不过是个两三岁的幼童，雍正也不可能因为自己的私心，就把这个孩子立为太子，但是，雍正愿意培养，给他一个机会，还是很有可能的。可偏偏就在这时，年羹尧也就是福惠的亲舅舅出现了足以威胁到皇权的问题，雍正只比年羹尧大一岁，如果现在不斩草除根，将来福惠成为太子，只要年羹尧不死，年羹尧就还是可以复出，将来鹿死谁手，还真不好说。而且也因为这个缘故，那些在这次倒年运动中一直说年羹尧坏话的大臣，也会极力怂恿雍正杀了他，以避免日后可能出现的反击。

雍正对年羹尧的罪行进行了详细的调查，倒年的合法性、合理性已经完全具备了，年羹尧也被押到北京关起来了。甚至雍正已经决定处死年羹尧了。那么问题来了，他需要怎样做才能让大家认可这个决定，不会说他是卸磨杀驴。他需要一个正式的、规模宏大，有百官参加的审判，让大家明白这是公正的、没有私人恩怨的。雍正也确实精心策划和执行了一次"会审"。

会审是一种由各类官员共同参加的审判，超越特定司法机构权限，比如这个案子应该是刑部量刑或者是由大理寺去审案，但是现在换成刑部或者大理寺和其他部门的官员一起审察这个案子。会审制度最早出现在西汉时期，如果贵族、高官和有功之臣有罪，就由公卿大臣共同商议，而不是交给司法机关。不过，参加会审的人，得是省级官员。从那以后，会审制度就一直延续了1000多年。到了清朝，九卿会审已经成为一项国家大事，不过审案人员仍局限于高级官员，一般情况下，地方官员参与审案，也只是限于被审的官员所任职的省份的地方官员。

那么雍正就非要搞会审吗？是的，就是因为他不愿意被人诟病。民间传言，雍正有着诸多的罪状。比如，他的皇位来历不正，是他杀了康熙；他逼迫自己的生母德妃，导致德妃撞柱而亡；还有他迫害自己兄弟，等等。这些流言根本就不可能被制止，早就在码头、驿站那些地方传开了。最终演变成了一种舆论，让雍正不得不作出反应。

所以雍正每次要把大臣下大狱的时候，为了洗刷自己身上的污点，都会想尽一切办法，让这个大臣低头认错。可是，每每雍正身边的大臣被搞下台后，都让雍正背上了骂名。甚至还与年羹尧这个案子多少有点联系。

比如说隆科多，隆科多与年羹尧并不对付，雍正还曾经极力调和过。现在隆科多在年羹尧落难的时候，不知道是不是因为联想到自己，还是真的与年羹尧冰释前嫌了。隆科多还为年羹尧说情。这个时候，雍正反而不希望两人感情好了。而且当时，雍正对隆科多也下手了。

在雍正三年（1725）七月，将已查出的隆科多的罪行送交都察院，得出隆科多包庇年羹尧，隆、年之间成为相互勾结的朋党的结论。隆科多也算是雍正的"恩人"，但是最终还是被雍正铲除了。实际上，隆科多心里也很清楚，凡是知晓皇室隐秘的人，下场都不会好到哪里去。于是，他便将钱财偷偷存放在京西寺庙之中，免得将来被雍正查抄。但是雍正能不知道这件事吗？这是他首先得罪雍正的地方。他曾对儿子说过："诸葛亮白帝城受命之日，即是死期已至之时"，隆科多将他口传康熙圣旨传位雍正比作诸葛亮被托孤，也证明他知道自己迟早会被雍正处死。同样，这样的话也传到了雍正的耳朵里。最重要的是，他将清朝皇室的家谱，偷偷地抄了放在了自己的家中，结果被雍正的密探发现。

因此雍正以年羹尧一事向隆科多发难，质问隆科多，年羹尧妄图弹劾一位老臣该当何罪。隆科多说应该处罚他，但是雍正却不满意说太轻了，然后隆科多又说了治罪，但是雍正又说重了，于是就把这个案子交给了蔡珽。蔡珽立刻明白了雍正的用意，说隆科多对年羹尧的罪责的态度模棱两可，明显是想要干涉这个案子。隆科多和年羹尧是一党，他上疏要求皇上革除隆科多所有职务，发配边陲。雍正对这个处罚稍微作了一下改动，免去了隆科多一些爵位称号。

隆科多因为包庇年羹尧而被罢官，后来他和年羹尧一样，雍正给他罗列了四十一款大罪，隆科多被囚禁三个月后死了。正是因为隆科多在雍正继承皇位这件事上立功了，所以雍正怕别人说自己是杀人灭口，就希望隆科多承认犯下大不敬罪。但是隆科多承认了自己收受贿赂，结党营私，就是不承认大不敬。最后，雍正还是背上了骂名。

"隆年朋党"是雍正朝最大的党羽，被铲除后，雍正朝再无党羽。

另一位与年羹尧案有关的人物，就是云南总督杨名时（1661—1737），字宾实，号凝斋，出生在江阴，是一名理学家。康熙五十六年（1717），杨名时被调为直隶巡道，他勤勉尽责，革除陈弊，仅用一年时间，就解决了500多个案件。在其治下"货赂无所用，人皆服而知耻"。在官场上摸爬滚打了30多年，到康熙五十九年（1720）他终于被提拔为云南巡抚，仕途可谓是坎坷。雍正登基后，杨名时深得雍正喜爱，他第一次呈上的请安折，雍正便在上面写上朱批表扬他：你在官场上的名声很好，不能改变你的初衷，要好好努力。四年后他升任吏部尚书，继续以总督的身份执掌巡抚事务，仕途达到了顶峰。但是就是在年羹尧的案子中，在所有官员大臣都在说应杀死年羹尧的情况下，杨名时主张不杀年羹尧，是各地总督巡抚中唯一一个建议宽恕年羹尧的。年羹尧被杀之后，雍正一直考虑要不要将杨名时杀掉，杨名时是出了名的清官，如果杀掉的话，他担心被骂无缘无故地杀大臣。

雍正特意派了湖南布政使朱纲（1674—1728）去审杨名时，朱纲字子聪，他在湖南时，兴利除弊，还提出了崇尚节俭、慎于用人等六条训令，对下属官员起到了约束作用。雍正还特别许诺，这件事情结束后，朱纲就会被任命为福建巡抚。朱纲知道了杨名时收下了价值120两银子以上的贿赂，大喜过望，按照律法，可以判杨名时绞刑了，可以向雍正交差了。朱纲更是让杨名时跪在院中请罪谢恩，却没想到雍正竟然不肯就这么算了，雍正的意思是"不治其名，则不治其身"。这意思是杨名时的名声没有坏，就不会将他治罪。雍正希望杨名时自认"居心巧诈"，是伪君子、假道学。杨名时德高望重，是士林中最有威信的人，而且修行道法，雍正想要这样除掉他，杨名时是不可能接受的，他可以认罪但绝不承认"居心巧诈"。雍正和他僵持了三个多月，才终于罢手，这个案子就先搁置了。朱纲在雍正五年（1727）升任云南巡抚。当时正值西藏战乱时期，朱纲忠于职守，维护了当地治安。后被调到福建作巡抚。第二年病逝，追赠兵部尚书一职，谥号勤恪。而杨名时在乾隆二年（1737）时再次被重用，得到了"学问纯正，品行端方"的评价。雍正最终也未能破其名，也未治其身。

隆科多和杨名时都让雍正得了骂名，至少给他们定的罪行不是那么完美，能让人从中找到雍正的污点。而关于年羹尧一事，雍正最终也背上了杀戮功臣的骂名。明朝残杀有功之臣，为后世所不齿。雍正专门在朱批上询问了他的心腹田文镜，如果杀年羹尧，就会背负上被人唾弃的骂名，要不要杀年羹尧，很难抉择。田文镜当即回奏，年羹尧罪大恶极，须以国家律令处置，但对于如何摆脱骂名，田文镜也是一筹莫展。

得到这个答复之后，雍正于七月十九日召开了一次前所未有的全国会审，这一次的行动声势浩大。因为雍正下令"令将军、督抚、提镇，各抒己见入奏"。"提镇"为提督和镇台两个级别，其中镇台为地方各级军事行政机构的最高负责人。如此一来，关于杀年羹尧的事情，在朱批和奏折之间，就有了一个大致的共识。但年羹尧是个功臣，杀年羹尧是鸟尽弓藏没错，这又该如何避免？眼下只有两条路可走。

一条路是年羹尧犯下滔天大罪，无法赎罪。在古代，有一条律法叫作"常赦所不原"，意思就是，对于那些罪大恶极，对社会危害极大的罪行，即使是有功之臣，也不能赦免。

第二条路是直接说年羹尧什么都没做，那他就没有什么功劳，也就不是功臣了。或许这就是雍正最想看到的结果。后来还是与年羹尧关系最好的继任川陕总督岳钟琪揣摩到了雍正的心意。他上疏说平定青海，是皇上天纵圣明，下面将士浴血奋战的结果，年羹尧其实是虚张声势，欺世盗名，并无大功。此言一出，当真是龙颜大喜。这个理由被大臣们采纳，总结为："青海叛乱由年羹尧激变而发生。后西陲绥靖，皆由庙算高深，将士奋勇，年羹尧凭仗国威而已……但他贪冒天功，略无忌惮，为所欲为"，雍正也就顺势而为，定了年羹尧的罪。

但是雍正想得很美好，实际情况确实和杨名时一案一样，在大臣们的弹劾下，在文武百官的声讨下，年羹尧自己却只字不提军功，不想让自己的战功受损。雍正治罪大臣的套路一般都是先毁其名后污其身，并且还希望被治罪的大臣主动忏悔，主动毁自己的名声。年羹尧在给雍正的回奏折、乞恩折中什么话都说了，就是咬定不提功劳，年羹尧不提，雍正也没有办法说之前他的功劳都是假的。从这点来看，年羹尧在最后的时期还是比较冷静，没有为了活下去就说我曾经有什么什么功劳，或许是因为年羹尧也比较了解雍正吧。而雍正最后也只是在朱批上说："朕念年羹尧青海之功，不忍加以极刑""令其自裁"。

最终这位红极一时的权臣在雍正三年（1725）十二月十一日，迎来了他的死期，这一年年羹尧46岁。

第二十三章　年氏兄妹

就在给年羹尧定罪的时候，礼部忽然收到一道圣旨：

> 贵妃年氏，秉性柔嘉，持躬淑慎。朕在藩邸时，事朕克尽敬慎，在皇后前小心恭谨，驭下宽厚平和。皇考嘉其贵重，封为亲王侧妃。朕在即位后，贵妃于皇考、皇妣大事悉皆尽心尽礼，实能赞襄内治。妃素病弱，三年以来朕办理机务，宵旰不遑，未及留心商榷诊治，凡方药之事悉付医家，以致耽延日久。且今渐次沉重，朕心深为轸念。贵妃着封为皇贵妃，倘事一出，一切礼仪俱照皇贵妃行。

在这道圣旨里，雍正对年贵妃的品格给予了充分的肯定。他说年贵妃性情温和，谦卑谨慎。自己还在藩邸的时候，就很用心，在皇后面前谨言慎行，对下人宽厚平和。这里也说了年贵妃入府的原因，康熙夸赞她品行端庄人品贵重，所以赐给了雍正。很显然，年氏是康熙亲手册封的侧妃，因此她一入府就有了极高的身份，除了嫡妃之外，排名还在李氏之上，即使李氏给雍正生了不少孩子。但是年氏在雍正登基后，在康熙、雍正生母德妃的丧礼方面都是勤勤恳恳。然而年氏素来身体不好，雍正这三年多来操劳政务，忙得焦头烂额，无暇顾及医治，所有的药方都交给了大夫，这才拖了这么长时间。现在病越来越严重了，雍正心中也是忧心忡忡。将贵妃晋封为皇贵妃，如果有事发生，一切礼仪都按照皇贵妃的规矩来。从这份诏书中，可以看得出来，他对年氏十分疼爱，对她赞不绝口。

年氏本就身体不好，到了雍正三年（1725）十一月，更是病倒在床。这个时候雍正必须去景陵参加康熙去世三年祭，从北京圆明园出发，前往河北遵化，年氏因为身体不适，自然是不能同行。雍正匆匆赶回来，一回宫就得知年氏病重，第二日就将年氏封为皇贵妃。

诏书是由内阁起草并由雍正亲自审阅的。最开始是没有"倘事一出"这几个字的，是雍正亲笔填上的。"事出"指的是年贵妃死后的"一切礼仪"，这自然也就成了丧事了。显然，年贵妃已经病入膏肓，晋为皇贵妃，也算是对她最后的安慰。

雍正三年（1725）十一月二十二日，年氏才被册封为皇贵妃七日，还没来得及举行册封仪式，就在圆明园里病逝了。年氏是清朝历史上首个以皇贵妃身份去世，并以皇贵妃礼仪举行葬礼的皇妃。在年氏去世的前几天，《起居注》除了两道关于各地缉盗和减免江南四县赋税的旨意外，没有雍正处理政务有关的记录。可见雍正对年氏还是很在意的。

为了给皇贵妃举办葬礼，雍正辍朝五日。金银财宝花费了一笔不小的数目，丧礼的时候正值冬日，诚亲王找了个借口没有来，被雍正狠狠地训斥了一顿。至于礼部的官员，那就更惨了，因为清朝从来没有处理过皇贵妃的丧事，雍正规矩又比较多，大家都有些不知所措，折腾了半天，雍正还是很不满意，斥责丧事的仪仗太草率，将礼部的人都降职了。

年氏过世，只剩下皇子福惠一人。雍正对他宠爱有加胜过其他几个皇子。可是福惠8岁的时候也死了。雍正悲痛欲绝，命人按亲王之礼下葬。这个时候弘历、弘昼都已经满 18 岁，但他们没有爵位，甚至连贝子都不是。后来乾隆皇帝在追封福惠为亲王的时候，还说"朕弟八阿哥，素为皇考所钟爱"。这些都说明了雍正对年氏的喜爱，甚至在年氏病重的时候，雍正把惩罚年羹尧的事情暂时搁置。

年氏去世的时间，是年羹尧从杭州被押到北京 10 天后，这个时间点正好是朝堂斗争紧张敏感的时候，所以关于年氏去世的原因，就有了多种说法。比如说年氏因为绝望而自杀，还有说年氏被勒令自尽或者是被秘密下旨赐死等。而雍正的说法在那道圣旨里已经很明确了，是"妃素病弱，三年以来朕办理机务，宵旰不遑，未及留心商榷诊治，凡方药之事悉付医家，以致耽延日久"，由前面所见雍正虽然对年羹尧失望了，但是对年妃感情还不错，大致不会做出勒令其自杀或者赐死的事。至于绝望自杀，年氏生了几个孩子都死了，只留下福惠，才两岁多，年氏大概率不会自杀。不过，当时已经有大臣提议将年羹尧凌迟处死，而年氏一族，"其父，及兄弟、子孙、伯叔、伯叔兄弟之子，年十六岁以上者，俱按律斩，十五岁以下及母女妻妾姊妹，及子之妻妾给付功臣为奴"，年氏本来身体就不好，不知是不是从什么地方听来这个消息，她的病情越来越重，哪怕雍正再怎么恩宠，也无法挽回她的性命。

年氏的谥号是敦肃皇贵妃，这里关于她的谥号也有些小争议。"敦"字谥号中并不常见，在臣子中也没有人用这个字为谥号。只有两个皇帝用了这个字，一个是明神宗，一个是明熹宗，可见这个"敦"字是带有褒义的，两个皇帝的谥号都取的是"温仁忠厚"之意。肃字则用得更多一些。

《尔雅》说："敦，勉也"，"敦"是有督促和管理的含义。在古代，女子以温顺为美德，因此很少用这个"敦"字。"敦"还有丰盛、和睦的意思，比如族谱上会经常看到"敦叙九族"

这个词，这么说来这个字就更适合有身份有地位的男人去用。如果要给女子用的话，一般都是用来做尊号、徽号、封号的。比如孝庄文皇后生前即被尊为"昭圣慈寿恭简安懿章庆敦惠温庄康和仁宣弘靖太皇太后"，这里就用了"敦"。

在这种情况下，雍正用了这个字给年氏做谥号，也是真的比较欣赏年氏吧。乾隆二年（1737），年氏安葬于泰陵地宫，金棺被安放于雍正帝梓宫的右边，比左边的孝敬皇后的梓宫稍后些，以示尊卑。直到年皇贵妃过世一个月后，年羹尧才被降罪，但是除了年羹尧一系被定罪，年系其他旁系之人都没有被定罪。

不管年羹尧多么高傲，多么不可一世，可在没有任何权力的情况下，但凡有一丝希望，都会希望自己能活下去。

随着时间的推移，眼看着自己越来越不可能安全脱身，年羹尧再也无法保持镇定，在得到最后一道"明白回奏"的命令后，他几乎放下了所有尊严，写了一封平生最低声下气的"乞恩折"：

> 臣羹尧谨奏。臣今日一万分知道自己的罪了。若是主子天恩怜臣悔罪，求主子饶了臣，臣年纪不老，留下这一个犬马慢慢的给主子效力。若是主子必欲执法，臣的罪过不论哪一条哪一件皆可以问死罪而有余，臣如何回奏得来。除了叩命竭诚恳求主子，臣再无一线之生路。伏地哀鸣，望主子施恩，臣实不胜呜咽。谨冒死奏闻。

这一次，年羹尧终于后悔了，希望主子天恩垂怜，让他忏悔自己的过错，他还年轻，还可以留着这条性命，为主子服务。如果主人一定要严惩，犯下的任何一项罪行都足以处死，怎么可能回答得上来？除了诚心诚意地向主子求情之外，已经没有别的办法了。跪倒在地，哀求主子的恩典，不由得泣不成声。

很难想象这是曾经那个不可一世的大将军写出来的折子。这个折子上没有朱批，不知道雍正看了之后会作何感想。但是雍正没有改变对年羹尧的态度，在雍正三年（1725）十二月十一日，刑部向雍正呈上了年羹尧大罪九十二款，其中分别有大逆之罪、欺罔之罪、僭越之罪、狂悖之罪、专擅之罪、贪黩之罪、侵蚀之罪、忌刻之罪、残忍之罪。每一罪都有数条。

相比于先前的朝代那些一言不合就把人灭九族的当权者，清朝的帝王看起来更讲道理，更擅长给人定罪。那离清朝比较近的宋朝和明朝对待朝臣犯错又是怎么样的呢？宋代的帝王，都是性情温和的，就是被文臣撑到绝境也无可奈何，既不能杀人也不能侮辱，最多将他们送走。因为宋朝是皇帝与士大夫共治天下，不杀士大夫。明朝的皇帝就显得粗鲁多了，做事不稳重，随心所欲，动不动就打官员。官员如果伤口感染得不到及时治疗，甚至有可能丧命。但是皇上打人，如果这事没有理，那只会证明他昏庸蛮横，那么挨打的人就会被人同情，甚至代表了正义。

清朝是一个由北方少数民族所创建的政权，政权初立的阶段，并没有什么规范的礼乐刑政，然而，从皇太极执政以来，满洲人一直以罪名数字化的方式管理犯人。比如说，皇太极为了镇压兄弟，独霸天下，将自己的堂兄阿敏关押起来，将阿敏犯下的十六条大罪一一列出来，证明自己关押阿敏是合理合法的。清朝入关之后，借鉴了明朝的律法，延续了详细列举罪行的传统，比如后来的和珅获罪二十款。但是，要说运用这个方法最成功的还是雍正，因为在他执政的时候，那些权臣被定的罪名都非常的精细，而且数目也很多。比如隆科多被判了四十一条罪名，廉亲王允禩被判了四十条罪名，等等。但是他们的罪名都没有年羹尧多。年羹尧被判了九十二条罪名，简直不敢想象，没准年羹尧是有史以来罪状最多的大臣。

那么问题来了，为什么清朝皇帝喜欢这样给人定罪呢？为什么会给年羹尧定了这么多罪呢？雍正本人登基的过程就很容易让人挑出问题，而且朝堂上已经是风言风语了。所以雍正在任何时候、任何事件上都能感受到朝野对其皇位合法性的非议，所以他做任何事都希望表达或者强调自己继承皇位的合法性。如果他随意处置大臣，就会给人一种他做事不"合法"的感觉。其实，如果是一个脸皮厚一些的皇帝，这些怀疑根本没有意义，毕竟他已经是皇帝了。在皇权至高无上的年代，他可以一意孤行，直接杀掉一个大臣，最多就是名声坏一些，而这也是雍正在意的地方。雍正是一个爱惜羽毛同时也是一个很现实的君王，在处理任何难题的时候，都要做到有理有据，至少要做到逻辑自洽，自圆其说，不让人挑出问题来。对统治的合法性、合理性有着强烈的渴望，甚至出现了偏执的倾向。

而在关于年羹尧这件事上，还有一个问题。年羹尧是被雍正亲自捧到恩人的位置，他毫无理由地处理了年羹尧，实际上也是打了自己的脸。这也是为什么雍正后期对年羹尧"恨"得不行的原因。雍正也很清楚"太平本是将军定，不让将军见太平"这种事很容易失去民心，也容易寒了大臣们的心。不管怎么说，在不知情的人看来，如果无缘无故地杀死年羹尧，只会让雍正和朝廷的声望大打折扣。于是，他命文武百官全力搜罗年羹尧的罪行，将其公之于众，将年羹尧犯下的滔天罪行一一揭露出来，证明年羹尧是该死的。表明雍正是以一个公正的立场来对待年羹尧，在战争中是真心实意地重用年羹尧。而现在，他的罪孽已经被人发现，想要处死年羹尧，也是诚心诚意并且合法合理！

而能找到年羹尧这么多的罪状，还因为雍正对自己对皇权的掌控力有着极强的信心。正如之前所说，与前几个朝代相比，清朝的统治者更喜欢用数字归纳犯人的罪名，但是如果这个统治者对朝臣没有那么强的掌控力，他是没有办法归纳出那些罪名的，想证明这是合法的很难。当然雍正也很厉害，在"倒年"运动中熟练地使用了各种政治技巧。保证在一定可控范围内合法地剥夺年羹尧的军权，将他的军队从川陕地区"回归"到雍正的掌控之中，不会引起兵变，并且缩小攻击范围，与年羹尧有关系的文官和武将，能拉拢的都拉拢，达到精确打击的目的。能够在不损害国家利益的前提下，将敌人打得落花流水，雍正是政治家中的佼佼者。

但是，在"倒年"运动中，雍正多少用了些见不得人的手段，将局势掌控在自己的手中。他用密折鼓励告密，挑拨离间，无中生有，甚至为了收买大臣，说一些"甜言蜜语"，让人不寒而栗。

在雍正三年（1725）十二月十一日年羹尧被处死的这一天，前来宣旨的是大臣马尔赛、步军统领阿齐图，诏书的开头是这样写的：

> 年羹尧，尔亦系读书之人，历观史书所载，曾有悖逆不法如尔之甚者乎？自古不法之臣有之，然当未败露之先，尚皆假饰勉强伪守臣节。如尔之公行不法、全无忌惮，古来曾有其人乎？朕待尔之恩如天高地厚，且待汝父兄及汝子并汝阖家之恩俱睿天高地厚，汝扪心自思，朕之恩尚忍负乎？

年羹尧，你也是读书人，纵观历史，你可曾见过像你这样违背律法的人？古往今来，虽有奸臣，但在事情没有败露之前，都是装模作样勉强维持自己的节操。有谁能像你这样肆无忌惮地为所欲为？朕待你恩重如山，待你父母兄弟，待你儿女，待你全家也都是这样，你扪心自问，我的恩情你忍心辜负吗？

这一段主要是指出年羹尧是个背信弃义、不屑于遮遮掩掩的奸臣。后面就列举了年羹尧九十二条罪状中没有列出来的罪行，比如打仗的时候该谨慎的时候不谨慎，该迂回的时候直行，等等。除了这些之外，还有许多杀戮无辜、扰乱军政秩序的罪状，没有来得及列出来。在结尾的时候，雍正说：

> 即就廷臣所议九十二条之内，尔应服极刑及立斩者共三十余条，朕览之不禁泪坠。朕统御万方，必赏罚公明，方足以治天下，若尔之悖逆不臣至此，朕枉法宽宥，则何以张国法之宪典，服天下之人心乎？即尔苟活人世，自思负恩悖逆至此，尚可以对天地鬼神，与世人相见乎？今宽尔殊死之罪，令尔自裁，又赦尔父兄子孙伯叔等多人死罪，此皆朕委曲矜全，莫大之恩。尔非草木，虽死亦当感涕。大凡狂悖之人，生前执迷，死后或当醒悟。若尔自尽后稍有含怨之意，则佛书所为永坠地狱者，虽历劫亦不能消汝罪孽也。

大意是：文武百官提出的九十二条罪状中，有三十多条，你应服极刑处死，朕看了之后，不由流下了眼泪。朕统御万方，当赏罚分明，才能治理好这一片大地，而你是这样的违背律法的臣子，我要是纵容你，又如何能维护国家的律令，如何能让百姓信服？即使让你苟活于世，每次我想到你的罪行，如何面对天地鬼神和世人？如今只让你自裁，赦免你的父兄子孙伯叔的死罪，这是我宽宏大量，对你的仁慈。如果你不是草木，应该感激我。大部分的叛逆之人，死后都会醒悟。如果你自杀之后，心中有一丝怨恨，那么就是佛书上所说的永世不得超生者，无论你经历多少劫难，都无法消除你的罪孽。

年羹尧，一代雄杰，就这样被赐自尽了，具体是怎么自尽的，历史上没有记载。

从雍正对年羹尧恩遇有加的朱批就能看得出来，他对年羹尧可谓是百般讨好，但最终还是要杀了年羹尧。难道这是雍正帝有意为之吗？其实，从雍正对怡亲王允祥的态度就可以感觉出，他对年羹尧并非故意。他对允祥也是非常信任与看重的，一登基，允祥就被册封为亲王，并且世袭罔替，俸禄、田产、王府护卫、出行仪仗，都按照亲王的规格翻了一番。允祥执掌户部，执掌财务，他所说的每一件事，都得到了雍正的首肯，而且雍正还多次当众说，这样的美意良法，利国利民的主意，都是怡亲王提出来的，朕不能将他的功劳藏在自己的身上。雍正把允祥的府邸、别苑乃至墓园，都安排在了离他最近的地方。而且雍正的一切生活琐事都由允祥全权负责，他出入禁宫、圆明园没有任何限制。允祥和雍正一起长大，很清楚雍正的性格，知道他爱憎分明，所为都是真心实意，只不过他的性格变化无常，只要雍正有什么恩惠，他都是能拒绝就拒绝，实在拒绝不了还是要拒绝，只是努力工作，不接受任何额外的荣誉和好处，这让雍正觉得亏欠允祥很多，就不会翻脸不认人了。

还有前文说过的鄂尔泰，他被雍正破例提拔，主持西南地区的改土归流事宜。君臣两人相隔万里，却经常通过奏折沟通，商议如何治理国家，如何用人。后来鄂尔泰的权柄和年羹尧鼎盛时期差不多。鄂尔泰为人正直、勤勤恳恳，在主持改土归流的时候，更是表现出了极强的魄力，从某些方面来说，他和年羹尧很像。然而，鄂尔泰本没有任何背景，只是被雍正扶植起来的新人。在雍正看来，鄂尔泰就是一员得力干将，除了自己之外，没有任何力量可以依仗。而且，鄂尔泰对雍正也是发自内心的感恩，他一直保持着谦卑的态度，尽量讨好雍正，他的年龄与雍正差不多，但是他在奏折里经常说："（皇上）爱臣谆笃，臣之慈父；勉臣深切，臣之严师。"也就是说把雍正比作自己的父亲，年羹尧根本不屑于这样去写。

雍正也对他们二人甜言蜜语，宠爱程度甚至超过了年羹尧，他们二人之所以能自保，就是因为他们应对有术。

相较之下，年羹尧更具现代人的自主性，他似允祥幼时就与雍正朝夕相处，他的功成名就也不是如鄂尔泰那样完全因为雍正才拥有的。而且年羹尧并没有像雍正那样表现出同样的亲热，甚至还不如他和康熙的交谈来得真诚，这让雍正很是不满。所以允祥和鄂尔泰面对雍正的甜言蜜语都能安然无恙，年羹尧却没有办法全身而退。

那么这九十二款罪又都是什么罪名呢？是否是欲加之罪呢？

第二十四章　九十二款大罪

　　这九十二条罪名，大体上可分为四类：政治相关罪名，人事相关罪名，经济相关罪名，领导相关责任罪名。

　　第一类，政治相关罪名，包括僭越之罪、狂悖之罪、大逆之罪。

　　僭越罪是开始揭发他犯罪的第一种罪名。僭越之罪和狂悖之罪具体体现在对帝王不敬，对体制不敬，对其他同僚不敬。比如两次收到诏书，并不宣读、亦不张挂；收到奏折不按特定礼仪穿朝服"拜发"，而像对待普通信件那样，直接在官署内室里由人送去；家人包括仆人都没有按照等级来穿衣服，辕门鼓厅，画四爪龙；用御林军当仪仗，让巡抚级别的官员跪拜，直接称呼其他督抚的名字，等等。这些都是明摆着的事情，所有人都看得清清楚楚，这个类型的罪责也比较多。这些问题的危害性并不像造反、贪污、滥用职权那么大，但是是很明显的错误，也会对其他官员产生很大的影响。比如让官员跪迎，想必早就让这些官员憋了一肚子火，现在终于有机会揭露了。

　　由于"僭越"是一种损害尊卑地位的罪行，这种罪行是在公众面前发生的，在其他罪名还没查出来之前，用这个罪名弹劾年羹尧，不仅可以取悦皇上，而且还能给他定罪。文武百官劾奏年羹尧僭越罪共有十六条，而狂悖罪十三条，其中大多数也属僭越，加起来有二十九项。僭越，也就是地位低下的人，盗用了地位较高的人的衣饰、器物、饮食和礼节，从而颠覆了社会规范等级秩序。这里的"僭"，就是等级名分的滥用，而"越"，意为夺取他人之物为己用，比如"杀人越货"中的"越"。僭越代表的是对等级制度的破坏。"僭越罪"是中国历史上一种特殊的罪，被用来维持阶级特权。

年羹尧达到人生最高峰时，他的头衔有点类似于荣誉称号太保，享有一品官员的福利；爵位是超品的一等公，享有比一品官员高出一大截的待遇；职务是正二品川陕总督，掌管本辖区内的军政事务。抚远大将军只是个差使，并无固定的俸禄但其权力却是掌管四个省份军兵粮饷，可见比四省督抚还高一级。年羹尧的饮食、生活、个人待遇，都按照最高标准执行。年羹尧的一等公爵是世袭罔替的，对他的封赐已经到头了，没有可以再封的了。清朝所有的汉人大臣中，只有两位被封了一等公爵，一位是康熙年间郑成功的旧部下黄梧，他因为反对郑成功获封，另一位就是年羹尧了。咱们所熟知的曾国藩、李鸿章、袁世凯，这些在清末时期都是一等侯，而左宗棠则是个二等侯。"公"本来就比"侯"高一个级别，而"公"里还分一二三等，所以他们完全是不能和年羹尧相比的。更何况雍正还赏赐了年羹尧一等精奇尼哈番，这也是最高等级了。但是雍正还是觉得不够，给年羹尧的父亲、兄长、儿子加官晋爵。这样就把年羹尧捧得高高的。

在运用权力的时候，战争期间涉及"军兵粮饷"问题，就行使大将军职权。除战时"军兵粮饷"外和战后，行使川陕总督职权。这就是年羹尧所处的位置。

但是年羹尧不是这样做的，他在对待和使用权力方面，遵循了大将军的惯例。这个惯例是依据历代率领士兵的诸王，尤其是康熙的十四皇子允禵。这意味着他无论在战场上，还是在平时，无论衣着打扮，或者是下达命令，都是以亲王或者王子的身份来执行。这样说来，让巡抚跪下，直接称呼巡抚的名字就没有问题了。但是，一旦雍正对他的恩宠到头了，那么问题就会变得很严重。

在古代，中国人很注重礼节，服饰、房屋、仆役人数、用具等方面，都要按地位而定，一切违背礼节之事，皆属重罪。因僭越罪被斥责甚至被处死的例子比比皆是。这种情况还有一个共同的特点，犯罪者都是心高气傲、目中无人。就是在皇帝的信任和纵容下，嚣张跋扈到了极点，最终被杀死。历代王公大臣以"僭越罪"而被处死的，都是这样的。年羹尧之所以会被判"僭越"，就是因为雍正恩宠至极，"宠信太过"。

公卿百官弹劾年羹尧僭越之罪的十六项罪状，可以归纳为衣食住行会五项。"会"指的是见面和交往的礼节。

年羹尧出行时，他的护卫级别比亲王还要高，与皇上不相上下。他出行的仪仗，是雍正的侍卫，还有数名官员穿着正式的朝服，沿街而行，充当护卫，这就成了皇帝出行时的仪仗，有些过分了。还有年羹尧所行走的道路也僭越了，在秦代的时候，驰道是中间丈八宽的大道，供帝王通行。这条道路只有在皇帝不需要的时候，或者是有八百里之外的紧急军情，或者是下了圣旨的时候，才会被允许通过。到后来渐渐演变成先由官员铺上黄土，并指明驰道方向。年羹尧返回京城的时候，走的就是驰道。年羹尧的住处也有僭越之处。住的房屋，墙壁上绘有四爪龙的壁画。至于面对其他朝臣时，前面也说过很多次，让其他官员跪道迎接，这肯定是僭越。诸如此类还有很多。

僭越罪是一个非常灵活且非常广泛的罪名。头戴皇冠，身穿龙袍，自称朕，这是僭越。让王公大臣下跪，走驰道也是僭越。它可以随意确定行为人的罪责轻重。若其严重，则与造反并无两样；若是从轻发落，那就是不敬之罪。所以许多皇帝都喜欢用僭越罪来惩罚王公大臣，因为这些罪名都在皇帝的掌握之中，可重可轻。

随着年羹尧僭越罪的确定，他更多的罪名开始浮现，并且往更深层次推进——对皇帝权力的直接威胁。年羹尧这九十二条罪里最严重的就是大逆罪五条。大逆之罪意思就是直接威胁到皇权的"造反"，例如与静一道人、邹鲁等人勾结，私吞军需物资，妖言惑众，等等。欺罔罪九条中也带有造反的意味。

不过有一点可以确定，年羹尧并不想造反。如果年羹尧真的想要造反，其实并不是什么难事。允禵在雍正三年（1725）四月之前一直在西北军中，年羹尧手握重兵，年羹尧如果想造反，完全可以打着支持允禵的名义，还可以将手中的密折公之于众，直指雍正登基不合法，恐怕雍正要想坐稳皇位就很难了。不过年羹尧还是没有这么做。其实年羹尧参与其中的事情，与大逆罪并不相符。

大逆罪是从汉朝开始的，到了唐朝，这一罪行被定为谋大逆之罪，是中国历史上最重的一种罪名。谋大逆的罪行，重在伤及皇族龙脉，所以被称为"大逆"。群臣弹劾年羹尧的大逆之罪，仅指大逆，而非造反。先不说年羹尧关于谋大逆的这些罪行是否有确凿证据，单说所列五条罪行的特点，就没有一条涉及伤及皇族龙脉，每一条或许可以单独构成犯罪，但是其实并没有构成大逆之罪。

年羹尧所犯五条大逆之罪为：与静一道人、邹鲁等谋为不轨；将朱批谕旨，辄敢仿写进呈；见汪景祺《西征随笔》不行参奏；家藏锁子甲，又私行多贮铅子，皆军需禁物；伪造图谶妖言。

至于"汪景祺《西征随笔》诗词讥讪，语多狂悖，不行劾奏"这条罪行也谈不上什么大逆罪。汪景祺出生于杭州一个世家大族，是官宦之家，他的父亲更是康熙年间的户部侍郎，官职不低。不过汪景祺是一位落魄书生，他文章虽然做得好，却不擅应试，屡试不中，到了40几岁才中举人，但其仕途坎坷，始终不为官，后来被人引荐成为年羹尧的一个幕僚，随年羹尧西征。汪景祺曾把他的西征见闻写成《西征随笔》两卷，然而他对天下政事妄加评论，犯了文字上的禁忌。最有名的就是他认为凡有"正"字的年号，皆不吉利，因为"正"字分开来看，就是"一"和"止"，行一而止，有不吉利之意。譬如，金哀宗年号"正大"，元顺帝年号"至正"，明武宗年号"正德"，这几位皇帝都没有什么好结局。而雍正也是这样。在年羹尧被捕后，这本《西征随笔》从他的府邸里被搜出来，雍正看到后勃然大怒。

但从理论上来说，汪景祺的这番话，只是一种刻薄的嘲讽，顶多算是犯了忌讳，并没有煽动叛乱的意思。年羹尧最多也就是违反了"事应奏不奏"条。这并不是什么谋反的大逆之罪。后来汪景琪被判谋大逆，处死。这应该是由于年羹尧的缘故。

汪景琪目中无人，刻薄尖酸，看问题十分的尖锐，还曾经给年羹尧写过一篇《功臣不可为》的文章提醒年羹尧，但是年羹尧并不在意，甚至还变得越来越嚣张。

不过其实说得还是很有道理的。

文章中讲：从古至今，鸟尽弓藏都是很正常的事情。很多人都在批评功臣太过骄纵，不知节制。事实上并不是，功臣在外也很辛苦，为了国家，甘愿赴汤蹈火，日夜不眠，孤军奋战，出入兵荒马乱之地，或身经百战，或运筹帷幄，甚至连父母妻子，自己的家人都抛弃了。如果成功了封爵位，位高权重，有什么辛苦的？如果和君王互相怀疑，就会产生隔阂。进者不能尽忠，退者不能守财。古往今来，多少英雄好汉，都在为之痛哭流涕！

而功臣们的下场之所以如此凄惨，多半与他们无关，都是因为君王。怀疑他们的君王，资质平庸，胆小怕事，看到边关战火，看到敌人的狼烟四起，就会被吓破胆。英雄们平定叛乱之后，君王首先欣然接受，将有功之人奉为贵客。而君王随即又想到：如此厉害的对手，都被这人杀得干干净净，倘若有朝一日他有了称王之志，想要造反的话，岂非易如反掌？一想到这里，他就起了疑心。他又看了看战功册，此人斩杀了数十万人，开拓了数千里土地，收复了这么多部落，俘虏了这么多人。这么厉害的人，怎么能在我身边待着！所以，庸主从怀疑到恐惧，再到对有功之人的戒备。再者，功勋卓著的臣子位高权重，一些小人自然会过来拍马屁、献殷勤。而且，功勋卓著的官员在外面建功立业，往往会和朝中有权势的人发生冲突。只要有那么一两个人故意挑起事端，就足以激怒一位君王。功臣自认为是国之栋梁，觉得自己受过天大的恩惠，说话也比较直接。但是忠言逆耳，再多的话，也只会让君王厌恶而已。这一切加在一起，让君王疑心、畏惧、愤怒、憎恨，他能有什么好下场？古往今来，有太多太多的例子，君王残暴多疑，逼迫臣子豢养强盗，残杀臣子，这样的国家，注定是要灭亡的！

郭子仪以酒掩饰自己，只能保住自己的头颅。李光弼拥兵无数，几乎丧失了对朝廷的忠诚，却无人敢犯。仆固怀恩（复姓仆固，字怀恩，唐朝中兴名将）害怕被陷害，奏请以田承嗣为节度使。刘巨容追杀黄巢，几次得手，又放了他，说："国家喜欢背叛，不妨将他留下，让他成为我发财致富的资本。"唐朝灭亡，虽是因为有不好的臣子，但也是因为君王的原因。这是何等的悲哀！可悲可叹！

《功臣不可为》这篇文章写得很妙也很实际，先写臣子的不易，成为一个功臣其实是耗费了很大的精力，但是功臣往往最后没有好结果。紧接着写之所以这样更多的原因在于君王的猜疑。最后总结了各个朝代功臣的下场。他确实是真心实意地劝说年羹尧，但是年羹尧当时可能正在最得意的时候，哪里听得进去？

其实也有其他人劝说过年羹尧。比如年羹尧的父亲年遐龄，他已经退休 20 年，十分了解皇权。所以他每一封信里，都会叮嘱年羹尧，一定要谨慎。年羹尧善用人脉，又惜才，在西北各路人马中，网罗了不少有用的人。他的幕僚中有一个姓蒋的秀才，很得年羹尧器重。有一次年羹尧喝酒时，曾对他说："下一届的状元，必定是你。"这句话却把蒋秀才吓到了，他怕年羹尧失势后自己受到牵连，就以得病为由辞去幕僚一职。年羹尧以 1000 两黄金作为礼物赠给他，蒋秀才婉言谢绝，直到减少一半后才收下。所有人都想不明白。蒋秀才道："老爷一向挥金如土，花销不超过 500，不记在账本上。"大家方知这不过是避难之举，收下这 500 两，年羹尧自然不会记录下来，万一以后查抄，不会被牵连进去。

在给年羹尧提醒的人当中，一位长者送的一份特别的礼品，是最令人震撼的，也是最具启示性的。一位长者把家传之宝送给了年羹尧，是一只玉盆。年羹尧拆开来，只见里面有一块骨片，凹凸不平，他也不知道这是什么意思，就询问长者。那长者说："这是一件无价之宝，把骨头放在天平的左边，把十个金子放在右边，骨头就会很沉重，但是金子却很轻。"试了之后果然这样。年羹尧又命人增加金子，让人惊奇的是，金子增加了，骨头却变得越来越沉重。年羹尧大吃一惊，问这是怎么回事，那名老者便将一捧黄土撒在骨头上面，骨头顿时变得轻巧，但金子却变得沉重起来。年羹尧询问："这个骨头是什么东西？"长者回答："这是贪夫的目眶骨。是以金子越多，眼睛越贪婪，不知道满足，没有泥土，它是不会停下来的。凡人得了那么多的金银财宝，只有死了变成黄土才罢休。"年羹尧听后沉默许久。

其实年羹尧这种性格以及他的种种行为也是有原因的，当然也有他自己的原因。在战争时期的将领，与在和平时期的文武百官，有着很大的不同。在战场上，指挥官必须有绝对的权威和强烈的求胜欲，必须果断，赏罚分明，甚至不惜一切代价取得胜利。在太平盛世，这种人的所作所为肯定不受待见，往往会让人觉得他目中无人。而且，在艰苦的战斗条件下，指挥官和自己的部下、士兵之间，也会建立起一种非常亲密的感情，可以说是过命的交情，很难有其他情谊可以和它相提并论，而当战斗结束之后，这种情谊就会立刻转化为利益的纽带。所以，在类似王朝更迭的大规模战争中，会有大量有功之臣出现，彼此之间有着千丝万缕的联系。战后，这些有功之臣，再加上他们的同僚和子孙后代，很快就登上了权力的巅峰，瓜分了大部分的资源。这势必会对国家的重建，对正常的政治运转造成极大的困扰，这就与那些野心勃勃的君王产生极大的冲突。这样，削除武将之权，已近乎"国初斗争"的正常现象。而且，在历史上也的确曾发生过许多臣强主弱，夺班夺权或者是功臣自立门户、扯旗起义的情况。不管是什么原因，都会造成极为严重的后果。有了这样的先例，对皇权来说，无疑是一个巨大的威胁。

正因为如此，君王若是觉得有功之臣有谋反之心，或者有谋反之能，便会将其革除官位，剥夺其权力，乃至处死。当然到底是罢免他的官职，还是直接赶尽杀绝，则要看当时的局势，还有皇帝本人的行事作风。有的君王心胸宽广，对待臣子的态度也比较温和，最有名的就是赵匡胤的"杯酒释兵权"。而一些喜欢猜忌的君主则采取更猛烈的措施，比如朱元璋。而雍正杀年羹尧一事，更是显示出其多疑、刻薄和善变的一面。如果换成康熙，康熙会杀年羹尧吗？应该不会。但年羹尧的问题确实比较复杂，除了骄横跋扈，手握兵权，又代表着川陕地区错综复杂的利益集团，他还有一个"外戚"的身份，这对于日后皇权的平稳交接，可能会造成不利影响。如果真的不杀他，后面可能会带来更坏的结果。但是没有发生的事，谁也不知道会怎么样，雍正从根本上斩去了所有可能性，从这一点来看，多疑或许也不是一个坏处。

《功臣不可为》连同汪景祺其他一些文章，被刻印成《读书堂西征随笔》，送给了年羹尧。但年羹尧并没有把它当回事。在有可能被抄家的前夕，他将重要书信全部烧成了灰烬，以至于搜遍了他的内室书房都没有找到能给他定罪的东西。直到搜那一大堆废纸时，找到了《读书堂西征随笔》两册。可见年羹尧确实不在意这本书，不然不会放在废纸堆里。查抄的人看到《功臣不可为》这篇文章的时候说它"甚属悖逆"，然后上交给雍正。雍正看了之后，勃然大怒，破口大骂，下令砍掉汪景祺的头颅，将他的妻子和其他亲戚流放到黑龙江。当然理由并不是因为《功臣不可为》中暗讽他猜疑且平庸，而是因为这本书里有很多诬蔑康熙的内容。但可想而知，当雍正处理年羹尧的时候，看到这篇文章是何等的愤怒和咬牙切齿。因为雍正和年羹尧之间关系的发展甚至是结局，与《功臣不可为》中所预言的一样。

关于"将朱批谕旨，辄敢仿写进呈"这一条罪行是指，上交朱批谕旨之人，将原来的折子藏起来，谎报损毁，仿写之后送上来。这里的朱批谕旨是指"清客"戴铎与雍正许多往来的书信。当年雍正还是亲王的时候，戴铎投入了他的门下，他曾经暗中建议雍正夺嫡，为此他还给雍正写了一封长信。信中谈到了著名的"二易二难"："处庸众之父子易，处英明之父子难；处孤寡之手足易，处众多之手足难。"意思就是平庸之家的父子关系容易相处，贤者之家的父子难以相处；手足比较少的时候很容易相处，手足比较多的时候很难相处。他劝雍正在这紧要关头，一刻也不能松懈，稍有松懈，便有高人先主子而得。那个时候雍正对皇位应该有自己的小心思，他怕有人窥探自己的阴谋，又怕戴铎说得太多，走漏了风声，所以把戴铎送到了福建。戴铎到了福建，苦不堪言，多次写信给雍正请求回京，同时在信中说京城要立嫡，还提议将他调往台湾，担任统领，这样万一雍正失败，也可以安然脱身。这些才是真正的谋反言论。雍正登基之后，把戴铎先调到四川做了布政使，又把他调到了年羹尧军中。戴铎为了讨好年羹尧，竟然把他写给雍正的信，拿给了年羹尧看。年羹尧当即写密折给雍正，将戴铎的所作所为说得清清楚楚，怕戴铎"招摇生事"，没收了雍正给戴铎的朱批。

但是可惜的是，这个时候正是年羹尧失宠的时候，雍正立刻挑剔出"招摇生事"这个字眼，把年羹尧的折子连同朱批一起送到了朝堂之上，让文武百官说说哪里"招摇生事"？痛责年羹尧刻意含糊其词，引人猜忌，其用意何在？又斥责年羹尧当年的奏折中亦有乱臣之言，下令将朱批收回，再传诸天下。这打了年羹尧一个措手不及。年羹尧交出朱批谕旨的时候，以字迹破损为由，没有交出原来的，而是交了抄录后的朱批谕旨。不过，这件事并没有牵扯到戴铎，他最终以贪污的罪名被定罪，终生不得再为官，老死在乡下。

从清代律法来看，这条更属于"弃毁制书印信"，并不算是大逆之罪。

在年羹尧的大逆之罪中有一条是私藏军需禁物。禁物是在年羹尧的家奴看守的一座府邸里发现的。毕竟是在年羹尧的家奴看守的地方发现，这个罪名落在年羹尧的头上，也是有道理的。但按照当时律法，这个罪名应为私藏应禁军器，而不是"大逆"。而且它有个前提，指的是民间人士，并且"弓、箭、枪、刀、弩，不禁限"，八旗子弟以射箭为生，所以律法就放宽了许多，年羹尧属镶黄旗，自然不在"民间"之列。

大逆罪的第一条罪行"与静一道人、邹鲁谋为不轨"和第五条罪行"伪造图谶妖言"。罪名虽然分成两条，其实都是一件事。那就是年羹尧与他的门客静一道人、邹鲁在西宁商议卜算，编造妖言惑众。静一道人乃是一位神通广大的道人，而邹鲁则是一位擅长算命的术士。在清朝，官员们自己出钱养门客，这是很正常的事情。但是，养一些奇人异士不同于养文人，很可能会被认为是一种蛊惑人心的手段，很容易被人认为是想要造反。

至于伪造图谶妖言这一条，到底是伪造什么妖言，史书上并没有详细记载。图谶是指预言、预兆，不过是他们发现了一个带有预言的碑记："赤云飞上陇头山，此日江分九鼎逢。纪岁木火，毕当承运。"纪和岁都代表年，意为年羹尧会继承大统。再往细说的话，木火代表乙丙。其实就是一些神秘的画面，配上一些诗词歌赋，用来占卜，具体有什么含义不过是大家的理解，静一道人只是说，年羹尧将来会飞黄腾达。邹鲁所说的，也只是"位及三公，掌天下兵权，大贵极矣。或者还要封王"。邹鲁被抓后，他坦白了当年在西宁的时候，年羹尧拿出了图谶碑记，然后大言不惭地说："待得分天下的时候，川陕二府在手，雄踞一方，又有精锐之师，何人敢与我争锋？唯独在京中的父母和儿孙，让人牵肠挂肚。"这些话显然是要造反。又如，年羹尧深夜召见邹鲁，指着自家房顶有一团白雾，称为"王气"，等等。如果这番话是真的，那就是年羹尧有造反的心了。

但从年羹尧父子二人的证词来看，事情并不是这样的。年羹尧曾许诺给邹鲁置办宅第和官职，但是并没有实现。邹鲁因此和年羹尧翻脸，入京寻找年羹尧的儿子年富，声称他的父亲曾经在他面前说过造反的话，敲诈了年富几万两银子。这样说来，似乎更符合逻辑，如果年羹尧真的说过那些话，肯定不会让邹鲁随意离开的。

事实上，年羹尧在康熙时期就已经"奉旨"与这样的术士接触。年羹尧在康熙六十年（1721）觐见康熙的时候，康熙帝吩咐他，让他去北京，找一个叫罗瞎子的算命先生，给他算一卦。年羹尧是个谨小慎微的人，上疏道："我入京后，听说罗瞎子在京耀武扬威，又称病在身，所以没能见到他。不是我违旨。"至于雍正登基后，年羹尧有术士这一类的门下，雍正是知道的，他还和雍正说过天旱求雨的事情以及亲眼看到白气冲天而起的事情。当然，年羹尧在证词中，意识到自己信口胡言，实属大错特错，乃因病魔缠身，精神恍惚所致。

雍正也不认为年羹尧有谋反的意图，谕旨中明言年羹尧和邹鲁勾结叛国之事，虽然确有其迹象，而事况尚未昭著。这表明，雍正虽然相信年羹尧有造反的迹象，但这种迹象并没有成为事实。据野史记载，年羹尧家中曾经有一位得力的下人，在年羹尧进京觐见的时候，忽然失踪了。这个人就是雍正安插的监视年羹尧的眼线。因为雍正觉得年羹尧不会造反，所以也不需要监视了。年羹尧在被逮捕回京的时候，一直希望雍正能大发慈悲宽恕他，在死前还希望再见一面雍正。这是因为以年羹尧对雍正的了解，雍正根本就不相信他会造反。他再见雍正一面，肯定能为自己说情。有大臣建议对年羹尧严加防范，但雍正并没有采取任何措施，他回答道："朕之不防年羹尧，非不为也，实有所不必也。"所以年羹尧有没有造反，两个人心里都有数。

这两条罪行，并没有确凿的证据证明年羹尧的谋反之罪。只符合清律中的"造妖言妖书"，而且就算年羹尧真有预言，也只是向静一道人和邹鲁两个人透露，并不会向所有人透露，所以从这一点来看，他并没有犯下死罪。

但是就算这些罪名都不符合大逆罪，但是这些罪名如果

"拔高"一下，还真的很像大逆罪。最后量刑的时候，到底是一杀到底还是宽赦示恩，就看雍正了。

按照明、清两朝的律法，犯下这种罪行的人将被凌迟处死。而且还会连坐三代，父、子、己这三代所有16岁以上的男性全部被处死。幼男、女眷都要送到黑龙江去当奴隶，一切财产都要被收缴，不让他们在家族中享受任何供奉。这样一听确实是可怕，在深宫中的年贵妃知道了，她本来就身体羸弱，再听到这些，恐怕真的会受刺激。不过雍正最终除了处死年羹尧外，只牵连了一个人，就是年羹尧的长子年富。年羹尧的父亲年遐龄和他的几个儿子都被革职流放到云南，妻子被遣回娘家。而且一年之后，雍正开恩赦免了他们的罪责，让他们全部回京，交由年遐龄管教。年遐龄不久后病逝，雍正准许可以祭祀。如此一来，本已断了香火的年家，又恢复了香火。

如果与当年的鳌拜案和后来隆科多案相比，牵连的范围小得多，而且牵连之人很快就被赦免了，如果是大逆罪的话，这刑罚绝对是太轻了，所以这个罪恐怕本身就有问题。或许，雍正只是想找一个借口杀死年羹尧。在判决了政治罪行之后，朝廷往往要对其进行一次经济审查，其中涉及年羹尧另外一种重罪：贪污。

第二类，经济相关罪名，其中包括专擅之罪六，贪黩之罪十八，侵蚀之罪十五，合计三十九条。简单说来有贪污、受贿、挪用、冒销、非法经营等项。

年羹尧已经成为阶下囚，必然要受到经济上的清算，而且经济问题本身就是他获罪的一个原因。年羹尧在财政上有很大的问题，比如他虚报了160万两四川军需、40万两西宁军需。

年羹尧很大方，他打仗胜利的时候，一高兴就会动辄千万地打赏。但是清廷一品官员一年的俸禄也不过180两，就算算上养廉银，一年最多也就是2000多两。怎么能有那么多钱打赏给士兵？年羹尧怎么可能有那么多钱？这就要说下他的经济罪行了。

年羹尧的三十九项经济类罪名大致可以分为三种：谢规银，就是指举荐他人入仕所获得的感谢费；参与贩卖官盐得到的银子；挪用军功吃空饷。如果将这三条归纳起来，那就是"陋规"。

陋规的含义是没有出现在官方文件规定中的，指的是除了俸禄以外，各级官员在国家正规税收之外，从民间搜刮来的钱财。久而久之，也就成了一种惯例，还可以理解成一种不以法律条文的形式出现，却在官场中经常出现的一种潜规则、非正式税收。它的形成也很容易理解：知县一年的俸禄只有 48 两，以明清两朝的百姓生活水平来看，一个五口之家一年要花费 30 多两银子。而知县不仅仅要养活家人，他还要请一个师爷，一年也得上百两银子甚至更多，还要有其他方面的幕僚，如果是在江南那种地方没准要有二三十个人。并且知县也需要交际，有的时候要给同僚仪封，知县每年要给上司"节敬"，这些一年也得需要少说上百两。还要给推荐自己的上司谢规银，这就更多了。要是再有个特殊的事情，什么钦差来访啥的，县令也是需要花钱的，这些钱朝廷是不会给的。从某种意义上来说，即便是名臣，哪怕是民族英雄，也逃不过官场上的潜规则。

所以，官员这么多的花费都是通过"陋规"得到的，可以说是"取之于民，用之于公"。对于这一非正规税种的获取，京官是制定完整规矩的人，按照规矩挑选合适的官员。而地方大官，比如类似年羹尧这样的总督、巡抚，他们要起到承上启下的作用，要孝敬京中官员，要挑选合适的部下，要享受陋规带来的好处。如果有不遵守陋规的人，也要处理一下。再往下就是比较低级的官员，他们的下面是百姓，所以确切地说，他们是"非正式税收"的直接来源。

　　那么怎么收这种非正式税收呢？明代有粮耗，明清有火耗、耗羡等。说白了，就是"差额"，是为了补齐正常税收而所需要上交的差额。比如明、清两代的正常税收是老百姓所交的银两。但平民们交的银子，要按照规定的成色，熔炼成朝廷认可的制银。银两在冶炼的时候，会有一定的损失，所以才会有"火耗"。举一个例子，假设一个百姓一年要交 2 两银子的税，但是他交的 2 两银子熔炼后只剩下了 1.7 两，那么为了补足 2 两，这个百姓可能就要交 2.3 两银子，要多交一些。但是，官员需要从中获得"火耗"，可能会告诉百姓需要交 3 两银子，这样官员从中多得了 0.6 两银子。这个数值是为了解释火耗随意举的例子，那么这个差额真实情况到底有多大呢？根据康熙后期和雍正前期的数据，在江苏和江西地区，差额大概是正常税收的 20%—30%；河南与山东几乎达到了 50%，而实际上熔炼时真正的火耗大约只有 1.5%，这些差额就都归官员了，当然这些官员所得的银子又随着各种陋规被其他大官和京官瓜分了。

　　这是关于税收的火耗，在卖盐过程中，还需要消耗另外一项"差额"就是"水耗"。自宋代起，销售食盐需要向官方申请批文，这就是所谓的"盐引"，"引"与"盐"是不可分割的，批给你的是多少盐，你就得贩卖多少。但是在贩卖的过程中，盐会因为缩水而减少，所以他们会让商队多购买一些，这样才能保证盐在卖出去之前，减少后的盐和盐引上的数量一样多。因为贩盐利润很高，所以盐商们都会想方设法地让水耗多一些，用有限额的盐引，去卖更多的盐。而这也是朝廷默许的。比如，雍正因为西北用兵国库空虚，便下旨准许盐商"报效"。作为回报，盐商们可以提高价格，增加消耗。这种情况下，中间或许会增加多次的差额。盐商利用贿赂手段获取盐与盐引的差额，然后各大势力再加价牟利，而最终多掏钱的还是老百姓。

　　民间流传着"无官不行盐"的说法，意思是只要涉及盐业，所有的官吏都能从中获利。所以前面有说过年羹尧的两个儿子也在行商贩盐。事实上，不只是大臣，就连皇上也是如此。雍正就赏赐给自己最亲近的弟弟怡亲王允祥一座扬州的盐场。这就意味着，这座盐场的盐引给了怡亲王，除了商人给的利润之外，其他所有的利润都会交给怡亲王。官员行盐，不会因为盐引的价格而造成国库损失，也不会损失商人的利润。还有官员建议让没有管理盐业的官吏在盐业中利用行政上的优势，与商贾进行盐业贸易，由地方大官等批准，这也是一种赚取差价的方法。所以，这种行为是没有违法的。

然而上述这两种陋规，虽然覆盖了各地官员，但是有一类人没办法吃火耗，一般也染指不了盐业，这类人就是武官，那他们怎么从中挣银子呢？他们有军饷，所以可以虚报人数，侵吞军饷，这叫作吃空饷。这个"挣差额"的方法其实很容易理解。比如，明朝末年，边关将领袁崇焕斩杀毛文龙，是因为他报了10万两银子的饷银，实际上只需要饷银2万两，剩下的8万两就都进了他自己的口袋，这个就是吃空饷。吃空饷在明朝后期已经很普遍了。

雍正三年（1725）十二月，年羹尧被赐死之后，雍正对平定青海一战的军功进行评述。诏书上说，因为年羹尧私昵人员，冒名顶替，所以没有论功行赏。然后，土司兵未赏，朕心中深表怜悯，土司不比内地，一切兵马，都是有名号的，都是按照名号来的，决不会有假。这句话既是夸奖了土司兵实额，又揭穿了满洲兵和汉兵的人数不实，可见雍正是知道具体情况的，只是没有管而已。

那么对于谢规银、火耗、水耗以及吃空饷这些陋规，皇上就真的不管不顾吗？其实皇上也是有一定的考量的，并且对此有一定的限制。

在康熙年间，言官弹劾地方督抚，贪污1.5万两银子用来支付军饷，该当治罪。康熙怒斥"此等皆系督、抚应得之项"，认为清官多事；后来直隶总督上了一份奏折，说有官员收受了谢礼。康熙帝的旨意是：汉人在外有自己的规矩，我也没有办法。还有前面说过的总督鄂海，举荐了6位地方官员，这6名官员都被委任。这6名官员一年给他1.6万两银子当作谢银，他自己花了7000两，剩下的8000两，都通过密折上奏给康熙帝。康熙的旨意是：谢规银可以拿，但是不能拿武官的。可见对于谢规银，康熙几乎是放任的，甚至他自己也从中得了好处。

那么关于火耗和水耗有什么限制呢？康熙帝曾定下一条准则："如州县官，只取一分火耗，此外不取，便称好官。"连皇上也承认这些陋规，将火耗视为天经地义，但是这样一来，许多地区便有了"火耗重征"的情况。对于水耗也是这样，康熙并不反对，甚至还亲自划定了界限，为的是让盐耗在运输贩卖过程中实现"中正和平"。盐商们在贩卖盐的时候，都会加一些盐耗，如果盐道巡查将盐的消耗全部没收，那是不讲道理的。在贩卖盐的途中是肯定要有盐的损耗，所以盐会比盐引上规定的数量多一些。如果盐商借着消耗的名义，大肆兜售私盐，开出极高的价格，这就是法律所不允许的了。那么，在检查的时候，到底要怎么做才算公平？康熙给的答复是每驮240斤，"少则取三四斤，多则取七八斤为平允"。

对于军中官员吃空饷，康熙并无异议。他认为武官不是读书人，但却是用兵打仗的好手，只会用自己的生命去战斗，地方上的官员大多有火耗银子，武官却什么也没有。所以文官不要用法律来苛求武官。

在这种情况下，雍正登基为帝，当时的官场风气与他的父亲康熙执政时如出一辙。那这样说来的话，年羹尧收受谢礼，霸占盐窝，虚报军功，这些都不算什么大不了的事情，按照康熙的规矩，都不会被判死刑。更何况当时的《大清律例》关于盐法都没有正式的法律条文。就算当时正在"倒年"的时候，有人说年羹尧破坏盐法、茶政。雍正皇帝也只是说，年羹尧收购私盐一事严查，关于盐法和茶业的规定，朝廷应该尽快商议出来。这意味着，当时对此并没有任何的法律规定。再有，实际上年羹尧霸占盐窝，虚报军费，雍正不仅知道他的所作所为，而且还很支持。他在陕西占据了 18 个盐窝，其中 15 个上报到了户部，另外 3 个则声称是用于奖励军队的军饷。他从蒲州得来的私盐 12 万两，有 11 万两用作军用，有 1 万两自用，等等，这些已经上报给了雍正，雍正的批语是："钱粮就费些，此事若定，仗天地慈悲。补足有日，凭你该怎么料理，只管动用，朕岂忍怪你耗费钱粮之理。"这意思就是只要打仗能胜利，你想怎么用就怎么用，我不会怪你浪费银子和粮食的。

雍正的态度和康熙是一样的。清朝初期，军费开支很大，几乎一半以上的收入都用在了军队上，这种情况下户部也缺银子。但是从皇上的角度出发，他肯定是赞成多奖励士兵军官的，唯有如此，他才能确保一场战役的胜利。至于这些资金的来源，他并没有太多的要求。由于没有多余的银子，这些银子都是由出征的将领来筹集的，哪怕将领心狠手辣、贪得无厌，但是，只要打胜仗了，也就不会有人去找他们的麻烦。而现在清算年羹尧的经济问题，主要是因为雍正要拿下他，而且他已经失宠，自然也就墙倒众人推了。

不过年羹尧确实是仗着自己的权势，大肆收受贿赂，家财甚巨。根据清代的规定，旗人即使去外地当官，也不能买地置产，因为国家在京城已经分配给他田地和房子了，卸任以后必须要回到京城生活。所以他们身居高位的时候，往往喜欢挥霍无度，但他们的房产却很少，退休后，尤其是子女多的时候，他们的经济状况就会一落千丈。而年羹尧在敛财方面，还是很有一套的。他利用自己的亲朋好友、同僚遍布各地的优势，在各地购置了大量的产业，挂在这些人的名下。还借着给自己的女儿准备嫁妆的名义，买下了19顷济宁的田地。再加上年羹尧在西北独揽大权，扶持家中子弟、家奴，还有他的心腹官员和商人，做着诸如盐茶马匹名贵木材之类的大笔买卖，配合着军需和边境贸易，利润自然是十分可观的。

年羹尧确实是贪赃枉法，巨额财产来历不明，根据当时的情况来看，可以更深层次地分析。

年羹尧平定青海的军需物资，并不是由中央直接调拨，而是从川陕等四个省份，年羹尧自己筹备的。这样做具有资金筹集周期短、运输费用低、部署机动性强、能够快速响应战场形势的变化等优点。再加上雍正登基之后，政局紧张，如果银子都用来打仗，那雍正会很不安。所以，如果是年羹尧自掏腰包打仗，雍正帝自然是乐见其成。这样做也起到了很大的作用，在雍正初期，即使有打仗的情况，但国库中的银子不但没有减少，反而增加了。

而与此相对应的，则是雍正中晚期与准噶尔的交战。雍正吸取了年羹尧权力过于集中的经验，在军事和人事上都进行了分散，同时在军费和物资的供给上，都由中央负责。但是这场大战持续了很久，也有输有赢，国库中的银子迅速减少，到了乾隆初年，只剩当初的一半。抛开其他因素，这两场大战在"花钱"上的区别还是很明显的。

但是，西部的经济基础很差，如果太过压榨民众的力量去打仗，很容易引起民变，所以，雍正虽然没有给那边银子，但是给了一些福利政策。就是前面所说的，把用钱收买官员的权力给了那里，并且对那里的亏空也视而不见。可以说朝廷对川陕四个省份的财务管理基本上都是放手不管，反正能自己掏钱打胜仗就行了。年羹尧所面临的严峻的财政困难，是不可避免的。

还有一件事值得注意，年羹尧掌握着四个省份的财政大权，可以随意调动，所有的事情都是为了胜利，所以冒销军饷、克扣银子粮草等，都不能怪他。由一名地方总督来调拨物资，本身就是给了他自主权，如果有人非要说他"冒销""擅发""挪用"，那就很难让人信服了。

但是这并不等于年羹尧没有错误，并不是因为有这些陋规，就能为所欲为。做得太过分，就会引起各大势力的反对。如果有不止一个利益集团，想要惩罚过界的人，那么，必然会引发政治上的打压和算计。经济问题也就成为斗倒他的一个借口。而年羹尧就是这样的一个例子。

关于冒销军饷和冒领军功这个罪名。年羹尧在平定青海的战役中，被指控虚报了 47 万两银子，但这些银子的下落，兵部与刑部却都没有核实，这里面有一些空饷与一些赏金混在一起。并且年羹尧在前线的时候赏赐士兵是非常大方的，所以被兵部弹劾僭越。但其实这些还算在陋规的范围里。但年羹尧为还未出籍的两个家奴分别捐了一名直隶的道员和一名署理的副将，则实在是太过了。这两人都是贱籍身份，身份卑微。年羹尧将他人之功，推到自己的仆役头上，这是想要独吞别人的功劳，很容易结下深重的仇怨，这可不是什么无伤大雅的陋习。

还有就是年羹尧在水耗上也过界了。平日里官员们吃银耗是不会伤及国库的。户部发放的盐引还在，是可以使用的，但因为价格太高，被官员们强行抢走。但年羹尧就不一样了，他将所有的盐矿都据为己有，将所有的私盐都收走后，自己私自印了 1.2 万张盐票来充当盐引。当然他向户部汇报了 1 万张，自己留了 2000 张。这样的话，户部的盐引就不能用来卖盐了，只能用年羹尧印的盐票，这样会影响到国库的收入。年羹尧不仅私自印制盐票，更是让儿子年富和年斌辞去官职，在自己所管辖的地方假扮成盐商，自己出钱贩卖官盐，损坏商业根基。因为盐商卖盐，都是世代相传，所以要定期向户部上交银子。现在年家强行占据了这片土地，世代相传的盐商市场被抢走了，这些盐商再也不是盐商了。

再者，他举荐官员收了人家的谢规银后，又讹诈陷害他人。所有在西北军效力的人，每人都要再给他4000两银子，勒索总额有24万两，这已经超出了朝廷默认的范围。更重要的是，年羹尧擅长打压别人，为自己的亲信争取位置得到谢规银。这种做法引起了其他官员的普遍不满。李维钧就是这样成为直隶巡抚的。这件事也成为年羹尧重要的罪状之一。谢规银还可以换一种方式征收，也就是所谓的"平安钱"，即威逼利诱，弹劾有罪的官吏，向他们收取银子，给了银子之后，就不会再弹劾他们，也不会再有什么事情发生。年羹尧在执行此类违规规定时，亦是两面三刀，纳贿巨万，超过了大家的底线，最终成了别人手中的把柄。

第三类，人事类相关罪名，任用私人，排斥异己。

任用私人是利用自己手中的权力，帮助自己的人伪造军功，谋取更高的职位。冒滥军功是古代军事上的一种常见行为，特别是在大型战场上，年羹尧的部队也不能幸免。事实上，那些曾经担任过将领的官员，一般都很努力地去"举荐"。毕竟，在战争中，生死只在一念之间，如果指挥官没有一颗要为自己的战友争取更大的利益的心，又怎么会有人拿命去拼呢？但是这样的行为难免会对那些文官产生影响，继而让文官产生不满。现在年羹尧失势，这些自然就成为他的过错了。还有年选，前面也都详细说过了，这些都是将年羹尧推向死亡的助力。其实这样看来，经济上的问题，与人事上的问题是有关联的。

排除异己是指栽赃陷害那些和自己不熟或者与自己有矛盾的官员，让他们被撤职，然后推荐自己的人上位。这明显是一个更大的问题。前面说过的直隶总督李维钧就是个例子。还有一条典型案例被明确写在九十二条罪里，"捏参程如丝贩卖私盐、杀伤多人"。这却是一桩彻头彻尾的冤案。最开始，年羹尧弹劾夔州（今重庆市）知府程如丝贩卖私盐，并在途经夔关的商贾中大肆劫掠，造成大量伤亡。程如丝当时任四川按察使，被撤了职，接受调查。这里就要说到一个前面介绍过的人蔡珽。蔡珽原本是被抓到京城的，但后来却因为揭露了年羹尧的罪行，从一个普通囚犯变成了左都御史。蔡珽当即上奏，说他曾是程如丝的上司，深知程如丝的为人，程如丝乃是四川的一位好官，之所以被诬陷，是因为他和年羹尧有恩怨。

这个案子牵扯到了很多人，如果能够证实是年羹尧诬陷程如丝，那么，这将是年羹尧一个重要的罪名！于是，雍正便派了陕西的新巡抚石文焯前去复查，结果，石文焯上疏，年羹尧弹劾四川夔州知府程如丝贩卖私盐、贪残凶暴一案，俱数虚事，明系年羹尧捏词妄参。程如丝最终被判为清白，并重新担任四川按察使一职。到了这一步，年羹尧对程如丝的指控，已经被官员们认为是诬陷忠臣、排除异己。

但年羹尧被赐死不过一年，这个结论就被颠覆了。因为此时的朝堂上，最重要的是"倒蔡"，也就是前面说的那个因为举报年羹尧红了一把的蔡珽。雍正五年（1727）三月，雍正帝下了一道诏书，诏书的开场白很谦虚：我处理天下事务，向来顺应人性，不愿有成见，可是国事繁杂，人心险恶，欺世盗名之事屡见不鲜，我若是听信了他们的话，就会犯下错误。但是，一旦有人做了错事，要能够立即纠正，而不要抱着自我保护的成见，这样，对错就会迅速明晰，人人都会提高警觉。自古以来，圣人也会犯错误并且不会遮掩而是承认错误，我就经常以此来激励自己。

之后雍正又提起了程如丝的案子，而且放低了姿态，居然当众提到了那个因为"一止"言论而被斩的汪景祺。雍正说他读汪景祺的《读书堂西征随笔》，里面有关于程如丝的案子，里面写的和当年蔡珽上奏的、石文焯所查的大不一样。汪景祺虽然是个坏人，但他说的话不见得字字皆虚，他能把这些话写下来，肯定是有原因的。对于一个国家的政治，一定要弄得一清二楚，这样就可以做到"清吏治而肃官方，剖是非而除壅闭"。今遣刑部侍郎黄炳赴四川，与川陕总督岳钟琪、四川巡抚马会伯、湖北巡抚宪德再审程如丝一案，并请石文焯、蔡珽两位旁听审问。

那么汪景祺的《读书堂西征随笔》里是怎么写的呢？

> 程如丝重贿蔡珽，调补夔州知府。程如丝至夔，凡商家所有之盐，尽以半价强买之。私盐船自夔至楚者，官素不甚禁，以活穷民，程如丝悉夺之。私盐船过夔，程如丝遣人籍其盐，私商不服，程如丝集吏人、乡勇、猎户，泛兵几千人往捕治之。鸟枪弓矢竞发，私商与捕人死者枕藉，商人过客毙者无算。蔡珽庇之，不以上闻。湖督杨宗仁受客商呈词，欲入告。程如丝指称是年大将军意，杨督竟寝其事。年公闻之，遂具题参劾，奉旨革职拿问。蔡珽入觐，力言程如丝为天下第一清官，上将大用之。今此案令西安巡抚石文焯秉公确审，石欲脱程罪，且议复其官，以合上意。呜呼！浙抚黄叔琳以置土豪贺茂芳于死，遂革职问罪，乃知府杀人不计其数而反无过乎？

大意就是程如丝花重金收买了蔡珽，让自己做了夔州的知府。程如丝到了那里之后，凡是商人手中的盐，一律以一半的价格强行收购。私盐船自夔州至楚，官府并不严加禁止，好让穷苦的百姓活下去，程如丝则将其全部夺去。私盐运到夔州的时候，程如丝派人将盐带走，私盐商人不肯罢休，程如丝便召集官吏、乡勇、猎户，派出上千人，前去缉拿。弓箭乱射，商人被杀死的不计其数。蔡珽护着程如丝，没有上报。湖广总督杨宗仁接到客商的告发，想要汇报，但是程如丝说这是年大将军的意思，杨宗仁居然将这件事压了下来。年大将军知道后，当即上疏弹劾，奉命将其革职查办。谁知道蔡珽进谏，极力说程如丝是天下第一清官，对圣上有大用处。今将此案交由西安巡抚石文焯秉公审理，石文焯想要免除程如丝的罪责，并商讨恢复程如丝官职，以合上意。天啊，当初浙江巡抚黄叔琳因为将土豪贺茂芳杀死而被罢官问罪，为什么程如丝杀了无数人，却没有罪过呢？

这段文章里充分地点出当时程如丝是受到了蔡珽的包庇，这也是雍正引用这段内容的意图，他就是要把蔡珽弄下去！那么重审程如丝这件事情的结果自然是显而易见的。被蔡珽认定的第一好官程如丝再一次被判处死刑，原因就是汪景祺写的那段内容。蔡珽被抓进了大牢，他的罪行比起年羹尧就少了很多，他被定罪十八款，第十五条罪名就是"收受贪残不法之程如丝银六万六千两，金九百两，贪贿庇奸、怀私保举"。

第四类，领导责任相关罪名。

在年羹尧的九十二条罪状中，最有名的就是"郃阳剿匪致死八百平民案"。年羹尧真的这么残忍不择手段吗？郃阳一案，与程如丝一案类似，在年羹尧的九十二条罪名中，这两条罪名是最重的，都有无辜的商民被杀害。而且人数都很多。800多人，这是一个很恐怖的数字。在那个年代，一次小型的战斗或许都不会有800人死亡。这件事性质就不一样了，先说一下这个案子。

郃阳位于关中盆地的东北方，现在又叫"合阳县"，隶属陕西省渭南市。根据当时的审理结果来看，这些死了的无辜平民，并非是被士兵们杀死的，而是被吓得跳下了悬崖，或者是躲避的时候被人踩死的。郃阳距离省会西安并不远，这里在非战乱的时候，竟然出了这样一桩惊天大事，而且还是在一年之后大家才知道这件事的，实在是太奇怪了。这件事也是在汪景祺《读书堂西征随笔》中作了详细的叙述。这样说起来，汪景祺还是做了许多贡献，只可惜因为文字狱被斩杀了。

　　用汪景祺的话来说，天下吏治之坏没有什么比陕西更糟糕的了，这里是康熙时期最糟糕的地方。原因是当时督抚都是满洲人，他们读书少，对政事一窍不通，所以把地方上的事情交给了幕僚和属吏，让他们为所欲为。而且当时那里连年征战，百姓负担沉重，而地方官员擅长搜刮钱财，千方百计地征收苛捐杂税，时常引发民愤，官民之间的冲突极为激烈。郃阳县距离盐场比较近，百姓用盐较为便利，无须有官方做后台的盐商到此贩卖，民运民销就可以。在雍正前期，年羹尧的心腹，当时的西安知府金启勋，为提高郃阳县的税收，以满足战争需要，要将民运民销变成官运官解，引发了地方士绅的极大愤慨。在当地官员家人的带头下，百姓们将县衙砸了个稀巴烂，将县令给打了，要求官府收回命令。金启勋和其他官员无奈之下，只得服从陕西布政使胡期恒的指示，和百姓们协商，允许地方上的盐继续由百姓运送，由百姓自行销售。但是这件事并没有这么平和地解决，因为金启勋从西安知府升为河东盐运使，这当然是因为年羹尧的举荐。河东盐运使听名字就知道是负责河东盐政的，金启勋大概是想要报仇雪恨，于是将郃阳县的盐商说得十恶不赦，向年羹尧请示，让他带人去捉拿这些盐商，年羹尧同意了。金启勋在雍正二年（1724）八月，率军入郃阳捉拿盐商。对于这次出动的军队和抓到的人数以及这次行动的过程，当时外界对此并不关心。这件事情就被看作一个地方性的刑事案件，没有什么特别之处。

但仅仅过了大半年，此事却忽然被人大张旗鼓地提了出来。曾经的陕西巡抚范时捷密奏雍正，说他曾经接到举报，一年前朝廷在郃阳抓捕了一批私盐贩子，由于处置不当，致使当地平民人心惶惶，不少人甚至吓得跳崖投井，请求雍正下旨让年羹尧彻查此事。于是，雍正便把范时捷的奏折给了年羹尧，让他去查个水落石出。年羹尧回答道："郃阳的盐贩子猖獗，迫于无奈，我们不得不派出军队，士兵们没有射一支箭矢，只抓到了 15 个盐贩子，押送到了省会，没有对百姓造成任何伤害，如果有百姓被杀害，众目睽睽之下，很难掩盖，我愿意承担责任，绝不会包庇下属，欺骗陛下。"这时，正是"倒年"的时候，雍正怎么可能因为他三言两语就放过这等滔天大罪。就在朱批中告诉年羹尧：

> 范时捷说你被人蒙蔽，今你此字中言他被人蒙蔽，今朕若听你言便寝此事不究，则被你蒙蔽矣，若听范时捷之言即治金启勋之罪，则朕被范时捷蒙蔽矣。此事你二人中必有一人被人蒙蔽，尔等被人蒙蔽不过坏一省吏治之事，若到不可用尚可擯斥而更人。朕若被人蒙蔽则天下政务所关，尔等未必能为伊、霍之事也。此事你必究明根源覆奏，朕必明此事矣。你若不能彻底详明此事，朕被你蒙蔽尤可，你蒙蔽朕之罪恐当不起天下人之指论也。

这段朱批的意思是：范时捷说你是被人蒙蔽了，现在你说是他被人蒙蔽了，我现在如果听你的不追究此事，就是被你蒙蔽了。如果我听信范时捷的话治罪金启勋，我便会被范时捷蒙蔽。这件事，你们两个之中，总有一个人是被蒙蔽的，你们被蒙蔽，最多也就是坏了一个省的治安，实在不行，可以斥责换人。朕若被人蒙蔽，那就是国家大事。这件事的起因，你一定要查个水落石出，我一定要知道是怎么回事。如果你不能将这件事说得清清楚楚，那么，我被你蒙蔽倒不重要，你蒙蔽我的罪责恐怕当不起天下人的议论。

年羹尧见雍正说得如此严厉，只得命人去调查，过了两个月，他才回来禀报：去年八月，官兵在邠阳虽无强迫之举，但县里有6名老弱妇孺，因受惊吓，或上吊，或跳崖，或旧病而死，当时没有向官府报告，所以不知道。如今才知道，自请处分。雍正对年羹尧的上疏不置一词。后来，年羹尧西安卸任之后，新上任的川陕总督岳钟琪上奏又说邠阳县有12个人因为官兵到来横死。人数一下子变多了，雍正对此的态度依然是不以为然，只回复说"我有另外的旨意"。其实当时雍正已经派别人去查这件事了。

其中就有一人是前面说过的年羹尧的同年史贻直，他与刑部侍郎刚刚完成对年羹尧私盐一案的调查，正准备回京。于是，雍正下令，让他们参与到邠阳这个案子中来。没多久他们称联合岳钟琪等人一起调查，除了年羹尧报告的6个遇难者之外，目前还查出13个遇难者，一共19人。再有，邠阳县那些被抓来的盐贩子，其中几个人口供也有不一致之处，需要重新审理。不知道是不是雍正不满意这个死亡人数，所以也没多说什么，只说知道了，让他们在那里等着，他还会派人来交接这件事。

陕西固原总督大概是同一时间与史贻直他们上了一道密折，他利用自己管辖的绿旗军队暗中调查此事，他说：年羹尧在雍正二年（1724）八月十八、十九、二十三日内，分三次调集兵马，共计1000多人，在金启勋等人的带领下，向邠阳县进发。二十日夜里，一声炮响，从城外20余里的村落中，一连捉了十余人，又在附近一带抓了一两百人，金启勋亲自审讯，将他们释放，剩下的18人，被判为私盐贩子，押往西安，处死9人。

现在牢房里关着一个识字的秀才，他将那天晚上发生的事情说了一遍。据这位书生回忆，士兵们深夜进城，百姓惊慌失措，吓得纷纷投井自杀。

这么一看，这个调查清清楚楚，一些数字、细节等问题也都很全面，这下雍正满意了。在雍正开始重新调查郃阳案后，这几个月间，郃阳百姓死亡人数从年羹尧说的没有死亡再到6人，又到岳钟琪所说的12人，再到史贻直联合岳钟琪等人调查的19人，虽然人数在慢慢地增长，但尚在可以接受的范围之内。谁知道又过了两个月之后，雍正在圣旨中所说的死伤人数，却是达到了惊人的805人！

雍正在诏书中对此表示了深切的慰问："年羹尧不顾人命，毒害无辜，导致800多人惨遭毒手，这一切都是因为我任用了恶徒，我惭愧，愧对无辜百姓。既然是我的错，那现在陕西的官吏就代我抚恤百姓吧，郃阳县的赋税就免了！"

据雍正所言，每个死者都有"乡保甘结"和"该县册结"，是确凿无疑。然而其中却有一个问题，在当时一个没有准确的户籍记录的年代，在短短的几个月时间，是怎么将800余人的身份与死因一一查清？就连年羹尧自己也有些意外。所以，当年羹尧看到郃阳一案的结案诏书的时候，不承认自己的罪行，说："这件事情，我已经上了折子，或者以后可以弄清楚。"年羹尧反复道："时间一长，一切都会水落石出的。"当然，不管年羹尧怎么说，这件案子终究是铁证如山，成为他的九十二大罪状之一。

在郃阳一案中，年羹尧推荐金启勋担任河东盐运使，对其篡改旧规、大肆征收盐税的行为表示赞同，之前允许金启勋派兵抓捕盐商，之后又包庇他，掩盖他深夜派兵惊动平民的真相，这些罪名，年羹尧都不能推卸。然而是否真的死了800多人？这个数字值得怀疑。不过，那一天不管死了多少人，年羹尧都没有亲自出马，只能怪他包庇部下，用人不当。

整体来说，年羹尧的九十二条罪大概就是如此，其中有年羹尧真正犯的罪行，也有夸大其词的，还有的可能是"欲加之罪"。不过在这里面还有个与其他被判有罪的大臣相比，比较特别的罪名——残忍罪。

在前面就讲过一个关于年羹尧残忍的小故事，就是年羹尧乘坐轿子之前，说"去手"，那些侍卫理解错了，把手砍了下来。由此可见，年大将军的军令是何等的严厉。《栖霞阁野乘·年大将军延师》讲了一个教书先生在年家当老师的时候发生的故事。年羹尧请了一位先生来教他的儿子，并安排了八个小厮服侍先生。第二天早晨，教书先生起床了，八个小厮围在他身边，小心翼翼地伺候着。教书先生不敢接受这样的待遇，坚持要自己洗漱。领头的小厮吓得不轻，说："大将军有令：'侍奉先生，如侍奉他一样，不得有任何违抗之意。'若不侍奉您，我们必有大祸。"但先生执意要亲自动手，小厮无奈，只能将洗漱用品放下。可就在先生洗漱的时候，年羹尧却在一群护卫中过来了，看见小厮没有服侍先生，十分生气，示意侍卫将小厮带下去，不一会儿侍卫就提着人头回来，禀告道："他对先生不敬，已经砍了他的脑袋。"

这位威震天下的年大将军，心狠手辣，视人命为蝼蚁，这样的事多了去了。后来年羹尧大捷归来后，先生又目睹了他如何论功行赏，如何惩治下属。年羹尧端坐在上首，两旁站满了身穿铠甲的士兵，一名官员站在他身旁，汇报着每一次出征的士兵的功绩。立了大功的，立刻换上升职后的衣服，赐座赐酒。犯了错的，年羹尧立刻训斥一声，面色阴沉，一挥手，侍卫们就将犯错之人的衣衫扒了下来，拖出去，不是鞭打，就是斩首。由于年羹尧生性残忍，所以受到惩罚的人比得到奖赏的人更多。

据说雍正也曾目睹过他的严苛。当年羹尧在青海的战争结束后，回到京城的时候，雍正摆下了丰盛的酒席。那时正值炎炎夏日，年羹尧麾下的将士们都是一身铠甲，昂首挺胸，整齐划一。这让雍正大为赞叹。为表示对士兵的怜悯之情，雍正下令全军卸下盔甲，就地休整，并赏赐酒食。雍正一连说了三次，士兵们还是一动不动。于是，他吩咐年羹尧："天热，大将军下令全军卸下盔甲，歇息片刻。"年羹尧拿出一杆小旗，递给身边的亲兵，亲兵举起小旗微微挥舞了一下，那些士兵顿时卸下铠甲，默默退下了。雍正看着这一幕，心里别提有多憋屈了，圣旨还不如一面年羹尧的小旗子有力度。不过这个小故事也恐怕只是传言，因为年羹尧平定青海回来的时候是九月不是夏天。

不过倒是有一件事可以说明年羹尧的凶残。在年羹尧平定青海的时候，将跟随罗卜藏丹津叛乱的蒙古人和藏人屠杀殆尽。战争结束后，年羹尧在善后的时候，对叛乱者的家眷极为残忍，分赏满汉官兵共计男、妇一万余口，以杀强暴之气。当时在西北的汪景祺对此有记载："女子皆以赏军士，各省协剿官兵归伍者，成拥夷女而去，西安府驻防八旗兵回镇，将士除自获者，年大将军复赏以夷女五百人。"

总之，年羹尧被赐死，从政治上说，虽然其中有雍正的手段，但是年羹尧自己也并不是完全无辜的。甚至可以说，雍正对待年羹尧还算比较温和，只将他和他的儿子斩杀，其他族人并没有什么大事。

第二十五章　帝王手段

　　年羹尧能够取信于雍正，获得极大的权力，最终成为一位位高权重的大臣，除了其本身的能力，很大一部分原因是由于密折制度。但是，在雍正想拿下年羹尧的时候，也是通过密折的方式来"收集"年羹尧的罪名。所以说年羹尧一生的仕途起伏，成也密折，败也密折。

　　密折其实就是奏折，顾名思义，其实就是秘密的奏折，是一种与官员题本相对应的直接呈给皇上的文书。普通的题本，尤其是四品以下官员题本奏事，在流程上比较麻烦，首先经过各自的上司，然后统一到中央，这还不算结束，还要通过内阁大臣，最后上报给皇上。所有的程序都是公开的，所有官方机构都能看到公文。而密折却是一种由官员自己亲自撰写并暗中上报的奏折。雍正曾多次强调这个"密"字："凡有密奏，密之一字最为切要。君不密则失臣，臣不密则失身，可不畏乎？"就是说，密折最重要的就是保密，如果君王不能守住这个密字，就会失去臣子，如果臣子不能守住这个密字，就会失去自己的身份，岂不可怕？而且雍正也是这么做的，有一次雍正让鄂尔泰的侄子上密折的时候，还专门和他说："密之一字，最为紧要，不可令一人知之，即汝叔鄂尔泰，亦不必令知之。"鄂尔泰是雍正最信赖的朝臣之一，也要向他保密。

这一套系统的建立始于康熙五十一年（1712）。江淮盐运使就是通过这样的折子，向康熙汇报了一些关于盐政的情况，同时还暗中向他汇报了一些奇闻趣事。后来在康熙的大力提倡下，逐步扩大为一套完整的文书交流制度。为什么要把密折制度扩大呢？

首先，朝廷上有言官，还有监督皇上的谏言官，在皇上下旨的时候提出建议或者进行阻止。这两种官员，在明清时被划分为六科。六科有一个重要的任务，叫"科抄"，"抄"的内容就是题本和圣旨，然后里面有不妥当的地方要上报给皇上。六科官员有权力反驳皇上的旨意，对这一点，皇上很是不满。康熙就有过这种情况，虽然最后诏书还是执行了，但在此期间，六科官员两次阻止，这着实让康熙皇帝有些不爽。其次，朝廷上有监察百官的监察御史，清代为强化对各地的监管，给总督和巡抚加了一个"都察院"的头衔，称都察院右都御史，就相当于监察部，对所有官员进行监督，但地方上的大官也可以监督监察院，如此一来，都察院与六科就成了互相监督的关系。这样看起来好像很有监管效果，但是实际上到底谁查谁很难说得清，两边都很尴尬。雍正即位后，将六科并入都察院，将其合二为一，六科的制度就取消了。雍正用密折制度弥补了六科和监察制度。将密奏权下放到三品以上的官员。可密奏的官员由康熙年间的200余人增加到了上千人。无论你想弹劾谁，还是想说皇上的问题，都可以通过密折制度传达到皇帝的耳朵里。

那么到底什么内容可以写在密折上呢？密折以奏事折为主，还有请安折、谢恩折和贺折。奏事折的内容不是只有大事或者关于政治的事情才能上奏，那些街谈巷闻、民间琐事、奇闻趣事，哪怕是闲聊也可以。康熙就曾经说过："尔虽不管地方之事，亦可以所闻大小事，照尔文密密奏闻""就是笑话也罢，叫老主子笑笑也好"。雍正甚至说"凡有骇人听闻之事，不必待真知灼见，悉可风闻入告也"，连真假都不在意了。李卫有一次把民间拾金不昧之事写在密折里告诉雍正。雍正看了很高兴，赏赐了他很多东西。

要严格遵守密折中的"密"字，就必须遵守以下原则：首先，这个密折是上书的人本人亲笔写的，并且里面的内容严禁告诉其他官员。其次，写完后这个密折要委派上书人的心腹传递，并使用专门的匣子转呈。再次，皇上得到密折要亲自批阅。最后，批阅后的奏折必须再交上来。这样基本上就能保证上奏的官员与皇上点对点的交流。因此，哪怕年羹尧被赦免了，那些上密折举报年羹尧的官员也不怕被年羹尧知道。但是这个制度还是有缺点的，因为密折是以君主为核心的政治信息交换体系，只确保了君王才能得到全面准确的消息，而群臣所得到的消息则是分散、片面和孤立的。

但是密折呈上来的内容就一定是准确的吗？或许雍正也有这种猜疑，所以在密折中常常用反语来考验大臣的人品和忠诚度。比如他曾数次下旨，向他身边的官员说鄂尔泰近来所作所为不检点，你们知道吗？要如实禀报。还有前面说过的李卫，雍正也询问过其他人，我听人说李卫放荡不羁，人品大不如前，是不是这样？接到密折的官员也搞不清楚怎么回事。雍正帝如此行事，而且还爱说些反语，纵然是他的得力心腹，也难以揣摩皇帝的心意。

就像们前面说的年选，几乎全部都是通过密折来实现的。年羹尧通过密折上奏，获得了题补命官的大权。雍正在给他写的密折中，经常会征求他对朝廷用人的意见。对川陕以外地方的官吏任用，年羹尧也可以利用密折发表自己的看法，参与人事任免。对于京中将军何天培的品行，朝野上下说法不一，雍正就询问年羹尧："如实禀报，让我决定是否留下。"显然雍正在密折中表现了对年羹尧超乎寻常的信任。如此大的权势，让年羹尧可以在西北地区培植自己的亲信，打压各大势力。年羹尧身为川陕总督，横行霸道，遇到文武官员空缺，不论大小，都用自己的人填补。年羹尧因为得到了雍正的信赖，取得了密折专奏权，权势滔天，赃私巨万。被他弹劾过的官员，都要小心翼翼地伺候他，千方百计地讨好他，才能从困境中解脱出来。比如被他弹劾过的江苏按察使先后两次给年羹尧送上青铜器、瓷器、玉器和字画等礼物后，年羹尧才不再为难他，并许诺留心照看他。至于年羹尧的亲信，更是要按规矩给银子。

密折制度能给年羹尧带来好处的一个原因就是，年羹尧可以直接与雍正对话，两人中间不会有第三个人插足。而且只要这两个当事人不主动说出去，其他知道密折所奏之事的人很少。这样就使年羹尧行事方便。不过年羹尧也渐渐地自大起来，为了稳固自己在朝堂上的地位，经常通过密折向自己所认定的敌人发起进攻，这里面包括雍正的心腹。比如雍正当年说年羹尧有才情，而傅鼐忠厚，欲起用傅鼐。年羹尧知道后心中不满，这件事导致他与傅鼐决裂。就连河南巡抚田文镜也受到了年羹尧的诽谤。

年羹尧利用密折制度在朝堂上的权势达到了极高的程度，但这也是他在朝堂上孤立无援的原因。"倒年"的时候，百官也都是通过密折弹劾他，这就是败也密折。

其实，密折制度是帝王获得政情的一条隐秘通道，他的目的是让帝王可以有效地控制政治秩序。一个英明的帝王可以操控有野心的臣子互相举荐，玩弄人心。这样，密折制度就能发挥意想不到的效果。因为年羹尧触怒了各方势力，动摇了雍正对朝堂的掌控，密折制度成了他被处死的利器。

年羹尧九十二条罪名中主要的罪几乎都是有关人员通过密折举报的，而雍正也通过密折暗示和鼓励大臣们秘密举报年羹尧，策反年羹尧的亲信。雍正也借着密折制度，故意隐瞒了部分证据，诬告年羹尧。毕竟密折里到底是怎么写的，当时谁也不知道。前面所说的程如丝案和邰阳一案几乎就是完全通过密折给涉案人员定下罪名，真实情况到底是什么已经不重要了。或许，整件事件的真实情况雍正是了如指掌的，他故意将密折中重要的情报隐藏了起来，等到除掉年羹尧之后，再利用这些内容除掉程如丝和蔡珽。

密折制度最突出的特点就是它的隐秘性。就是因为这个特点，帝王才可以在文武百官甚至百姓之间游刃有余，综合所有信息，打造出帝王无所不知的形象。所以，康熙和雍正这两代皇帝十分重视对密折的相关规定。但是随着上密折的人数不断增加，清朝中后期的几位皇帝皇权被削弱，密折制度的特性渐渐消失，密折就成为一种普遍性的上奏形式。而且，从根本上来说，密折制唯一的受益者就是至高无上的帝王。在密折制之下，每个人都被严密地监视着，每个人都有可能成为下一个被弹劾的人。

雍正利用密折不断地要求官员们举报年羹尧，在这种严厉与高压的态度下，官员们大体上可分为三类，人数最多的一类，就是阿谀奉承、跟风的官员。大多数人不知道案子的来龙去脉，但态度却很坚决，誓与年羹尧划清界限。这里面有不少大臣上疏，以和年羹尧同处一地为耻。还有些大臣在知道案情有误的情况下，不顾事实，向皇上献媚，诬陷年羹尧。也有一些官员，对这件事不是很了解，但知道年羹尧被革职后，肯定会留下一些空缺的官职，于是接连上疏请求革除其官爵。比如管人事的吏部，他们发现虽然现在年羹尧已经被撤了所有官职，也免去了年羹尧的一等公爵位，但是年羹尧的三等公爵位仍在，遂上疏以年羹尧犯下"非寻常罪行"为由，建议撤了年羹尧的三等公爵位，降为精奇尼哈番，雍正同意。吏部随即编造了一个挑起番民民变、挑起事端的借口，建议将年羹尧降为阿思哈尼哈番，雍正当然同意了。其后，吏部又上奏说年羹尧的折子捏造事实，求再次降其为哈番。就这一个月的时间，吏部接连上了三道奏章，将年羹尧的爵位削得七七八八。还有一些品级较低的官员，反应慢了一拍，还没来得及说出表忠心的话，年羹尧已经被一撸到底。他们无话可说，只好上疏重罚年羹尧。如此中央和各地都响起了要杀年羹尧的声音。

另一类不同于一般官员反应的就是"年党"的人。年羹尧推举的官员很多，在川陕甘三省，从州县到提镇，由年羹尧推荐的人差不多有150多人。也就是说从军界到政界，几乎都是他的人。但后来随着年羹尧一起被革职的，也就只有46人而已，可见年党的大多数人为了自己与年羹尧划清界限，其中，以岳钟琪最有代表性。

阿文勤也是年羹尧的同年，眼见着年羹尧的宠爱日隆，年羹尧又一天比一天嚣张跋扈，知道年羹尧的结局肯定不会好，便主动和他保持距离。有一次，两个人在朝房中相遇，年羹尧问他："你我是同年，何必如此冷淡？"第二日，年家的人给阿文勤送了许多物品，他只是象征性地收了一点衣衫料子，亲自登门道谢，之后他们便再没联系。当年羹尧被赐死的时候，很多人都被牵扯进来，但是阿文勤没有被牵扯进来。

除了这两类官员外，还有一个派别的官员也不容小视，那就是像鄂尔泰、李卫和田文镜这些雍正最信任的人。他们对于雍正的各项政策，一直都是言听计从，在年羹尧的这件事情里，他们也只是敷衍一下，并没有插手太多。这也是雍正的一片好心，免得他们卷入党争之中被人暗算。

年羹尧被雍正想尽办法诛杀这件事，可谓是举国上下的一件大事。不过年羹尧的下场并不是最糟糕的，雍正三年（1725）十二月，年羹尧被赐死，他的直系亲属被革职发配边疆，妻子也被送回了娘家。但是一年多以后，雍正赦免了他的家人让他们回京，并将其府邸归还，算是保住了年氏一族。尤其是和其他人对比，年家真的要幸运很多。比如隆科多，被幽禁后不到三个月就死了。他的亲人被发配到了边境，成为奴隶，一直到乾隆十年（1745）才被允许回京，但是这一支族人基本上难以被保全。年羹尧的死对头蔡珽，虽然没有被马上处死，但是却在牢里关了20年，而年羹尧庇护的程如丝也被处死了。最惨的是年羹尧最忠诚的心腹李维钧，他在牢中病死后，家人被判为奴，家产被没收，后来再无赦免，是结局最惨的一个。这样说来雍正对年羹尧还是心软了。

还有一位大臣的结局还没有说，就是年羹尧一手提拔起来的最信任的手下岳钟琪。岳钟琪是个识时务的人，对雍正忠心耿耿，他得到了抚远大将军印，从年羹尧一案中活了下来。但是他就真的平安无事了吗？

岳钟琪接任川陕总督一职之后，掌管川陕甘三省的军政大权。雍正五年（1727），一天，一个衣衫褴褛，披头散发，赤着脚的人在大街上奔跑，大叫道："岳钟琪率领川陕兵马，要谋逆！"官兵马上将人抓住，原来这个人是个疯子，但这并不代表着岳钟琪就会放了他。他匆匆忙忙地拟了一道折子，希望能为自己正名。雍正这个时候还很信任岳钟琪，是不相信这些流言的，还说了很多安慰他的话。那个疯子也因造谣惑众，诬陷大臣的罪名，被朝廷斩首示众。岳钟琪如释重负。

但是到了第二年又出事了，靖州的一个秀才给岳钟琪写信，在信中痛斥雍正，而对于岳飞的后人岳钟琪，这个秀才以岳飞抗金的事迹激励他，劝说他将矛头对准满洲人，以报宋、明二朝之仇。岳钟琪假意答应，引诱他们认罪，然后将他们一网打尽。后来，雍正夸奖岳钟琪忠心耿耿，继续委以重任。不过这件事情还是给岳钟琪的仕途留下了一个隐患。

雍正七年（1729）二月，科尔沁部和喀尔喀部发来紧急求援信，请求增援。雍正下诏，授岳钟琪为"宁远大将军"，统辖川陕甘汉兵，编成西路大军。六月，朝廷派人携雍正特批的宁远大将军军印以及兵部、吏部等御用物品前往陕西，于西安正式册封岳钟琪为宁远大将军。岳钟琪于八月率领西路大军由陕西、四川、甘肃出发，经河西，于巴里坤会师。岳钟琪特命自己的长子当时的山东巡抚岳濬赶来为自己送行。

当岳钟琪的大军已经集结完毕的时候，准噶尔的噶尔丹策零（1695—1745）早就知道了朝廷这次出兵的事情。噶尔丹策零老奸巨猾，一面收拢兵力，一面派使者入京，表示愿意把罗卜藏丹津交出来，请求和谈。雍正见状遂下令暂缓进兵，并召统帅入京，共商战事。噶尔丹策零得悉清军统帅出营回京，喜出望外，当即派兵2万，直扑清军大营。那里原为军马场，乃是清军西路的重镇，储存着大量的骆驼马匹和粮草等物资，噶尔丹策零率军进犯，打了个清军措手不及，大批骆驼马匹被劫，粮草被焚毁。清军奋不顾身，与敌人激战几个日夜，终于将敌人打得落花流水，夺回了一部分骆驼马匹和辎重，但士兵们也死伤惨重。直到第二年二月，岳钟琪才抵达前线大营，誓要与噶尔丹策零决一死战。

岳钟琪后来得到消息，说是噶尔丹策零率大军10万，欲袭吐鲁番，而且先锋正在前行。岳钟琪觉得是时候和噶尔丹策零决一死战了，于是令一部分将领率士兵赶往吐鲁番迎敌，自己则率中军主力，修筑堡垒，准备决战。但是前锋部队到达吐鲁番后，却没有遇到噶尔丹策零的大军，只是和一支小型叛乱队伍发生了冲突。噶尔丹策零知道西路的清军是主力，装备精良、作战勇猛，不好应付，因此仅留下少量人马在吐鲁番地区拖住西路的主要兵力，而将准噶尔的主要兵力驻守在清军北路的主要路线上。

在北路作战的清军也十分不顺利。噶尔丹策零派手下向清军北路大营诈降，并向北路主帅提供假情报，将北路的近6万大军引到噶尔丹策零的重兵包围内，激战十数日后，清军才突围而出。清军死伤惨重，边打边撤，结果又遭噶尔丹策零追杀。这是一场惨烈的战斗，几位将领自杀的自杀，阵亡的阵亡，经此一役，北路6万余清兵，只余2000余人，近乎溃败。

而在这之前，吐鲁番西路的清兵，因受不了酷热、粮食短缺和人马饮水困难而人心涣散，斗志消沉。岳钟琪在紧急情况下，派兵送粮到吐鲁番，在半路上被噶尔丹的部下劫掠，粮草和马匹损失惨重。此后，吐鲁番又多次受到叛军的骚扰和袭击。关于战事的奏折送到京城后，雍正大为不满。他将岳钟琪有关新疆战事的奏章拿了出来，翻看了一遍，心中更是恼怒，"岳钟琪所奏，朕详加披阅，竟无一可采。岳钟琪以轻言长驱直入说，又为贼夷盗驼马，既耻且愤"。就是说他发现岳钟琪的奏章里没有一条内容是可以采纳的，实在是奇耻大辱。

后来岳钟琪用了"围魏救赵"的策略，让士兵分成三个方向进攻，直捣乌鲁木齐，企图瓦解噶尔丹策零大军，减少北路大军的压力。路上将士奋不顾身，奋勇杀敌，攻下数个寨子，杀得敌人人仰马翻。清军打到乌鲁木齐，守城的叛军闻讯而退，清军占据了新疆的首府。雍正下诏，赞岳钟琪"此次领兵袭击贼众，进退迟速，俱合时宜"。

到了雍正十年（1732），战争依然没有结束，十月的时候噶尔丹策零率军攻打哈密。岳钟琪让人在二堡击敌，并命副将军赶到后方埋伏，截住敌人的后路。但是噶尔丹策零进攻哈密的时候，专门烧掉粮食和骆驼，虽然噶尔丹策零被赶走了，但也给清军带来了不小的伤亡。岳钟琪派去截住敌人后路的人出人意料地晚到了一天，等他们抵达预定的地点时，噶尔丹策零的人已经远离了埋伏点，噶尔丹策零的人用来歇脚的炉灰仍有余温，而且清军并未率领大军追赶，导致叛乱分子带着大批物资安全撤离。雍正下旨，将主持这两件事的官员斩杀，以儆效尤。斥责岳钟琪"攻敌不速，用人不当"。

岳钟琪被雍正连番斥责，军机大臣兼内阁学士鄂尔泰更是借机上奏，弹劾岳钟琪。最终，岳钟琪被削去了爵位，降为三等侯，仍然执掌大将军印。没过多久，雍正又下了一道诏令，召岳钟琪回京"商办军务"，并由张广泗（？—1749）接收宁远大将军印。之后岳钟琪风尘仆仆、心神不宁地赶回京城，与之一同送到雍正面前的还有张广泗的上疏。张广泗是鄂尔泰的心腹，两人联名弹劾岳钟琪，雍正下令将岳钟琪押入兵部，等待发落。岳钟琪被抓进大牢之后，就一直在等待着判决，这一等就是两年，直到雍正十二年（1734）十月，兵部才宣布岳钟琪"斩决"。雍正接到这道奏折后，经过深思熟虑，考虑到岳钟琪出征西藏，平定了青海，改判"斩监侯"，并处罚70万两银子。

其实在这场战役中，岳钟琪虽然也是大将军，地位和待遇都不逊于当年的年羹尧，但岳钟琪本身的话语权，还有雍正对他的信任度却远不及年羹尧。首先，在平定青海时，军务全权由年羹尧负责，那些宗室麾下的八旗兵只是起到了辅助的作用，并且他们也要听从年羹尧的命令。到了雍正七年（1729）征讨准噶尔部时，除了西路军由岳钟琪为宁远大将军之外，北路军并不归其节制，两军各行其是。其次，年羹尧当时不仅是大将军，还是川陕总督，对川陕甘三省的资源有绝对的掌控权，可以调动资源。而在岳钟琪被封为大将军之后，雍正又任命其他人担任川陕总督，以分岳钟琪的权力。最后，年羹尧当大将军的时候，所有的军需物资，所有的战争策略，几乎都是年羹尧说了算的。到了岳钟琪的时候，中央已经有了军机处，由怡亲王允祥、大学士张廷玉、蒋廷锡组成，进行军事上的调配。并且行军路线、战阵布置等战略层面上的事情，都是雍正与岳钟琪共同商议的，与年羹尧时有着天壤之别。其实，战时与和平时期的政事大不相同。在和平时期，政治上的权力分散可以互相制衡，也可以控制风险，但在战争中，权力分散很可能会让将军们在前线和后方互相牵制，让将军们失去先机，甚至一败涂地。连年的拉锯战，令清廷元气大伤，最终在雍正十一年（1733）五月，清朝不得不放弃剿灭准噶尔部的计划，与其停战。在国力最强的时候，以一国之力，去攻打一个边陲之地，虽然是胜负各半，但是对于清朝来说，却是打了一次败仗，与年羹尧平定青海的迅速胜利相比，除了战略因素外，可能还有政治上的原因。

如此过了两三年，岳钟琪获释，被贬为平民，返回成都。岳钟琪住在成都郊外的百花潭旁，他给那里取了个名字，叫作"姜园"。平时，他穿着布衣，吃着简单的饭菜。早上起来，练上两招，舞上几套刀剑，再牵上自己最喜欢的那匹马去浣花小溪边走走。闲暇之余，不是喂鸡喂鸭，就是走出姜园，到乡间田埂上走走，或是和农民们聚在一起，在大树下聊天。到了晚上，时而吟诵一首田园诗篇，时而在深夜里看着《楞严佛经》。岳钟琪渐渐喜欢上了佛家的教义，经常去寺庙听法。

这样悠闲的日子一下子就过了十来年，这么一想，岳钟琪要比年羹尧幸福多了，但是年羹尧却不见得能忍受这样悠闲的日子。乾隆十三年（1748）三月，因为大金川叛乱，朝廷多次出兵都无功而返，乾隆想起了岳钟琪，决定重用他，先封他为总兵，再封他为四川总督，此时岳钟琪已经62岁，离开朝堂已有十多年。岳钟琪东山再起，写下了一首诗："只因未了尘寰事，又作封侯梦一场。"这里提一句弹劾过岳钟琪的张广泗，起用岳钟琪的时候，张广泗因耽误军机被下大狱，而岳钟琪也趁机上疏弹劾，最终张广泗被处死。可见风水轮流转，到底谁笑到最后也说不准。

有趣的是，平定大金川时双方并没有开战，岳钟琪说服了叛军头目投降，获得了胜利。在年羹尧被赐死的那一年，有不少人谄媚地说年羹尧不会打仗，都是岳钟琪赢了这场战争，可是现在看来，如果没有岳钟琪，年羹尧到底会怎么样说不好。但是没有年羹尧，岳钟琪就真的不会打仗了。

乾隆十五年（1750），西藏珠尔默特那木扎勒作乱，64岁的岳钟琪又被派往康定平定了叛乱。岳钟琪的大儿子岳濬在乾隆十八年（1753）因病去世，岳钟琪伤心欲绝，他年纪大了，得了肺痨，病情也是一天比一天严重。乾隆十九年（1754），岳钟琪病情刚有好转，突然间收到军情，说是重庆有人自设邪教，鼓动百姓，聚集群雄，声势浩大，地方政府难以镇压，请求朝廷出兵讨伐。岳钟琪不敢怠慢，强行下了榻，穿上铠甲，率兵赶往重庆，剿灭邪教徒。邪教组织终究只是一支杂牌军，没过多久就被打得溃不成军。此时，岳钟琪肺痨更趋严重，于回师途中病逝，享年68岁，乾隆帝赐谥"襄勤"。

这么看来，岳钟琪其实倒像是年羹尧一案里的受益者，就算是看似拿下年羹尧的雍正都不算是胜利者。为什么这么说呢？很多人都在讨论，年羹尧是不是该死，这到底是一场阴谋，还是一场公正的裁决。年羹尧是死是活，要根据那个时代的律法来判断，而雍正杀死年羹尧并没有通过法定的罪名和正当的程序审判。当然，在封建社会，皇帝的权力是绝对的。雍正作为最高统治者，是封建皇权的代表人，可以说他想杀谁就杀谁，但是雍正还是为了不背负骂名找了很多年羹尧的问题。其实雍正这样做破坏了律法的平衡性。以密折取代题本奏书，打破了百官之间的平衡，使百官不分部门、不分层级只对皇上一个人负责，这严重地危害了阶级的稳定。而且年羹尧被赐死这件事里有个问题，年羹尧的罪名是官员们把他的犯罪事实概括成某个罪名，如欺罔、贪鄙，这些罪名在律法中是不存在的。以这样的罪名处死年羹尧，就算年羹尧本身该死，但是引出的麻烦也是很多的。以后大家就可以随意制定罪名来攻击其他官员了。

但是雍正赐死年羹尧对皇权的稳定还是有利的。不然年羹尧的胃口养大了，就算是当时没有想造反，以后也有可能会谋反。而且综合来说，雍正对年羹尧的处理已经很温和了，或许他也是欣赏年羹尧的。

雍正是个聪明人，对平定青海一事的看法，并无私人恩怨，"今年羹尧之党既散而当日平定青海伊亦著有功绩，著将伊子远徙边省者俱赦回，交与年遐龄管束"。可以肯定的是，年羹尧对当时政府对藏事务的管理，产生了相当大的影响。在年羹尧的案子结束后，雍正还说过"朕最信任的总督，就是年羹尧了"。

在年羹尧去世几年之后，雍正见到陕西粮道的杜滨，说了一句话："人十成明白，有力量，像年羹尧。奏对甚得当，将来可大望成人者。"这个评价可说是雍正对年羹尧的一种不加掩饰的真情流露。

年羹尧的死，让雍正甚感悲痛，"朕今深恨辨之不早，宠之太过，愧悔交集，竟无辞以谢天下，惟有自咎而已"。意思是雍正很后悔之前过于纵容年羹尧，他惭愧悔恨，无以向世人谢罪。雍正还说："大凡德可恃而才不可恃，年羹尧乃一榜样，终罹杀身之祸。"这就很耐人寻味了。

第二十六章　年氏族人

　　年羹尧除了年贵妃之外，还有一个妹妹，她的丈夫是汉军镶白旗的胡凤翚，胡凤翚所在的镶白旗也是由当时的雍亲王掌管，再加上他是年羹尧的妹夫，雍正一登基，就把胡凤翚安排到了钱袋子的位置——苏州织造。这个职位是为帝王的亲朋好友准备的。在雍正想要拿下年羹尧之后，便对这个"连襟"进行警告，要他谨言慎行，莫要失了自己的身份。不过，雍正也没打算把胡凤翚赶尽杀绝。年羹尧一死，他便被革职。雍正安排其他官员负责胡凤翚的离任审计其实最多也就是查一查他的财务状况。谁知道胡凤翚精神压力太大，也有可能怕查出什么来，在查账尚未完成的时候，就与夫人年氏及一名小妾，自缢身亡。下面的官员向雍正汇报了胡凤翚夫妻之死后，雍正很是生气，斥责他们无能，并说：

　　　　今胡凤翚畏惧自尽，皆汝二人杀之也！胡凤翚亦昏庸之至！便搜隐产，罪亦不至于杀，想伊必有大负朕、难见朕之处，方如此也。胡凤翚生为可怜之人，死为可笑之鬼，朕实骇异之至！尔等可将其事妥当料理，交与他托得的老成家人，尔等亦可差一二人帮送至其家，莫令狼狈。岂有此理！

大意就是说今日胡凤翚因恐惧而自杀，就是你们两个人造成的！胡凤翚也是个傻子！就算搜查出他的隐秘之物，也不会杀了他，肯定是他有辜负朕、不敢见朕的原因，所以才会这样做。胡凤翚生得如此可怜，死得如此荒唐，实在令我惊讶！你们要把他的后事处理妥当，把事情交给成熟稳重的家人办，也可以派一两个人帮忙把事情办好，不要让他太狼狈！

很显然，雍正对胡凤翚夫妇还是有几分怜悯，所以才会手下留情。也相信胡凤翚并没有做出什么大逆不道的事。到了这一步，八旬高龄的年遐龄，死了两个儿子、两个女儿、一个女婿，他的子孙都被发配了。他如何能承受得住这等惨烈的人生变故？雍正五年（1727）五月，年遐龄因病逝世，享年85岁。雍正念在故人情谊的份上，将他的官职还原为太傅。

而年家的悲惨遭遇还没有结束，雍正六年（1728）九月，年贵妃的独生子，雍正十分宠爱的皇八子福惠不幸夭折，夭折时福惠才8岁。雍正悲痛欲绝，下令休朝三天。年家和皇族之间的联系，就此断绝。其实，如此想来，雍正之所以没有对年家下死手，很有可能就是顾及福惠，不忍心福惠的母族太过凄惨。如果没有福惠，或许年家的下场就不一样了。

年羹尧的兄长年希尧，算是年家人中结局还不错的。或许是因为他并不是很在意当官，虽然他曾经是总督但他不了解政府的基本事务，从不主动为获得政绩找事情做。他擅长的是数学、历史、医学、书法、收藏和瓷器彩绘等方面，他在自己擅长的科学和文化领域留下自己的专著。有人甚至说，他甚至可以和达·芬奇相提并论。其作品《鹤鹭图轴卷》，目前珍藏在故宫博物院。

年希尧涉猎的领域很多，他最爱的大概非数学莫属了。他在担任安徽布政使时，还与当时的知名数学家梅文鼎（1633—

1721）进行了多次学术上的交流。梅文鼎是与英国的牛顿和日本的关孝和齐名的"三大世界科学巨擘"。梅文鼎说年希尧给他看了很多自己制作的数学测算仪器，其中有手工制作的小浑仪，还有各种计算工具，每一件都是精美绝伦。这些都是梅文鼎闻所未闻的"奇书奇器"。

除此之外，年希尧对几何学也有所研究，意大利著名艺术家郎世宁来中国，带过来几本用拉丁文写的有关透视的书，使年希尧深受启发。因此，年希尧成为中国第一位绘制 3D 立体图的人。那时，年希尧对透视几何学的研究，已经走在时代前列，不过当时中国建筑学并不需要用到透视学，透视学当时在国内价值不高，但年希尧还是想写出来，他担心别人不认识希腊文字，就用天干地支来表示，最终完成《视学》。《视学》较西方《画法几何学》问世时间早了 60 多年，是世界上最早出现的一本关于绘画几何学的书。

可是年希尧确实不是当官的料。有一次怡亲王允祥让他办一件事，这件事不管重要不重要，都是雍正最在乎的弟弟吩咐的，不管是谁去办这件事，都会十分上心的。但是年希尧完全不在乎这件事，将事情忘得一干二净，一晃一年过去，年希尧终于想起了这件事情，却也只是敷衍了事，写了张小字条，让仆人回京的时候送到王府。那仆人也不知道事情的重要性，真的把字条送到怡亲王府，当真是完全不上心。雍正知道后又无奈又生气，在朱批上狠狠地训斥了年希尧，叫年希尧"大傻公子"，说他如此无知，可笑至极，让他立刻向怡亲王道歉！雍正怕年希尧犯糊涂跑去送礼，又告诉他怡亲王并不是贪图你的银子。可以说，雍正为了年希尧操碎了心。从雍正给他写的朱批可以看出，雍正对年希尧很用心，教年希尧怎么为人处世，如何当官，"你向来认人眼目不甚清楚，不要教（叫）人哄了，人最难信的""如有言而不听者，即速速密奏，朕自有道理"。

年希尧在"倒年"之中表现的是大智若愚。年希尧被罢免官职后被刑部传讯，要求他说出年羹尧的一些罪行。年羹尧现在已经是墙倒众人推，想要东山再起，几乎是不可能的事情。这个时候作为年羹尧的兄长，年希尧要想活下去，或许就只能抛弃年羹尧了。但是他没有这样做，他给雍正写了道奏折：

> 伏念臣与臣弟乃至亲手足，以兄证弟，谓之不友。且臣父年老在堂，闻之必加忧虑，以子累父，谓之不孝。似此不孝不友之人，何以立于天地之间？唯有哀恳圣主鸿慈，俯垂怜悯，免臣与弟对质是非，矜全一家骨肉，则臣父子兄弟世世感戴皇恩，靡有涯矣。为此泣血具奏，臣不胜激切顒奏。

言下之意，年羹尧是我的亲弟弟，我总不能因为自保而当着他的面给他加罪，这是不友。而且我父亲年事已高，听到这件事，一定会更加担心，这是不孝。我这样不友不孝，还有什么脸面立于天地之间。唯有恳求圣主开恩，垂怜我，不让我和我的弟弟对质，保全我们的感情，我和我的家人，将会感戴皇恩，永生永世。

可见，年希尧还是十分有情有义的。最终，雍正还是同意了年希尧的要求，并且说年希尧和年遐龄都是忠厚老实之人，免去他们的官职，对他们宽大处理。

实际上，在被革职没多久，年希尧就被任命为一个肥差——内务府总管，后来又被派到景德镇御窑厂当监督，年希尧在此研发了十几种釉色技法。雍正年间传下的名瓷，基本上都是"年窑"所产。

年希尧在人情世故方面多少有些幼稚，再配上他憨厚又有些怯懦的性子，在这错综复杂的政治环境中很容易受伤。或许，就是因为年希尧的这些特质，才会让雍正如此维护年希尧。所以雍正与年希尧两人的关系还算融洽。年希尧于乾隆三年（1738）病逝，享年68岁。

讲完年羹尧的兄长、妹妹、妹夫，下面说说年羹尧的儿子年富和年兴。年兴的生活经历也是曲折的。年兴在清朝汉文实录中只有少量的记录，只在满文档案中找到了一些关于他的记载。年兴（生卒年不详），为年羹尧的第四个儿子，他的母亲是宗室女。年兴在雍正元年（1723）二月跟随年羹尧入京面圣的时候，蒙恩授为三等侍卫。侍卫，是清朝负责护卫或者随行等事务的官员。按照清朝的规矩，镶黄、正黄、正白三旗中有满洲和蒙古子弟武功出众者为侍卫。雍正三年（1725），年兴为一等侍卫兼世管佐领。前面说过，鄂尔泰也是世管佐领，不到三年的时间，年兴从三等升到了一等，升迁的速度很快。雍正说过年富、年兴素皆最劣。雍正觉得他们的能力很一般，所得来的职位都是因为年羹尧的功劳。

> 年羹尧如许大罪显露，而伊子年富、年兴等尚毫无畏惧之形。若伊父果有冤抑之处，应分晰代奏。若无冤抑之处，则应竭诚效力，以赎伊父之罪。乃随处为伊父探听音信，且怨愤见于颜色。年富、年兴俱着革职，交与伊祖年遐龄，倘仍不悛改，定行正法。

大意为：年羹尧可能犯了大罪，但是他的儿子年富、年兴并无惧色。如果他的父亲受了委屈，就应该上奏。如果没有被冤枉，那就应该尽自己最大的努力，来弥补父亲的过错。但是他们四处打听年羹尧的消息，怨恨之色溢于言表。年富和年兴俱该罢免，交给他们的祖父年遐龄，假若他们再不悔过，就治他们的罪。

也许一开始的时候，雍正还没有打算杀年富，只是先革职。接着，雍正又对年羹尧的父亲、兄长、儿子进行了全面的处理。

> 　　年遐龄、年希尧皆属忠厚安分之人，著革职，宽免其罪，一应赏赉御笔衣服等物，俱著收回。年羹尧之子甚多，唯年富居心行事，与年羹尧相类，著立斩。其余十五岁以上之子，著发遣广西、云贵极边烟瘴之地充军。年羹尧之妻，系宗室之女，著遣还母家去。年羹尧及其子所有家财，俱抄没入官。其现银百十万两，著发往西安，交与岳钟琪、图理琛，以补年羹尧川陕各项侵欺案件。其父兄族人皆免其抄没。年羹尧族中有现任候补文武官者，俱著革职。年羹尧嫡亲子孙，将来长至十五岁者，皆陆续照例发遣，永不许赦回，亦不许为官。有匿养年羹尧之子孙者，以党附叛逆例治罪。

被赐死的除了年羹尧，还有他的次子年富。在前面介绍年羹尧和隆科多关系的时候，已经讲过年羹尧的长子年熙，但年熙已经去世了。年富当时年纪比较大了，所以更多地介入了父亲年羹尧的公事和私人事务中，可以说是年氏家族河东盐业的代言人。年富的性子同年羹尧一样，都是桀骜不驯之辈。年富在得知"倒年"之后，不但没有表现出丝毫的畏惧之色，反而四处打听消息，一脸的愤慨之色，让雍正很是愤怒。于是乎，年羹尧被赐死后，年富就被斩首。

年羹尧的其他儿子，年龄超过 15 岁的，则被发配到了云贵和广西边境的荒凉之地充军。而那些未满 15 岁的，则会在 15 岁之后再发配。至于对年家的成年男性，则还有一条更为严厉的处罚，那就是凡是年羹尧族中有当朝或待任的官员，统统革职，年羹尧嫡亲后代终生不得做官。这一条就很可怕了，要知道，年家之所以成为官宦世家，就是靠科举仕途发展起来的。现在族人都不能当官了，基本上可以说是对年氏一族毁灭性的打击了。不过雍正可能是为了安抚病重的老丈人年遐龄，雍正五年（1727）正月，雍正下令，赦免年羹尧发配边疆的儿子，让他们返回北京，交由他们的祖父年遐龄照看。但年羹尧后人不能做官的禁令还在，年羹尧这一脉，就这样一蹶不振。

年羹尧的后人，也有一部分留在了陕西，繁衍生息，人口众多。他们被年羹尧的一位幕僚保护着，这个幕僚名叫孙剑才，是湖南长沙人。孙剑才因擅长占卜，曾为年羹尧效力两年。年羹尧新宅子建成时，各方术士聚在一起，纷纷说："年府乃百世基业。"孙剑才却说："不久将化作一堆瓦砾。"年羹尧大怒欲斩之。孙剑才恳求他让自己把话说完，自己甘愿一死，"大将军威名赫赫，可是功劳太大，反而会引起君主的怀疑，君主会彻查疑点，同伴会污蔑，这可不是一件好事。如今，张广泗与岳钟琪领兵西进，形成前后夹击之势，为的就是制衡大将军。若大将军能命人暗中击杀张广泗与岳钟琪，再率军攻入燕地，那就是一统天下了"。年羹尧道："成败难料，但我必须把兵权掌握在自己手里。"经过这一段谈话，年羹尧看其忠心直率，把孙剑才放走，孙剑才改名换姓藏了起来。雍正二年（1724）十二月，年羹尧回陕西时，家中突遭横祸，一名年幼的儿子被掳走不知踪迹。那个掳走孩子的土匪，教他识字和剑术，还让他娶妻生子，后来形成了一个大家族，年氏一族年年供奉这个土匪，这个土匪就是孙剑才。

虽然"倒年"事件闹得沸沸扬扬，但最终只有年羹尧、年富被杀，并没有波及年氏的其他人，这已经超出了年家的预料。有传言说，年羹尧被逼到绝境后，为了防止被抄家灭族，把幼子跟怀有身孕的小妾都送到了不同的地方。雍正也听到了这个流言，特意下旨："凡匿养年羹尧之子孙者，按叛逆论处。"但时至今日，青海一带，仍然流传着年羹尧留下的儿子一脉百年来兴旺发达的传闻。这个传闻是否属实，不得而知。

年兴作为年羹尧的儿子，受到了朝廷的重视，多次被发遣。从刚才的诏令来看，年兴流放至广西及云贵边境的烟瘴之地充军，并没有精确的地点。烟瘴之地瘴气重，湿热多，蛇虫多，生存环境非常的差。不过好在过了一段时间，雍正五年（1727）正月，雍正念在年羹尧有功的份上，赦免了年羹尧被流放的所有子嗣。

> 向因年羹尧狂悖妄乱，结党肆行，法难宽宥，朕不得已将伊治罪。又恐其党援固结不散，伊诸子留在京师或彼此暗相比附，又生事端。故令徙居边远之地，遇赦不赦。今见年羹尧正法之后，伊平日同党之人，实皆悔过解散，无一人比附之者，而当日平定青海，年羹尧亦著有功绩，著将伊子远徙边省者俱赦回，交与年遐龄管束，以示朕格外恩宥之至意。

不过这里只简单地提及赦免了被送走的年羹尧的儿子，却没有特意提及年兴。到了四月，雍正下旨说年羹尧之子年兴不可留京，著发往吉林乌拉（永吉州）安置。也就是说年兴最开始被发配到广西，后来被赦免回了京城后，又被发配到吉林。

后来在十多年后，乾隆十年（1745）又出现年兴的身影，年羹尧与永吉州知州的父亲是好友，年兴的女儿嫁给了永吉州知州的儿子，所以年兴在流放之地得到了一些照顾。再加上永吉州对于那些因为犯了罪而被送来的高官子弟比较宽松，年兴在永吉州过得比较滋润。乾隆不满意年兴结交官员，因此下令著年兴发配三姓（今黑龙江省依兰县）。

　　但是年兴到了三姓后并没有改过自新，还是无所顾忌，甚至还与当地的官员结下仇怨，屡有告状。乾隆十四年（1749）宁古塔将军上奏年兴的情况，大概内容是：

　　自年兴到了三姓之后，竟然不肯老实，善惹是生非，不受其上司管束。去年，年兴派亲戚到吉林永吉州，没有证据地控告三姓的地方官吏聚敛银两，资助其他流放犯人，徇私舞弊。三姓副都统向宁古塔将军告发了年兴诬告。前任将军派人审明后，处以年兴杖笞之罪。于是年兴便和那里的官员结下了仇怨，后来又与其他被送去为奴的重犯勾结在一起，施展奸计，散布药物，博取百姓的好感。于是，把他交给了管事人看管，严加管束。

　　八月，去三姓视察时，年兴趁此机会，在大街小巷张贴了无名字条，并将无名字条扔到了将军的住处。过不多时，年兴来到我的住处，说要与我商议一件事情，我考虑他犯了大逆不道的罪名，应该不能与他相见，因此告诉年兴如有什么事情，拟一份奏折，呈给衙门。第二天我到训练场上，查看将士们的箭术，年兴跟随着来了。他控诉之前有关人员，在处理问题时存在失当，有偏袒之嫌，抱怨众人与他为敌，抗拒三大家族的副统领，请求调离。这内容与字条上写的是一样的。所以，我又安排一名官员，将他之前所说的事情，公事公办地处理。得出了一样的结论，那就是年兴经常惹是生非，不受管束。我严饬年兴，感谢圣主鸿恩，要安分宁谧，不要惹是生非。年兴毫不知道害怕，胡作非为，还和我说不许将他的案子交给副都统府，只要求离开这里，另寻他地。

　　我看年兴神色，生性桀骜不驯，阴险狡诈，根本不知道害怕。此人平时善惹是生非，无法无天，不为其管辖之官所制。于是，我便将年兴捉住，交由副都统处理，将详细情况上奏。年兴是年羹尧的儿子，圣主破例赦免了他的死罪，将他从广西送到了吉林乌拉。年兴在那里不安分，胡作非为，与官方往来，经圣主洞悉，将他发配到三姓。按理说，年兴应该感激您的大恩大德，悔过自新，遵纪守法，但他却不老实，勾结重犯，沽名钓誉，公然违抗律法，不受管束。年兴害怕在三姓过着穷困潦倒的生活，想要迁往其他城池，真是无法无天。何况三姓是边境之地，初入此地之人，不懂军规，倘年兴在此安顿下来，只怕官兵中了他的奸计，染上了坏毛病，对三姓百姓也是不利。请将年兴交付所属副都统，永远枷号囚禁，以震慑那些心怀叵测的人。特向陛下请示。

从这份奏折上的内容来看，年兴活跃度很高，而且一直都在为离开三姓做准备，不仅暴露了他对三姓官员的敌意，也暴露了他的不端行径，更显示了他在经济上的实力。其实也能想象得到，毕竟年家除了年羹尧一系外，其他家人并没有受牵连。或许可以偷偷接济一下年兴。不过年兴的算盘打错了。他不仅没有离开三姓，并且还被处死了。

乾隆在这份奏折上写了"另有旨"的朱批，乾隆并没有同意宁古塔将军的要求，而是下令将年兴斩杀。但其最后执行死刑的方法是什么，不得而知。

年兴一生的命运都与年羹尧绑定在一起，大起大落，也是让人唏嘘。与年羹尧有关的人与事件就此落幕。

人物年表

1679年，康熙十八年，年羹尧出生。

1699年，康熙三十八年，年羹尧20岁，顺天府乡试中举。

1700年，康熙三十九年，年羹尧21岁，会试中第，中三甲第218名，赐同进士出身，选拔为翰林院庶吉士。

1703年，康熙四十二年，年羹尧24岁任职从七品官翰林院检讨。

1705年，康熙四十四年，年羹尧26岁以翰林院检讨的身份，出任四川乡试的主考官。

1706年，康熙四十五年，年羹尧27岁任正六品翰林院侍读。

1707年，康熙四十六年，年羹尧28岁任从四品翰林院侍讲学士。

1708年，康熙四十七年，年羹尧29岁任广东乡试的正考官。

1709年，康熙四十八年，年羹尧30岁任正三品内阁学士，并加礼部侍郎衔，为诏复太子遣使朝鲜，为颁敕副使。

1709年，康熙四十八年九月，年羹尧30岁以内阁学士兼礼部侍郎转任四川巡抚。

1710年，康熙四十九年，年羹尧31岁提出川省五项改革措施。

1717 年，康熙五十六年，年羹尧 38 岁因三王爷门下孟光祖诈骗案，被革职留任处分。

1718 年，康熙五十七年，年羹尧 39 岁任从二品四川总督。

1720 年，康熙五十九年，年羹尧 41 岁授为将军，参加保藏战役。

1721 年，康熙六十年四月，年羹尧 42 岁第一次进京，觐见康熙，任从二品川陕总督。

1723 年，雍正元年六月，年羹尧 44 岁第二次入京，被任命为"抚远大将军"，参加平定青海战役。

1724 年，雍正二年，年羹尧 45 岁第三次入京。

1725 年，雍正三年，年羹尧 46 岁转任杭州将军，抚远大将军印缴回，随后搁置，为闲散章京，最后所有职衔全部革去。

1725 年，雍正三年十二月十一（1726 年 1 月 13 日），年羹尧 46 岁被赐自尽。

后记　功臣可不可为

随着一声叹息，年羹尧的一生就此结束，从官宦子弟到封疆大吏，从康熙旧臣到雍正宠臣，从君臣相合到君臣变脸，从有功之臣到狱中罪臣，让人唏嘘，让人感叹。

历史给我们留下了许多谜团，或许翻遍所有文献，也无法解决这个谜团，因为我们给出的答案是通过自己的处境对前人的猜测而已，无法去追寻它的真正答案。

从皇权的角度来说，雍正杀年羹尧是正确的，他要保证皇权的平稳过渡，他要维护自己的统治。

从功臣的角度来说，年羹尧被赐死是可怜、可惜的，但是这一切都是因为年羹尧功高盖主，再加上他不加收敛，最终落得这样的下场。

可是年羹尧的骄傲自大，又是不是雍正故意培养出来的呢？

如果当时雍正没有赐死年羹尧，年羹尧以后会怎么样？如果当时的皇帝是康熙，年羹尧的结果又会是怎么样？如果当时皇帝是乾隆呢？如果年羹尧当时生活在明朝又会怎么样？

这些问题无法回答，因为历史是没有如果的，历史已经是发生的事实。这就是历史的无奈之处。那么功臣到底可不可为？

面对国家大义，必须要有功臣！

我们不能因为年羹尧被赐死，就否认他的功绩，也不能因为他的功绩，就否认他身上的问题。不要片面地去看待历史中的任何一个人任何一件事。

就如雍正所说，凡人臣图功易，成功难；成功易，守功难；守功易，终功难……

历史不是单一的，它是有趣又多维度的，我在研究年羹尧相关事件的时候，发现：年羹尧参加的乡试居然涉及一个比较典型的科举案；雍正是一个敢爱敢恨的人，他是一个政治高手，他也是一个真性情的人；还有年羹尧的哥哥居然是一个数学家，与年羹尧的性格相差甚远……

在写这本书的时候，查阅了许多相关资料，希望能让年羹尧的一生和与他有关的事件更加全面地呈现给大家。历史是不会把所有的门窗都关上，哪怕只有一条缝隙，也能让后人看到一条璀璨的历史长河。

查献芹